Knaur

Über die Autorin:

Sigrid-Maria Grössing, geboren in Sulzbach-Rosenberg/Bayern, studierte Geschichte und Germanistik in Wien und Salzburg. Ihre bisherigen Veröffentlichungen behandelten hauptsächlich das Thema der Geschichte des Hauses Habsburg.

Sigrid-Maria Grössing

Kaiserin Elisabeth und ihre Männer

Knaur

Besuchen Sie uns im Internet:
www.droemer-knaur.de

Vollständige Taschenbuchausgabe Mai 2000
Droemersche Verlagsanstalt Th. Knaur Nachf., München

Umschlaggestaltung: Agentur Zero, München
Reproduktion, Druck und Bindung: Clausen & Bosse, Leck
Printed in Germany
ISBN 3-426-77434-8

2 4 5 3 1

Inhalt

Vorwort

Zu allen Zeiten hat es in der weitverzweigten Familie der Habsburger herausragende Persönlichkeiten gegeben, bedeutungsvoll durch ihre politischen Ideen und ihre Tatkraft, ihre diplomatischen Fähigkeiten, durch ihren Kunstsinn und ihren Lebensstil. Aber kaum ein Herrscher oder eine der interessanten Frauen aus diesem Hause hat die Gemüter der Zeitgenossen und vor allem der Nachwelt so bewegt wie die schöne Gemahlin Kaiser Franz Josephs, Elisabeth, genannt Sisi.

Vieles über ihr Leben ist in zahllosen Büchern niedergeschrieben worden, und dennoch gibt diese Frau Rätsel auf, so wie sie selbst für ihren eigenen Mann ewig geheimnisvoll geblieben ist.

Vielleicht ist gerade dies der Stoff, aus dem Unsterblichkeit gemacht ist. Die Kaiserin von Österreich hat sich bereits zu Lebzeiten von der Öffentlichkeit in eine selbstgewählte Einsamkeit zurückgezogen und wurde damit zur Legende. Nicht allein ihre berühmte Schönheit, ihr Charme, die Faszination ihres widersprüchlichen Charakters, sondern vor allem ihre Ablehnung der herrschenden Maßstäbe und Traditionen haben ihr einen Mythos verliehen, dessen Zauber bis heute anhält.

Nur ganz wenigen war es vergönnt, engeren Kontakt mit der Kaiserin zu pflegen, nur wenige fanden Zugang zu ihrem Herzen. Es waren Auserwählte, Menschen mit besonderen Gaben, denen Elisabeth ein Leben lang gewogen war.

In diesem Buch sollen einige der Männer vorgestellt werden, die die Sympathie, vielleicht auch die Liebe der Kaiserin errungen haben. Mit ihnen führte sie meist einen interessanten, sehr privaten Briefwechsel, suchte ihren Kontakt und ihren Rat. Scheu wie sie sich Männern gegenüber ein Leben lang verhielt, liebte sie vor allem die romantische Bewunderung und Verehrung, die ihr entgegengebracht wurden. Aber sie hätte keine Frau sein müssen, wenn sie trotz all ihrer Eigenwilligkeit die Begegnungen mit Männern nicht gesucht und genossen hätte.

Die erste Liebe ihres Lebens war sicherlich der ihr in vielerlei Hinsicht ähnliche Vater. Von ihm hatte sie ein gut Teil an Charaktereigenschaften geerbt, ihn bewunderte sie als Kind, und ihm wollte sie nacheifern. Daß dieses innige Verhältnis allmählich abkühlte, lag vor allem daran, daß Elisabeth erkennen mußte, daß der Vater mit seiner individuellen Lebensweise die Bedürfnisse ihrer Mutter vernachlässigte.

Über das seltsame Verhältnis Sisis zu ihrem Mann Franz Joseph sind alle möglichen Mutmaßungen getroffen worden. Als junge Frau war sie

wahrscheinlich glücklich mit ihm, aber je länger sie sich in die starre Atmosphäre des Wiener Kaiserhofes gezwängt sah, umso mehr erblickte sie in ihrem Mann den Repräsentanten einer erzkonservativen, rückschrittlichen Politik. Sie selbst war ein Freigeist, der sich nicht einengen lassen wollte. Vielleicht hat auch sie Franz Joseph ein Leben lang geliebt, auf ihre eigene unkonventionelle Art. Ihre Briefe und Gedichte scheinen einen Hinweis darauf zu geben.

Elisabeth beschäftigte sich – von einigen Ausnahmen abgesehen – wenig mit der Politik der Monarchie. Ähnlich liberal denkend wie ihr einziger Sohn Rudolf, hätte sie beim Kaiser wenig Verständnis gefunden. Aber Mutter und Sohn hätten eine einheitliche Linie entdecken können, hätten sie miteinander geredet, hätte man Kontakt zueinander gesucht und gefunden. Aber jeder blieb für sich, jeder Versuch einer Annäherung scheiterte. So war der Weg für Rudolf nach Mayerling bereitet …

Die Kaiserin war eine hinreißende Frau und die Schar ihrer Verehrer unübersehbar. Einer, der auch ihr Herz gewann, war der attraktive, intelligente und durch ein dramatisches Schicksal interessant gewordene ungarische Graf Gyula Andrássy. Es war mehr als Verehrung, was er für die Kaiserin von Österreich und Königin von Ungarn empfand. Seine politische Karriere verdankte er großteils der Einflußnahme Elisabeths,

die es verstand, ihren Mann davon zu überzeugen, daß der Graf ein in jeder Hinsicht verläßlicher Mann sei.
Als Bay Middleton den Auftrag bekam, die Kaiserin von Österreich auf ihren Fuchsjagden in England zu begleiten, war es für ihn eine unliebsame, eher lästige Aufgabe. Was er allerdings nicht wußte, war, daß er die beste Reiterin Europas zu pilotieren hatte, die durch ihre Reitkunst den spröden Sportsmann für sich einnahm und als überaus attraktive Frau sein Herz eroberte.
Auch der bayerische Märchenkönig Ludwig II. hatte sein Herz ein für allemal an die schöne »Cousine« verloren. Elisabeth war die einzige Frau, die den exzentrischen König faszinierte, und die Beziehung beider zueinander war seltsam und geheimnisumwittert. War die Kaiserin in ihrer bayerischen Heimat, ging für Ludwig ein Traum in Erfüllung. Endlich konnte er ihr nahe sein. Der tragische Tod des Königs berührte Elisabeth tief.
Das Abenteuer der Kaiserin mit Friedrich List Pacher von Theinburg währte nur eine Faschingsnacht, der ein jahrelanger Briefwechsel voller Verheißungen und Andeutungen folgte. Die romantische Affäre des »gelben Domino« sollte erst nach dreizehn Jahren ein Ende finden.
Der letzte Mann, mit dem die Kaiserin in Berührung kam, hatte nichts für Romantik und nichts für Schwärmerei übrig. Luigi Lucheni stach zu, ein sinnloser Mord an einer politisch unbedeutenden alternden Frau. Er erlöste Elisabeth aus einem Leben, das ihr längst zur Last geworden war.
Die Namen der Männer, mit denen die Kaiserin in Verbindung gebracht worden ist, sind meist bekannt. Wenig allerdings weiß man über die Bedeutung, die sie im Leben Elisabeths erlangt haben. Dieses Buch will die Facetten ihrer Beziehungen zur Kaiserin beleuchten und so einen neuen Weg weisen zu ihrem Verständnis.

Sigrid-Maria Größing

Der geliebte-ungeliebte Vater

Herzog Maximilian in Bayern

Es war wieder Weihnacht geworden. Ungewöhnlich früh war der Winter im Jahr 1837 ins Land gezogen, hatte mit klirrendem Frost und stürmischen Schneeschauern die Menschen hinter den warmen Ofen getrieben, und nur wer nicht anders konnte, wagte sich in dicke Pelze oder bodenlange Tücher gehüllt auf die eisglatten Straßen.
Allmählich begann es zu dämmern. Schon wurden die ersten Kerzen in den Häusern angezündet, und da und dort roch man den Duft von frisch gebackenen Keksen oder den würzigen Geruch von Weihnachtspunsch. Friede breitete sich über die Stadt …
Nur im Palais des Herzogs in Bayern in der Ludwigstraße herrschte alles andere als Weihnachtsstimmung. Die Gemahlin des Herzogs sah der Geburt ihres dritten Kindes unmittelbar entgegen. Es sollte ein »Christkind« werden, darin waren sich alle einig. Hektik erfüllte die Räume, während die werdende Mutter stundenlang in den Wehen lag. Es würde nicht mehr allzu lange dauern, hatte der Arzt gemeint, aber für die schmerzgeplagte Herzogin wurden die Minuten zu Stunden. Ausnahmsweise kümmerte sich auch Herzog Max um seine Gemahlin Ludovika, was sonst nicht gerade seine Art war. Aber heute kam wieder ein Kind zur Welt, und da wollte er denn doch in München anwesend sein. Er hatte verschiedene gesellige Verabredungen abgesagt und war zu Hause geblieben.
Endlich war es soweit, und deutlich war die Stimme des Arztes zu vernehmen: »Es ist ein Mädchen!« Für den Herzog in Bayern bedeutete diese zweite Tochter keine Enttäuschung, besaß er doch schon einen Sohn, der jetzt fünf Jahre alt war und sich gut entwickelte. Man legte ihm das neugeborene Kind in den Arm, das plötzlich zu schreien anfing. Und da entdeckte er – o Wunder – schon einen winzigen Zahn in seinem Mund. Einen Glückszahn, wie alle fachkundig meinten, die erstaunt den Säugling betrachteten.
Aber dieses Mädchen konnte ohnehin nur ein Glückskind sein, denn wer war schon am Heiligen Abend geboren? Sicherlich würde Elisabeth Amalia Eugenie, wie das Kind getauft werden sollte, ein sorgloses Leben führen, später eine glänzende Partie machen und vielleicht einen Fürsten oder – wer wollte es schon wissen – gar einen König heiraten?
Als die kleine Elisabeth endlich in der kostbar ausgestatteten Wiege lag und alle Besucher den Raum verlassen hatten, betrachtete die Mutter nachdenklich die kleine Tochter. Sie wünschte ihr von ganzem Herzen alles Glück dieser Welt auf ihrem Lebensweg, denn ihr eigenes Schicksal war keineswegs beneidenswert. Sie liebte ihren Mann nicht, und auch er brachte ihr nicht die geringsten zärtlichen Gefühle entgegen. Die

drei Kinder, die sie bis jetzt zur Welt gebracht hatte – und sie wußte, es würden noch weitere folgen –, waren keineswegs Kinder der Liebe, sondern sie waren durch Zufall gezeugt worden, als ihren Ehemann wieder einmal die Lust überkommen hatte. Ludovika wünschte sich nichts sehnlicher für die kleine Tochter, als daß diese einmal an der Seite eines geliebten Mannes glücklich werden sollte! Ludovika hatte nicht die leichtlebige Art ihres Ehemannes Herzog Max, der alle Probleme, die sich aus ihrer aufgezwungenen Beziehung ergaben, mit einer Handbewegung abtat. Sie konnte nicht einfach die Koffer packen, wenn ihr die Decke auf den Kopf zu fallen drohte, so wie das Max immer öfter praktizierte. Sie war eine Frau des 19. Jahrhunderts, die die Rolle der Hausfrau und Mutter zu spielen hatte, auch um den Preis ihres privaten Glücks. Wer fragte schon danach?
Max hatte Ludovika nie heiraten wollen, das gab er ihr tagtäglich, ob er nun in München oder in Possenhofen anwesend war, deutlich zu spüren. Natürlich hatte er von allem Anfang an gewußt, daß auch sie keinerlei Gefühle für ihn gehegt hatte, aber beide hatten sie dem Willen ihrer Väter folgen müssen. Ludovika sah allzu deutlich noch ihren Hochzeitstag vor Augen. Damals hatte die Unbeschwertheit der Jugend aufgehört.
Der 9. September 1828 war ein herrlicher Tag gewesen für alle, nur nicht für das junge Brautpaar. Denn Braut und Bräutigam liebten einander nicht und wollten im Grunde ihres Herzens keine gemeinsame Zukunft. Für das Volk rund um den idyllischen Starnberger See bis hinauf zu den entferntesten Almen war diese Hochzeit trotzdem eine wahre Sensation. Denn immerhin heiratete hier eine schöne Königstochter einen jungen Herzog. Und unter den fröhlichen Klängen der heimischen Blasmusik zog man in die Kirche ein. Die Damen in kostbaren Spitzenroben und knisternden Seidenkleidern, die Herren elegant, die meisten in Uniform, wie es die Tradition vorschrieb, wenn ein König seine Tochter zum Altar führte. Es hätte alles gestimmt bei dieser Hochzeit in jenem bäuerlich-eleganten Rahmen, wäre nicht da und dort durchgesickert, daß die Königstochter Ludovika gar nicht den jungen Herzog Maximilian in Bayern liebte und daß sich auch der Bräutigam heftigst gegen diese Verbindung gesträubt hatte. Und was zunächst den Hochzeitsgästen wie ein Gerücht vorgekommen war, schien traurige Wahrheit zu sein. Man kannte mittlerweile die Hintergründe, und so mancher mußte sich zwingen, gute Laune zu zeigen. Gefühle lassen sich eben nicht zwingen, und deshalb konnte man die beiden, die hier von ihren Vätern zusammengegeben wurden, nur aus tiefster Seele bedauern.
Das Brautpaar selbst sah aus, als würde es zu seiner eigenen Beerdigung

geführt werden, die schöne Braut schien den Tränen nahe, und der Bräutigam schleppte sich geradezu mit einer Leidensbittermiene in die Kirche. Beiden, Braut und Bräutigam, war es unmöglich, wenigstens den Schein zu wahren und ihre gegenseitige Abneigung vor den Hochzeitsgästen zu verbergen. Denn anstatt sich beim alles entscheidenden Ja verliebt in die Augen zu schauen, drehten Ludovika und Maximilian jeweils den Kopf demonstrativ in eine andere Richtung, so als würde sie beide die ganze Zeremonie nichts angehen.
Und dabei hatten sie durch ihre Zustimmung zu diesem Bund gerade die Weichen für die Zukunft gestellt, ob sie nun wollten oder nicht. Freilich war ihnen keine andere Wahl geblieben, die Eltern und Großeltern hatten schon lange vor diesem Tag beschlossen, daß Maximilian und Ludovika Mann und Frau werden sollten. Und was Herzog Wilhelm, der Großvater Maximilians, einmal für richtig befunden hatte, dagegen wagte sich auch sein sonst nicht allzu gefügiger Enkel aufzulehnen. Denn nicht der Vater des jungen Herzogs in Bayern war der Pater familias, sondern immer noch der ungewöhnlich dynamische Großvater, der durch seine politische Klugheit es geschafft hatte, vom ersten bayerischen König Maximilian Joseph, der ihm zu Dank verpflichtet war, 1799 den Titel eines Herzogs in Bayern zu erhalten.
Zugleich wurde Wilhelm das ehemalige Malteser-Großprioratsgebäude in München überlassen, so daß der neue Herzog in Bayern, der aus der Linie Zweibrücken-Gelnhausen stammte, einen bleibenden Wohnsitz in München sein eigen nennen konnte.
Wilhelm hielt es allerdings nicht in München, er übersiedelte 1806 nach Bamberg, von wo aus er die Geschicke seiner Familie lenkte.
Es mußte für den zielstrebigen Wilhelm ein gewaltiger Schicksalsschlag gewesen sein, als er erkennen mußte, daß sein Sohn Pius August alles andere als in seine Fußstapfen steigen würde. Denn dieser junge Mann, der in Brüssel mit Amalie Luise, der Tochter des Herzogs Ludwig Maria von Aremberg, vermählt worden war, hatte sich so ganz und gar nicht nach dem Vorstellungen der pflichtbewußten Eltern entwickelt. Der junge Pius brach, wo immer er nur konnte, aus den nichtigsten Anlässen Streit vom Zaun und war bald als unberechenbar und gemeingefährlich bekannt. Er schreckte auch nicht davor zurück, friedliebenden Bürgern aufzulauern, sie aus dem Hinterhalt her zu überfallen und zu verprügeln. Den hohen Herren war im vorigen Jahrhundert bekanntlich viel gestattet, sie konnten in beinahe jeglicher Art und Weise ihren Lüsten und Launen frönen, das Verhalten des jungen Wittelsbachers allerdings ging den Behörden selbst damals zu weit. Auch der Vater konnte nicht verhindern,

daß sein Sohn immer wieder, wenn auch nur für kurze Zeit, hinter Schloß und Riegel wanderte.
Vielleicht hatte der Vater gehofft, daß die junge Amalie Luise das hochfahrende Wesen seines Sohnes etwas besänftigen würde. Deshalb kümmerte er sich rührend um seine Schwiegertochter. Die Geburt des ersten Enkelkindes war für Wilhelm daher etwas Außergewöhnliches. Voll Stolz schrieb er am 4. Dezember 1808 an König Maximilian Joseph, mit dem er nach wie vor freundschaftliche Beziehungen pflegte:
»Zu meiner unbeschreiblichen Freude ist meine Frau Schwiegertochter Liebden soeben nach ein Uhr diesen Morgen von einem gesunden und wohlgestalteten Prinzen glücklich entbunden worden, welcher auch nach der gnädigen Zusage Eurer Königlichen Majestät Höchstihren Namen in der heiligen Taufe erhalten wird.«
Der bayerische König ließ es sich nicht nehmen, das Kind noch am selben Tag nachmittags um 3 Uhr aus der Taufe zu heben.
Für Herzog Wilhelm hatte sich mit dem kleinen Maximilian ein neuer Hoffnungsschimmer aufgetan, nachdem er schließlich resignierend hatte erkennen müssen, daß sich der Charakter seines Sohnes nicht mehr änderte, ja daß sich dessen manchmal unerklärliche Wutausbrüche im Laufe der Jahre noch steigerten. Auch seine junge Frau konnte auf Pius keinen Einfluß nehmen, sie mußte froh sein, wenn seine Attacken nicht gerade ihr galten.
Amalie Luise von Aremberg, die später die Großmutter der österreichischen Kaiserin werden sollte, stammte aus einem renommierten alten Adelsgeschlecht, das mit den bedeutenden Familien, wie den Lobkowitz, den Liechtenstein, den Schwarzenberg und Esterházy nah verwandt war. Wie diese Familien gehörten auch die Arembergs zwar dem Hochadel an, waren aber nicht souverän, das heißt, sie waren nicht »würdig«, einen Habsburger zu heiraten. Und weil man in Wien und in allen Teilen der Monarchie, als Franz Joseph Elisabeth ehelichte, genau wußte, wer wen heiraten durfte, ohne den Traditionskodex zu verletzen, rümpfte man von vornherein die Nase über die bayerische Prinzessin, die zwar mütterlicherseits einen König vorweisen konnte, aber dafür eine nicht standesgemäße Großmutter väterlicherseits hatte. Wie kamen letztlich die Damen der Wiener Gesellschaft dazu, deren Blut dunkelblau in den Adern rollte und die alle Voraussetzungen in sich vereinigt hätten, den Kaiser von Österreich zu heiraten, hinter einer Frau hintanstehen zu müssen, die so eine Großmutter in der Familie hatte!
Daß allerdings nicht die Großmutter problematisch war, sondern der Großvater, darüber zerbrachen sich die Beckmesser der Ahnenforschung

nicht den Kopf. Der konnte sein, wie er wollte, auch so rabiat und im nächsten Moment depressiv wie Pius. Bis Wien drang nichts darüber durch, daß sich sein Geist immer mehr verdüsterte, bis er schließlich die Konsequenzen zog und sich in eine Einsiedelei begab, wo er, da er niemanden mehr um sich hatte, den er drangsalieren konnte, sein Leben als Eremit beschloß.

Der junge Max, Pius' Sohn, war bald der Liebling seines Großvaters, der die aufgeweckte Art, das fröhliche Wesen und das lebhafte Interesse des Knaben an allen Dingen des Lebens besonders schätzte. Hier wuchs ein echter Witteisbacher Herzog heran, der in München leben würde. Max sollte die beste Erziehung genießen, sollte lernen können, was immer ihm beliebte und er, der Großvater, würde für ihn auch die passende Frau aussuchen.

Daß Herzog Wilhelm ausgerechnet eine Tochter des Bayernkönigs Maximilian Joseph für seinen Enkel bestimmte, war natürlich kein Zufall. Auswahl gab es im Königshaus genug, und es war schon bald ein offenes Geheimnis, daß der König alles daransetzte, seine Töchter aus erster und zweiter Ehe an die hochadeligen Prinzen in ganz Mitteleuropa zu verheiraten. Eine Tochter ehelichte den König von Sachsen, eine andere den zukünftigen Herrscher von Preußen, Sophie den völlig unattraktiven österreichischen Erzherzog Franz Carl, den Bruder des schwerkranken Kaisers Ferdinand. Aber man konnte nie wissen, vielleicht würde Franz Carl doch noch einmal der Nachfolger seines Bruders auf dem Habsburgerthron werden? Die Töchter des bayerischen Königs waren begehrte Bräute, waren sie doch überaus attraktive Mädchen, die mit ihrem natürlichen Charme das Herz so manchen jungen Mannes eroberten. Die schönste unter ihnen war aber sicherlich Ludovika aus der zweiten Ehe des Königs. Sie war als einzige keinem Königssohn zugedacht, durch sie wollte der Vater seine stets freundschaftlichen Beziehungen zum Herzog in Bayern festigen. Der Enkel Herzog Wilhelms, Maximilian, sollte die schöne Ludovika zum Traualtar führen, so hatten es die Herren in einer stillen Stunde schon vor Jahren besprochen.

Maximilian und Ludovika kannten einander von Kindesbeinen an, man war einander begegnet, hatte ein paar belanglose Worte gesprochen, um sich dann wieder aus dem Wege zu gehen. Beide hatten sich wirklich nicht viel zu sagen. Und an eine gemeinsame Zukunft dachten die beiden beileibe nicht. Wie hätten der aufgeweckte Bub und das eher verschämte Mädchen auch jenes Eheversprechen, das zwischen dem Großvater Maximilians und dem Vater Ludovikas bestand, ernst nehmen können?

Aus den Kindern wurden fröhliche junge Leute. Ludovika wurde von Tag zu Tag hübscher, und wo immer sie auftauchte, erregte sie wegen ihrer grazilen Schönheit großes Aufsehen. Ihr Herz aber galt Miguel von Braganza, dem jungen zukünftigen König von Portugal. Wahrscheinlich malte sich Ludovika in ihren Träumen ein Leben an der Seite des Prinzen in dessen ferner Heimat aus und sah sich im Geiste schon neben ihm auf dem portugiesischen Thron sitzen. Doch ihre romantischen Vorstellungen wurden mit einem Schlag zerstört. Eines Tages ließ sie der Vater rufen und teilte ihr feierlich mit, daß der Zeitpunkt gekommen sei, das Versprechen einzulösen, das er dem Herzog in Bayern, Wilhelm, seinerzeit gegeben hatte. Auch der junge Maximilian sei verständigt worden, so daß man den Hochzeitstermin endlich festlegen könnte. Beide jungen Leute fielen aus allen Wolken, denn auch Maximilian hatte seine eigenen Ideen für die Zukunft. Er hatte sich unsterblich in ein bürgerliches Mädchen verliebt und konnte sich nicht vorstellen, mit einer anderen Frau zu leben. Und doch, das Wort des Vaters bzw. Großvaters galt! Die getroffenen Abmachungen mußten eingehalten werden, koste es, was es wolle, auch das Glück von zwei jungen Menschen! Zähneknirschend nahm Max den Hochzeitstermin wahr. Aber er wußte genau, wie er sich sein Leben einrichten könnte, damit es ihm gefiel, auch an der Seite der ungeliebten Ludovika. Einmal würde er das Oberhaupt der Herzöge in Bayern sein, und dann konnte er – auch wenn er verheiratet war, tun und lassen, was er wollte. Ludovika allerdings wollte er darüber aufklären, daß er sie nicht liebte. Das sah er als seine Pflicht an. Ludovika war kaum überrascht, als sie das kalte Geständnis ihres Bräutigams vernahm, hatte sie doch nichts anderes von Max erwartet. Sie war verzweifelt. Sie hatte nicht die geringste Vorstellung, wie sie ein ganzes Leben an der Seite eines Mannes verbringen sollte, den sie ablehnte.
Der Hochzeitstag war für Maximilian und Ludovika ein Trauertag, und so manchem Hochzeitsgast brach beinahe das Herz beim Anblick der beiden unglücklichen jungen Leute. Als die Nacht hereinbrach, wurde Ludovika, so wie es die Sitte vorschrieb, von ihrer Mutter in das Brautgemach geleitet und für die Hochzeitsnacht vorbereitet. Die Dienerinnen schlossen die Tür hinter sich, und Ludovika legte sich, von den Zeremonien und den seelischen Qualen völlig erschöpft, in die seidenen Kissen. Sie nahm an, daß auch Maximilian sich diskret zurückziehen würde. Wie sehr aber hatte sie sich getäuscht! Obwohl Maximilian sie nicht liebte, stürmte er ins Brautgemach und konnte es kaum erwarten, von seinen Rechten als Ehemann Gebrauch zu machen. Ludovika war entsetzt. Wie die meisten jungen Mädchen in dieser Zeit hatte sie wenig oder gar kei-

ne Ahnung, was sich zwischen zwei Menschen abspielen konnte, denn über derlei intime Dinge zu sprechen war absolut tabu. Daher war die Hochzeitsnacht für fast alle Bräute meist die schrecklichste Nacht ihres Lebens, und so manche junge Frau erholte sich von diesem Schock nie mehr.

Als Max sich Ludovika, wie sie glaubte, in höchst unsittlicher Weise näherte und versuchte, sie in die Arme zu nehmen, da entwand sie sich ihm mit einem Schrei. Die Panik, die sie erfaßt hatte, verlieh dem zierlichen Mädchen wahre Bärenkräfte, sie drängte den jungen Mann zurück, versetzte ihm einen kräftigen Stoß, Max taumelte, zufällig stand die Tür eines Schrankes offen, und der Bräutigam fiel mit lautem Krach in den Kasten. Noch ehe er sich's versah, drehte Ludovika in höchster Erregung den Schlüssel zweimal um, um nur ja sicher zu sein, daß der stürmische Bräutigam in dieser Nacht nicht mehr entkommen konnte. Diese Ehe begann fürwahr dramatisch! Die Reaktion des jungen Ehemannes nach dieser so seltsam verbrachten Hochzeitsnacht läßt sich ohne allzu große Phantasie ausmalen. War seine Einstellung zu der ungeliebten Braut bis jetzt halbwegs friedlich gewesen, so sagte er ihr nun den Kampf an. Er wollte doch wissen, wer von ihnen beiden der Stärkere war, auch wenn er zunächst überrumpelt worden war.

Max und Ludovika lebten ein langes Leben nicht miteinander, sondern gegeneinander und später nebeneinander. Sie hatten sich in den Tausenden von Tagen kaum etwas zu sagen, denn es fehlte ganz einfach das Interesse eines für den anderen. Beide hatten niemals einen ernsthaften Versuch unternommen, doch einen gemeinsamen Weg zu finden. Maximilian war von Kindheit an an alle Freiheiten gewöhnt. Zunächst hatte zwar sein Großvater den drakonisch strengen Kammerrat Otto aus Erfurt als Hofmeister für ihn ausgesucht, als er aber mit ansehen mußte, wie das Kind durch den militärischen Drill, den ihm dieser stockkonservative Mann in seiner unpädagogischen Art angedeihen ließ, immer stiller und in sich gekehrter wurde, da entließ er den Hofmeister von einer Stunde auf die andere. Als aufgeschlossener Mensch gab Herzog Wilhelm die Erlaubnis, den Enkel nicht wie die anderen adeligen Sprößlinge nur von Privatlehrern unterrichten zu lassen, sondern Max sollte in München eine höhere Schule, die später nach ihrem Gründer »Albertinum« genannt wurde, besuchen. Hier saß er inmitten von gleichaltrigen Buben, die wohl aus der gehobenen Münchener Gesellschaft kamen, aber er wurde genauso wie alle anderen Schüler von den Lehrern behandelt und hatte dieselben Aufgaben und Pflichten.

Der junge Herzog in Bayern war ein äußerst lernbegieriger Schüler, der sich für viele Wissensgebiete interessierte, aber keineswegs ein Streber. Im Gegenteil: Wenn ab und zu ein Streich gegen die Lehrer ausgeheckt wurde, war Max einer der Anführer. Da die Schule aber nur eine Art von umfangreichem Grundwissen vermitteln konnte und Max schnell und leicht lernte, beschloß sein Großvater, für spezielle Fächer doch den einen oder anderen Privatlehrer zu engagieren; vor allem die Kenntnisse seines Enkels in Französisch und Italienisch, aber auch in Musik und Zeichnen sollten intensiv gefördert werden. Und da Herzog Wilhelm die Überzeugung hatte, daß ein gesunder Geist nur in einem gesunden Körper wohnen kann, wurden dem Enkel neben den täglichen Reitstunden auch gymnastische Übungen vorgeschrieben. Dazu mußte man den jungen Mann zwar nicht besonders überreden, denn er liebte die Bewegung und den Aufenthalt in freier Natur ein Leben lang. Auch die Deklamationsstunden erschienen ihm wie eine schöne Abwechslung, und schon bald konnte er viele Stellen der antiken Schriftsteller fließend auswendig.

Max war wie alle anderen seiner Mitschüler, fröhlich, ungezwungen und unkompliziert, man hätte in ihm niemals einen Herzog erkannt. Und so sollte er ein Leben lang bleiben! Er suchte sich seine Freunde nach Sympathie aus, und dabei sah er weder auf Stand noch auf Vermögen. So war es wirklich kein Wunder, daß der junge Mann überall, wohin er kam, beliebt war. Daß er mit seinem leutseligen Wesen so ganz und gar gegen den Strom der Tradition schwamm und daß man ihm dies in den hohen und höchsten Kreisen übelnahm, störte ihn zunächst überhaupt nicht. Was die Leute hinter seinem Rücken flüsterten, kümmerte ihn nicht.

Die Studienjahre im Gymnasium, das heute noch als Ludwigsgymnasium in München existiert, zählten für ihn zu den wichtigsten in seinem Leben. Hier konnte er seine Tage im Kreise seiner Freunde, zu denen er später jahrzehntelang eine enge Beziehung pflegte, so gestalten wie ein einfacher Mensch. In dieser Zeit beschloß er wahrscheinlich, sich einmal von den üblichen Standesschranken und den Zwängen der Konventionen frei zu machen. Daß er über die finanziellen Mittel dazu in nicht allzu ferner Zukunft verfügen würde, dafür sorgte schon sein Großvater. Herzog Wilhelm war ein reicher Mann, und er hatte seinem Enkel schon sehr bald kundgetan, daß er ihn anstelle seines Vaters zum Oberhaupt der Familie der Herzöge in Bayern bestimmte hatte.

Maximilian konnte sich daher ganz seinen Neigungen hingeben. Mit großer Begeisterung lernte er die klassischen Sprachen Griechisch und Latein, las die Werke eines Homer, Sophokles und Euripides genauso fließend wie die Schilderungen eines Livius »Von der Gründung der

Stadt« oder die dramatische Darstellung des Vesuvausbruchs in den Briefen des Plinius. Durch diese Lektüre reifte in Max die Sehnsucht, all die Länder und Meere, die von den Meistern der Antike so anschaulich geschildert worden waren, einmal selbst zu bereisen.

Nach den Jahren am Gymnasium setzte der junge Herzog seine Studien an den Universitäten von Landshut und München fort und widmete sich der Geographie, der Chemie und den neuen Erkenntnissen der Physik.

Viel später, als der Kaiser von Österreich um die Hand seiner Tochter Elisabeth warb und vor allem die Mutter des Kaisers, seine Schwägerin Sophie, den Auftrag gab, alles und jedes im Hause des Herzogs in Bayern peinlichst unter die Lupe zu nehmen, da fand man vieles, und zwar möglichst Negatives über Herzog Maximilian heraus und hängte es an die große Glocke. Man hatte weder Sinn noch Verständnis für die unkonventionelle Art des Vaters der jungen Braut und zeichnete deshalb ein Bild von ihm, das kaum schwärzer hätte sein können. Daß er aber eines der interessantesten Mitglieder des Wittelsbacher Hauses mit seinen vielfältig schillernden Persönlichkeiten war, erkannte man nicht.

Hätte man sich mit seinen Interessen und mit seinem Wesen eingehender beschäftigt, so hätte man dadurch vielleicht so manchen Charakterzug der Kaiserin erkennen und verstehen können, die viel von ihrem Vater geerbt hatte, wenn auch – leider nicht – sein leutseliges, umgängliches Wesen.

Für die Hofschranzen in Wien war vielmehr die Mutter vorbildhaft, aber auch nur, weil sie von königlichem Geblüt war und sich, soweit es an der Seite von Herzog Max überhaupt möglich war, an die Normen der Tradition hielt. Dies vermochte sie freilich nur, weil Max oft monatelang von zu Hause abwesend war. Dann konnte sie die Kinder in ihrem Palais in der Ludwigstraße oder auch in Possenhofen nach ihren Richtlinien erziehen, wobei sie sich natürlich ihre eigene Erziehung im königlichen Elternhaus zum Vorbild nahm. Sie besaß allerdings nicht die Konsequenz, die ihr Vater den Kindern gegenüber an den Tag gelegt hatte. Pünktlichkeit war für ihren Vater, König Maximilian Joseph, die oberste Norm gewesen. Ludovika und ihre Geschwister lernten bei dem bekannten Altphilologen Wilhelm Thiersch sogar Griechisch und Latein, etwas ganz Außergewöhnliches für junge Mädchen der damaligen Zeit. Ansonsten konnten die Kinder ein ungebundes Leben führen und waren bald, wenn sie mit ihrem Wagen herumkutschierten, in der Gegend um München bekannt und beliebt.

Ludovikas eigene Kinder wurden zwar von allen möglichen Privatlehrern unterrichtet, aber sosehr sich auch die Lehrer bemühen mochten, es fehlte den Kindern der nötige Ernst, so daß alles, was sie lernten, eher bruchstückhaft hängenblieb und ihre Allgemeinbildung äußerst oberflächlich war. Daher war die Aufregung im Hause des Herzogs Max groß, als plötzlich Elisabeth als die zukünftige Kaiserin von Österreich nicht nur alles über die europäischen Dynastien wissen, sondern auch noch die Geographie der riesigen Monarchie in sämtlichen Details kennen sollte, von den diversen Fremdsprachen ganz abgesehen, deren Studium man ohnehin nie mit Eifer und Konsequenz betrieben hatte. In einer Art Schnellsiedekurs mußte das junge Mädchen bis zur völligen Erschöpfung all das nachholen, was durch das Laissez-faire der Mutter und durch die Uninteressiertheit des Vaters an der Ausbildung der Kinder versäumt worden war. Denn Herzog Max kümmerte sich kaum um die Erziehung seiner Söhne und Töchter, die Probleme, die sich hier ergaben, überließ er voll und ganz Ludovika. Wäre er nicht nur ab und zu wie ein guter Onkel in sein eigenes Haus zu Besuch gekommen, sondern hätte er sich gewissenhaft um die Schulbildung seiner Kinder gekümmert, seiner Lieblingstochter Sisi, wie Elisabeth schon von Kleinkindesbeinen an im Familienkreis liebevoll genannt wurde, wären in den ersten Jahren ihrer Ehe sehr viel Leid und Tränen erspart worden. Elisabeth wäre mit viel besseren Voraussetzungen an den Wiener Kaiserhof gekommen, und man hätte ihr nicht immer wieder vorhalten können, daß sie als ungebildetes Landkind eben noch viel zu lernen habe. Der Anfang in Wien an der Seite des Kaisers wäre für die junge Frau viel leichter gewesen, wenn sie von klein auf dazu angehalten worden wäre, konsequent zu arbeiten oder zu studieren. Vielleicht hätte sich Elisabeth völlig anders entwickelt. Denn daß seine Töchter einmal in die ersten Familien einheiraten würden, das war auch für Herzog Max vorhersehbar. Aber die Familie interessierte ihn herzlich wenig, seine Frau war eine gebürtige Königstochter, die mußte schließlich wissen, was für die Mädchen nötig war, um an der Seite eines Herrschers bestehen zu können.

Die Kinder wuchsen in München im luxuriösen Rahmen eines geräumigen Stadtpalais auf, im Palais »Max«, wie es die Münchener nannten. Der weit über die Grenzen Bayerns hinaus bekannte Baumeister Klenze hatte es im Hochrenaissancestil erbaut. Dabei hatte der Herzog eine Menge Sonderwünsche geäußert. So mußten ein »Café chantant« ganz im Pariser Stil eingerichtet werden. Nicht der Saal an sich erregte die Gemüter, sondern der 44 Meter lange Bacchusfries, in dem das antike Leben äußerst freizügig und lebendig von Meister Schwanthaler in den buntesten Farben dargestellt war, spornte die Betrachter zu teilweise heftigen Diskussionen an. Die Sinnesfreude des riesigen Gemäldes übertrug

sich auf die geladenen Gäste, und alle, die das Tanzbein bis zum Morgengrauen schwangen, waren sich darin einig, daß solche gelungenen Feste nur der Herzog in Bayern veranstalten konnte.
Daher war wirklich erstaunlich, daß seine Tochter Elisabeth erst tanzen lernen mußte, bevor sie nach Wien zog. Niemand hatte geahnt, daß die Kinder nicht schon von klein auf im Ballett geschult und später durch Tanzmeister unterrichtet worden waren. Die Verlobung Sisis mit dem Kaiser war für alle äußerst überraschend gekommen. Denn wenn es nach dem Plan der beiden Damen gegangen wäre, die alles eingefädelt hatten, nach den Ideen der Erzherzogin Sophie, der Mutter des Kaisers, und der Herzogin Ludovika, dann hätte der ernste Franz Joseph die ernste Helene zum Altar geführt und nicht ihre jüngere Schwester, den unreifen Wirbelwind Sisi...
Konnte man sich noch einen Ballsaal in einem vornehmen Münchener Stadtpalais vorstellen, so war der Zirkus, der auf besondere Veranlassung des Herzogs Max im Hofe errichtet worden war, bald Münchener Stadtgespräch. Mit diesem Zirkus hatte sich der Herzog einen langgehegten Herzenswunsch erfüllt. Sobald die Arena fertig war, lud er alle seine Freunde zu einer Galavorstellung ein, in der er selbst auftrat. Seine Gäste bewunderten nicht nur die Reiterkunststücke, die der Herzog vorführte, sondern ergötzten sich auch, wenn er selbst in ein Clownkostüm schlüpfte und mit anderen Clowns, die er eigens engagiert hatte, so manchen Schabernack trieb. Ein anderes Mal ließ er Soldatenspektakel aufführen und sang dazu zum Klang seiner Zither selbstgedichtete Schnaderhüpfl, Strophen mit aktuellem, zeitkritischem Inhalt, ähnlich den Couplets, die Nestroy in seine Theaterstücke einschob. Es waren tolle Feste, die der Herzog für den Münchener Adel in seinem Palais gab, und nicht nur zur Faschingszeit wechselten Kostümbälle und Maskenquadrillen mit lustigen Pantomimen ab. Die Stimmung erreichte den Höhepunkt, wenn der Hausherr seine Reiterpantomimen mit lauter Stimme wie ein richtiger Zirkusausrufer ankündigte. Die Gesellschaft bog sich vor Lachen über die Darstellungen »Der abfahrende Doktor oder Braut oder Pferd« und »Ibrahim oder ein Tag in Algier« ... Die Phantasie des Herzogs kannte keine Grenzen. Bis in die frühen Morgenstunden dauerten diese Spektakel, dazwischen wurden die Gäste mit erlesenen Köstlichkeiten und je nach Geschmack mit Münchener Bier oder ausgesuchten Weinen gelabt.
Anfangs empfand auch Ludovika Spaß an den Maskenbällen, hatte sie sich doch schon als junges Mädchen gerne verkleidet ins Ballvergnügen gestürzt, aber je ungestümer sich Max gebärdete, desto schlechter wurde

ihre Stimmung. Sie hatte nun einmal nicht die überschäumende, lebensfrohe Art ihres Mannes und konnte kaum verstehen, wenn er aus heiterem Himmel die Anordnung gab, das Palais in der Ludwigstraße in einen Blumengarten zu verwandeln. Gutgelaunte Menschen um sich zu haben, die viel Spaß verstanden, liebte der Herzog über alles. Daß man natürlich später im fernen Wien über seine vielfältigen Eskapaden die Nase rümpfte, störte lediglich Ludovika. Sie hatte diese Form der Unterhaltung ohnedies von vornherein abgelehnt. Die Kinder allerdings, vor allem Elisabeth, waren von dem Leben und Treiben in dem kleinen Zirkus fasziniert, denn der Vater erlaubte Sisi nur zu gerne, als Zuschauerin seinen Zirkus zu besuchen. War Max bei besonderer Laune, so ließ er die kleine Tochter ab und zu in der Manege reiten und freute sich, wie gut das Kind schon zu Pferde saß. Sisi würde eine hervorragende Reiterin werden, das stand für Max schon sehr bald fest.
Der Herzog konnte es sich leisten, sich mit tausenderlei Dingen zu beschäftigen, denn seine Geldschatullen waren reichlich gefüllt. Außerdem erfreute er sich einer unglaublich stabilen Gesundheit, eine wesentliche Voraussetzung für ein unbeschwertes Leben in der damaligen Zeit. Bis ins hohe Alter konnte er daher beinahe alles tun und lassen, was ihm beliebte. Aber das Leben wäre für ihn nur halb so schön und abwechslungsreich gewesen, hätte er sich nicht einen Freundeskreis geschaffen, mit dem er sich ab 1843 wöchentlich einmal traf.
In dieser »Tafelrunde« waren 14 Ritter dazu ausersehen, mit ihm als »König Artus« zu singen, zu reimen, zu lachen, von silbernen Tellern zu speisen und aus silbernen Humpen Wein zu schlürfen. Wie im Mittelalter wurden Turniere veranstaltet, wobei dem Sieger wertvolle Preise winkten, und wie zur Zeit der Meistersinger maßen sich die anwesenden Dichter im literarischen Wettstreit, wobei vor allem der Münchener Dichter Franz von Kobell die Tafelrunde mit pfiffig-amüsanten Versen ergötzte.
Es ging lustig zu bei den Sitzungen der Tafelrunde. Meist begann der Abend damit, daß jedes Mitglied einen kurzen Reim aus dem Stegreif vortragen mußte. Dabei hatte man einen Spruch auf folgenden Satz zu machen:
»Die Leber ist von einem Hecht und nicht von einem Zobel«, worauf der Herzog reimte:
»Zum Trinken tauge ich, zum Dichten taugt der Kobell.«
Und gerade dieser Kobell war es, der für alle Freunde des Herzogs mit folgenden Zeilen den Dank aussprach:
»Wär' unser Herr Herzog nicht geboren,

So säßen wir heute gewiß nicht hier
Und wären die Schampusflaschen verloren,
Die seiner Tafel liebliche Zier,
Und spielt' uns kein Petzmayer lustig die Zither
Und akkompagnierte kein Blumschein den Tanz ...
Drum hat ein glücklicher Stern gewacht,
Als der Storch den kleinen Prinzen gebracht,
Den wir freudig als Herzog verehren ...«

Obwohl alle Ritter der Tafelrunde den Herzog liebten und verehrten, gehörte es auch zu den Spielregeln, sich gegenseitig zu verulken. Keiner nahm dies dem anderen übel, denn den Herzog umgaben nur Freunde, die wie er selbst Spaß verstanden. Er versicherte den Freunden in einem »Leberreim«:

»Die Leber ist vom Hecht und nicht von einem Lachs;
Es vergißt euch nimmer euer alter Max.«

Als in dieser frohen Runde die größte Sensation seit langer Zeit bekanntgegeben wurde, nämlich daß die Tochter des Herzogs, Elisabeth, Maxens Sisi, den Kaiser von Österreich heiraten sollte, da stießen die Ritter voll Freude auf das Wohl des stolzen Schwiegervaters an und brachten als Toast folgenden Reim:

»Die Leber ist von einem Hecht und nicht von einem Kater,
Laßt's euch schmecken – beim neuen Schwiegervater!«

Bei den vielfältigen Tätigkeiten, die der Herzog ausübte, blieb für die Familie herzlich wenig Zeit. Wenn aber der Vater, manchmal nach wochenlanger Abwesenheit, ganz überraschend seinen Kopf zur Tür hereinstreckte, wurde er von seinen Kindern begeistert empfangen. Dann kam Leben in das riesige Haus in der Ludwigstraße oder in das kleine verwunschene Schloß in Possenhofen, das Herzog Max nach dem Tode des Grafen Desiderius von La Rosee gekauft hatte. Im Gegensatz zu dem pompösen Palais in der Ludwigstraße hatte der Herzog in das kleine Schloß mit dem romantischen Park am Ufer des Starnberger Sees nicht viel investiert, es war einfach geblieben, hatte aber in seinem bescheidenen Komfort einen eigenen Reiz für die ganze Familie. Hier fühlten sich alle wohl, und auch Ludovika und Max gerieten hier weit weniger in Streit als in München. Elisabeth liebte Possi, wie das Schloß familiär liebevoll genannt wurde, ganz besonders, und immer, wenn sie glaubte, die Wiener Welt nicht mehr ertragen zu können, suchte sie Trost und Zuflucht bei ihrer Mutter und vor allem auch in der beruhigenden Atmosphäre ihres geliebten Possi. Die Damen und Herren der Wiener Gesellschaft allerdings mokierten sich offen über diesen bescheidenen Zu-

fluchtsort der Kaiserin, man sah auf die »Bettelwirtschaft« in Possenhofen herab. Natürliches, zwangloses Leben inmitten der Natur, so wie dies in Possenhofen möglich war, durfte sich eine Kaiserin von Österreich eben nicht erlauben. Daher dachte man auch nicht allzu lange darüber nach, daß Herzog Max in Bayern eigentlich ein reicher Mann war, der zudem von König Ludwig I. noch das Vorrecht erhalten hatte, sich »königliche Hoheit« nennen zu dürfen. Der Vorwurf einer Bettelwirtschaft war somit kaum angebracht. Wenige haben dies erkannt und akzeptiert, es waren aber immer Menschen, die der Kaiserin in Liebe zugetan waren, wie die Hofdame und Freundin Elisabeths, die Gräfin Marie Festetics, der es geradezu ein Herzensbedürfnis war, das idyllische Possenhofen ins rechte Licht zu rücken. So brachte sie über das romantische Schloß folgende Zeilen zu Papier:
»Das Haus ist einfach, aber gut geführt, sauber, nett, gute Küche, ich fand keinen Prunk, es ist alles wohltuend altmodisch, aber vornehm und nichts von Bettelwirtschaft, wie meine Colleginnen von einst und jetzt vorerzählten.«
Wenn auch das Verhältnis der Eltern Elisabeths zueinander sich im Laufe der Jahre nicht viel besserte, so wuchsen die Kinder doch in einer ungezwungenen Atmosphäre auf. Dabei erwies es sich beinahe als Glück, daß der Vater so selten zu Hause war. Viel schlimmer wäre es für die Kinder gewesen, hätten sich die Eltern tagtäglich gesehen, so daß die ganze Familie in unerträglicher Spannung gelebt hätte. Aber Herzog Max ging ohnehin seiner Wege und vermied es tunlichst, mit seiner Frau beisammen zu sein. Er hatte in den ersten Ehejahren genug unter ihrer vorwurfsvollen Art zu leiden gehabt, vor allem, als er beschlossen hatte, auf Reisen zu gehen, und es sich nicht vermeiden ließ, Ludovika mitzunehmen. Denn sie hatte kaum große Ambitionen, an der Seite des ungeliebten Mannes durch die Welt zu ziehen. Vor allem nicht, als der erste Sohn Ludwig am 21. Juni 1831 das Licht der Welt erblickt hatte. Es entsprach so ganz und gar der leichtsinnigen Art dieses Mannes, Ehefrau und Kind in unbequeme Kutschen zu verfrachten und tagaus, tagein ruhelos über holprige Straßen von Stadt zu Stadt zu ziehen. Was Ludovika einfach nicht nachvollziehen konnte, war, daß der junge Herzog von Wißbegier und Tatendrang getrieben wurde. Auf seiner Reise nach Frankreich und England, wo er den englischen König Georg kennenlernte, hatte er so viel Interessantes und Neues erlebt, daß er sich durch seine kleine Familie nicht behindern lassen wollte. Vielleicht hätte er Ludovika mit dem Kind zu Hause gelassen, als aber kurz vor seiner Abreise in München die Cholera ausbrach, entschloß er sich im letzten Moment,

mit Frau und Kind samt großem Gepäck aufzubrechen. Über die Schweiz, wo er kurz in Lausanne Quartier nahm, ging es weiter in den Süden, nach Rom.
Wo immer der Herzog in Bayern auftauchte, machte er sich im Nu Freunde. Für ihn waren alle Menschen gleich, ob sie nun arm oder reich waren, ob ihre Wiege in einem Palast oder in einer armseligen Hütte gestanden hatte. Schon in der Schule war er deshalb bei seinen Mitschülern besonders beliebt gewesen, hatte er doch niemals irgendwelche Vorzüge für sich beansprucht, sondern war ganz einfach einer unter vielen. Professor Michael Permaneder, einer seiner Lehrer im »Albertinum«, konnte sein Wesen nicht lobend genug hervorheben und schrieb in einer Zensur:
»Es vereinigen sich in diesem Prinzen die schönsten Vorzüge des Geistes und Herzens, ein durchdringender Verstand, ein reifes Urteil, eine lebendige Phantasie, bescheidener Freimut, tiefer Abscheu vor allem Unedlen und eine seltene Herzensgüte. Nie hat sich derselbe von dem Gesetze der Gleichheit, die die öffentliche Schule will, losgesprochen.«
Herzog Max hatte das große, unschätzbare Glück, frei von Zwängen und Traditionen leben zu können. Er war kein Fürst, der einmal die Last der Krone verspüren und die Verantwortung für ein Land tragen sollte. Ohne große Verpflichtungen konnte er durchs Leben gehen, ganz wie es ihm gefiel. Auch bei König Maximilian Joseph hatte er durch seine erfrischende Art einen Stein im Brett, auch noch, als sein Schwiegervater erkennen mußte, daß der natürliche, unkomplizierte Schwiegersohn seine Tochter eigentlich nicht glücklich machte. Man konnte ihm einfach nicht böse sein. Erst seine eigene Tochter Elisabeth, die ihm in vielen Wesenszügen so ähnlich war und doch gerade seine leichte Art, die Dinge zu sehen und zu nehmen, nicht geerbt hatte, machte ihm im Alter die bittersten Vorwürfe im Hinblick auf ihre Mutter. Je älter die Kaiserin wurde, umso mehr gewann sie Einblick in das verpfuschte Leben Ludovikas und gab daran einzig und allein dem Vater die Schuld. Aber Ludovika hatte nie Verständnis für die freie Art des Gatten gezeigt und konnte ihm keine echte Gefährtin und Kameradin sein. Sie fühlte sich immer und ewig unglücklich. Und wenn Max nach einer Nacht, die er im gemütlichen Freundeskreis bei Wein und Gesang verbracht hatte, heimkehrte, bekam er ihr vorwurfsvolles, verweintes Gesicht zu sehen. Und das trieb ihn sofort wieder aus dem Haus.
Als die junge Familie des Herzogs in Bayern in Rom eintraf, herrschte kaltes, frostiges Winterwetter, das so gar nicht dazu angetan war, das Herz für die ewige Stadt zu erwärmen. Max allerdings machte dies wenig aus, ihn trieb es sogleich mit Macht in die Museen. Er vergaß Zeit

und Raum vor den ausgestellten Kunstschätzen und den antiken Bauwerken der ewigen Stadt und natürlich auch seine junge Frau, die in einem zwar komfortablen, aber düsteren Palast mit ihrem Kind saß und sich zu Tode langweilte. Wenn Herzog Max seiner Ehefrau auch nicht die Liebe und Wärme zu geben vermochte, die sie sich vielleicht ersehnt hatte, so konnte er ihr doch ein bequemes, angenehmes Leben bieten. Auf ihn allerdings mußte sie verzichten, denn er war ständig unterwegs, die Welt, die sich hier in Rom für ihn auftat, war so faszinierend, daß er alles um sich herum vergaß.
Höhepunkt des Romaufenthaltes war aber sicherlich die Audienz beim Heiligen Vater. Gregor XVI. war zu Ohren gekommen, daß der bayerische Herzog mit seiner Familie für einige Zeit in der ewigen Stadt weilte, und schickte spontan eine Einladung.
Der römische Winter hatte jedoch für einen lebenslustigen jungen Mann noch anderes zu bieten als Kirche und Kunst: den Fasching. Im bunten Kostüm, mit einer Maske vorm Gesicht, zog er mit einigen Kennern der römischen Karnevalsszene durch die engen Gassen, trieb hier einen Schabernack und machte sich dort einen Scherz und schlug sich so manche Nacht in fröhlicher Runde um die Ohren. Frühestens im Morgengrauen kehrte er sehr beschwingt nach Hause zurück und begab sich, so schnell er konnte, in seine Privatgemächer, um den bohrenden Fragen seiner Frau zu entkommen.
Als der Frühling ins Land zog, übersiedelte die kleine Familie nach Neapel und dann weiter nach Sizilien, wo der Herzog staunend vor den gewaltigen Zeugen der griechischen Antike in Selinunt, Segest und vor allem in Agrigent stand. Nach einem nochmaligen Aufenthalt in Rom im Oktober 1832 traf die Familie wieder in München ein.
Wie sehr sich König Ludwig über die Rückkehr seines Schwagers freute, geht daraus hervor, daß er ihn ganz überraschend zum Kommandanten der Bürgerwehr des Isarkreises ernannte.
Kaum hatte Max sein neues Amt als Bürgerwehrkommandant angetreten, als irgendein unbekannter Reimeschmied auf ihn im romantisierenden Stil der Zeit folgende Verse dichtete:

»Ein jedes Herz erhebe
Sich stolz zu dir, du junger Held!
Hoch lebe Wittelsbach, hoch lebe
Der schöne Zweig von Birkenfeld!«

Welche Heldentaten der Herzog allerdings bis dahin vollbracht hatte, wußte der Schreiber dieser Zeilen wahrscheinlich selbst nicht. Max hatte weder vor 1834, als dieses Gedicht geschrieben wurde, noch nachher

Gelegenheit, sich durch außergewöhnliche Taten auszuzeichnen, aber wahrscheinlich vermißte er auch das Heldenspielen nicht. Er lebte viel lieber so wie bisher, manchmal in den Tag hinein, meistens aber widmete er sich seinen Liebhabereien. Er konnte es sich leisten, das Leben eines wohlhabenden Privatiers zu führen. 1837 war sein reicher Großvater gestorben und hatte Maximilian zu seinem Alleinerben gemacht.
Wo immer er konnte, vermied er es, mit seiner Frau zusammenzutreffen, denn Ludovika machte ihm nicht nur wegen seines unbeschwerten Lebenswandels die bittersten Vorwürfe, sondern kreidete ihm besonders an, daß er da und dort ein Bauernmädchen mit seiner Gunst beglückte. Wie viele Kinder in der Starnberger Umgebung Wittelsbacher Blut in den Adern hatten, wußte der Herzog selbst nicht einmal. Zwei seiner unehelichen Töchter allerdings liebte er ganz besonders, sie genossen den Vorzug, mit ihm zu Mittag speisen zu dürfen, wenn er für alle anderen Familienmitglieder nicht zu sprechen war.
Sosehr das Verhältnis zu seiner eigenen Frau jahrzehntelang gespannt blieb, so sehr freuten sich die Kinder – den ersten drei waren weitere gefolgt –, wenn der Vater für einige Tage nach Hause kam. Sie hatten sich daran gewöhnt, daß die Eltern ständig in Zank und Hader lebten, obwohl nach jedem größeren Krach eine kurze Versöhnung zwischen Max und Ludovika folgte, die im Ehebett endete. Meist konnte man dann nach neun Monaten wieder einen Sohn oder eine Tochter aus der Taufe heben. Zwei Jahre nach Elisabeth kam ihr zweiter Bruder, Karl Theodor, zur Welt, der ganz aus der Familientradition ausscheren sollte und sich in München als vielbeachteter Augenarzt einen Namen machte. Die dritte Tochter, Maria Sophia Amalia, wurde wieder zwei Jahre später geboren, 1847 folgte eine Tochter Sophie Charlotte Auguste, die später als Braut für König Ludwig II. von Bayern ausersehen war, und als letztes Kind des Herzogspaares erblickte am 9. Dezember 1849 Maximilian Emanuel das Licht der Welt.
Wenn der Vater meist überraschend nach Hause kam, zog er die Kinder wie ein Rattenfänger an sich, alles wurde liegen- und stehengelassen, und wie die Wilde Jagd tobten sie mit ihm durch das geräumige Max-Palais in der Ludwigstraße, spielten in den weitläufigen Zimmern und Gängen Verstecken oder sausten in Possi durch den idyllischen Park bis hinunter zum See. Vergessen waren die Hausübungen, vergessen die Ermahnungen der Mutter, sich ordentlich zu benehmen, man schrie und lachte, spielte Fangen und schwamm im kühlen klaren Wasser des Starnberger Sees um die Wette. Hatte man genug davon, wurden die Pferde gesattelt, und der Vater weihte die Kinder in die Kunst des Reitens ein.

Dabei legte er größten Wert darauf, daß die Mädchen, wenn sie schon später in der unnatürlichen Haltung im Damensattel sitzen mußten, imstande sein würden, dies nach beiden Seiten zu tun. Der Herzog hatte deshalb für seine Töchter eigene Sättel anfertigen lassen, bei denen es gleichgültig war, nach welcher Seite die Beine herabhingen. Wie die kleinen Teufel jagten die Herzogskinder durch Wald und Flur, und vor allem Sisi zeigte sich dabei außerordentlich mutig. Der Vater hatte eine wahre Freude an ihr.

Elisabeth zeigte sich schon früh an allem interessiert, was sie in Gottes schöner Natur hören, fühlen und sehen konnte.In ihrem Vater hatte sie einen guten Lehrmeister, denn auch Herzog Max fühlte sich ungewöhnlich wohl in der Stille des Waldes und in der Einsamkeit der Bergwelt. Und obwohl er sonst lustig-anregende Gesellschaft über alles schätzte, nahm er, wenn er sich auf eine seiner ausgedehnten Bergtouren begab, meist nur Sisi mit. Dann gingen sie lange schweigend nebeneinander her, bevor Max begann, ihr die Wunder dieser Erde zu erklären. Mit weit aufgeschlossenem und staunendem Herzen entdeckte sie an der Seite des Vaters die Geheimnisse der großen und der kleinen Welt.

Daher überrascht es, daß sie, die als Kind eine so innige Beziehung zu ihrem Vater gehabt hatte, in späteren Jahren kaum mehr Kontakt mit ihm suchte. Vielleicht sah sie in ihm als erwachsener Mensch, als – wie sie glaubte – unverstandene Frau nur noch den Egoisten, der für sich selbst lebte. Dabei erkannte sie freilich nicht, daß sie selbst nicht nur die Reiselust, ihren unsteten Charakter, die Liebe zum Verseschmieden, sondern eben auch eine große Portion Egoismus von ihrem Vater geerbt hatte, jenen Egoismus, den sie bei ihm so sehr verurteilte.

Aber als Kind vergötterte sie Herzog Max wie alle seine Kinder. Am schönsten war es für die kleine Schar, wenn man sich, ermüdet vom vielen Herumtoben, im Kreis um den Vater setzen konnte, der sich dann nicht allzu lange bitten ließ und die abenteuerlichsten Geschichten von seinen weiten Reisen zum besten gab.

Gebannt saßen die Kinder da, Ludwig, Helene, genannt Néne, und Sisi, und lauschten den Erzählungen. Besonders Sisi konnte kaum genug von den Abenteuern hören, die ihr Vater auf seinen Reisen erlebt hatte. Im Geiste war sie mit auf dem Schiff, das die Reisenden in Griechenland bestiegen hatten, wo es ihnen leider nicht vergönnt gewesen war, den aus Bayern stammenden König Otto I. zu besuchen. Ihre Augen weiteten sich vor Entsetzen bei dem Gedanken, daß das Schiff in den hohen Wellen des Mittelmeeres und dem schweren Sturm, der vor der ägyptischen Küste wütete, beinahe untergegangen wäre. Als der Vater merkte, wie

sehr seine Kinder diese Geschichten ergriff, wurden seine Erzählungen noch phantastischer. Er schilderte ihnen seine Ankunft in Alexandria und berichtete von dem überraschenden großartigen Empfang, den der Vizekönig Mehmed Ali ihm und seinen Gefährten bereitet hatte. Denn Max war nicht allein gereist, er hatte seinen besonderen Freund und Lehrer, den berühmten Zithervirtuosen Johann Petzmayer, der aus Zistersdorf in Niederösterreich stammte, ebenso eingeladen wie seinen Arzt, Dr. Bayer. Johann Petzmayer war des Herzogs ganz spezieller Freund. Max war von dessen Können so angetan, daß er beschloß, ebenfalls das Zitherspiel zu erlernen. Und da er ein gutes Gehör hatte und musikalisch war, dauerte es gar nicht lange, bis er es fertigbrachte, die ersten oberbayerischen Volkslieder auf diesem bis dahin noch gar nicht salonfähigen Instrument zu spielen. Die Zither wurde sein Lieblingsinstrument und durfte in seinem umfangreichen Reisegepäck nie fehlen. Und manchmal, in kritischen Situationen, überwanden Max und seine Freunde die aufsteigende Furcht dadurch, indem Petzmayer und er ganz einfach die Zither aus dem Sack zogen und sich mit ein paar fröhlichen Melodien Mut machten.Auch als sie unter glühender Sonne vor den gewaltigen Pyramiden standen und die ewigen Werke der Pharaonen bewunderten, griff Herzog Max ganz plötzlich zur Zither, und mitten im andächtigen Staunen ringsum erklangen ein paar lustige Münchener Gstanzln.
Nach den angenehmen Tagen, die sie als Gäste des Vizekönigs in dessen luxuriösem Palast verbracht hatten, zogen sie wochenlang auf dem Rücken von Kamelen durch die glühendheiße Wüste, von Kopf bis Fuß mit feinstem Sand bedeckt. Kam dann der Abend, schlug man sein Lager unter dem Sternenhimmel auf und wickelte sich eng in die dicken Decken, denn beim Einbruch der Nacht war es eiskalt geworden. Aber schon mit dem ersten Sonnenstrahl am nächsten Morgen kam auch wieder die Hitze. In der Eintönigkeit der Landschaft, die einen unvergeßlichen Eindruck auf den Herzog machte, hatte die kleine Gesellschaft am Fuße der Pyramiden ein seltsam-lustiges Erlebnis: Sie hatten kurz haltgemacht, als plötzlich in gestrecktem Galopp ein Reiter auf sie zusprengte. Kurz vor ihnen schlug das Pferd einen rechtwinkeligen Haken, der Reiter zog den Hut und rief mit lauter Stimme: »Grüß Gott, Herzog Max!«, machte kehrt, und so schnell, wie er gekommen war, verschwand er wie ein Spuk im Wüstenstaub. Wer konnte das gewesen sein? Keiner hatte auch nur die geringste Ahnung, denn sie sahen den Mann auf ihrer Reise nie mehr.Viel später stellte sich heraus, daß der als Sonderling bekannte Freiherr Hallberg-Broich zu dieser Zeit in Ägypten weilte und von der Anwesenheit des Herzogs erfahren hatte.

Noch eine andere kuriose Geschichte, die der Vater erzählte, begeisterte die Kinder: In dem Wunderland Ägypten, wo Max schon viel Rätselhaftes und Zauberhaftes gesehen hatte, erlebte er etwas, was er sich zunächst genausowenig erklären konnte wie die berühmte Fata Morgana. Denn jedesmal, wenn der Herzog irgendwo auftauchte, hörte er meist schon von weitem die Klänge des Liedes »O du lieber Augustin«. Zunächst dachte er an einen kuriosen Zufall und glaubte, daß die ägyptischen Flötenspieler und Trommler auf ihren orientalischen Instrumenten eben eine ähnliche Melodie spielten. Aber immer wieder vernahm er die Töne vom lieben Augustin. Max wurde hellhörig: Da mußte doch etwas dahinterstecken. Er fragte einen der ägyptischen Führer und erhielt die Erklärung: Ein Spaßvogel habe dem Vizekönig weisgemacht, daß die bayerische Nationalhymne das Lied »O du lieber Augustin, Augustin, Augustin, o du lieber Augustin, alles ist hin ...« wäre.
Nach vielen anderen merkwürdigen Begebenheiten und manchmal gefährlichen Abenteuern zog die bayerische Gesellschaft ins Heilige Land. Und in Palästina wären sie alle beinahe für immer geblieben. Denn nach ersten Erlebnissen in Jerusalem – Max wurde hier zum Ritter des Heiligen Grabes geschlagen, außerdem hatte man ihn mit dem berühmten Schwert des legendären Gottfried von Bouillon, des ersten Kreuzritters, umgürtet – brach die Pest aus. Nachdem der junge Arzt des Herzogs, Dr. Bayer, in Nazareth gestorben war, mußte sich die Gesellschaft in Quarantäne begeben und wurde, da niemand sie kannte, äußerst spärlich mit Nahrungsmitteln versorgt, so daß der Hungertod noch näher schien als das Ende durch die Pest. Die Einheimischen mieden sie wie Aussätzige, sie hatten einfach Angst davor, Kontakt mit Leuten zu pflegen, die vielleicht schon den Keim der todbringenden Krankheit in sich trugen.
Die Idee, ein Schiff zu finden, das sie gegen hohes Entgelt nach Alexandrien zurückbringen würde, erwies sich als nicht zielführend, denn in Alexandrien wütete nicht nur die Pest, auch die Schwarzen Pocken und die Cholera hatten die blühende Stadt heimgesucht.
Nach langem Hin und Her gelangte die Reisegesellschaft schließlich auf die Insel Malta, von wo sie nach nochmaliger Quarantäne endlich nach acht Monaten – wie durch ein Wunder – wohlbehalten wieder in München eintraf. Hier aber staunte man nicht schlecht, als man im Gefolge des Herzogs vier Negerkinder erblickte, die Max öffentlich in München taufen ließ. Die »Mohren« wurden zu Spielgefährten der herzoglichen Kinder, und »Rustimo« war bald der besondere Liebling Elisabeths.
Sisi träumte von all den fernen Ländern und Inseln, sah die Palmen und fremdartigen Tiere in ihrer Phantasie vor sich und wünschte, all dies ein-

mal selber zu sehen. Sie konnte damals noch nicht ahnen, daß es ihr als Kaiserin von Österreich möglich sein würde, die Reisen des Vaters nachzuvollziehen, aber unter ganz anderen Voraussetzungen. Denn hatte Max diese halben Expeditionen aus Wissensdurst und voller Lebensfreude unternommen, so reiste seine Tochter ruhelos in der Welt umher, ohne Plan und ohne Ziel, nur um irgendwo ihren inneren Frieden zu finden, eine Sehnsucht, die unstillbar war.

Über diese Reise nach Ägypten und ins Heilige Land verfaßte Herzog Max ein Buch, das 1839 erschien und den Titel trug: »Wanderungen nach dem Orient 1838, unternommen und skizziert von dem Herzoge Maximilian in Bayern«. Und da Max damals auch schon die Rezensenten kannte, erklärte er, um gleichsam den »scharfen Pfeilen der Kritiker« zu entgehen, daß das »kleine Werkchen« nicht als wissenschaftliches Produkt angesehen werden sollte. Der Herzog schrieb ein Leben lang. Anfangs kleine Theaterstücke, die in privatem Rahmen aufgeführt wurden, später romantisierende Geschichten und Novellen ganz im Stil der Zeit. Dabei lehnte er sich an berühmte Vorbilder wie Jean Paul an. Beinahe alle seine literarischen Werke veröffentlichte er nicht unter seinem eigenen Namen, er hatte sich das Pseudonym »Phantasus« zugelegt, wobei die Leser seiner Abhandlungen, die er gewöhnlich in Zeitungen herausbrachte, schon sehr bald wußten, wer sich hinter diesem Namen verbarg.

Es war seltsam, daß der lebenslustige Herzog in vielen seiner kleinen Novellen und Erzählungen meist schaurige Ereignisse darstellte, wobei die Stoffe sehr oft der Weltgeschichte entnommen waren. Lieblingsthemen waren dabei der Dreißigjährige Krieg und die Zeit vor und während der Französischen Revolution. Je älter Herzog Max wurde, umso mehr widmete er sich der Darstellung historischer Ereignisse. Einen breiten Bogen umfassen seine Schriften, von Kaiser Friedrich III. bis zur Erschießung Maximilians von Mexiko, des unglücklichen Schwagers seiner Tochter. Wenn ihm auch der große Schwung bei seinen Erzählungen fehlte, so recherchierte er doch sehr genau, charakterisierte die Personen anschaulich und traf auch gut das Zeitkolorit. Das einzige Gedicht, das heute noch erhalten ist, besingt, wie könnte es anders sein, seine geliebte Zither:

Meine Zither

Das Liebste auf der weiten Welt
Ist mir der trauten Zither Spiel,
Ich schätz' es mehr als alles Geld
Und kostet's auch der Mühe viel.

Bin froh und guten Mutes ich,
So freut sie sich mit ihrem Herrn
Und fühl' ich trüb und traurig mich,
So teilt sie meinen Kummer gern.

Drum ist mir wohl bei ihr allein,
Weil sie, die einz'ge , mich versteht,
Ich lass' die Menschen Menschen sein
Und spiel' auf ihr von früh bis spät.

Die Menschen treiben auch ihr Spiel,
Doch ist's ein andres Instrument,
Sie spielen auf dem Menschen viel,
Der ihre Falschheit noch nicht kennt.

Als geselliger Mensch suchte und fand Max auch besten Kontakt zu den Dichtern seiner Zeit. Besonders mit Justinus Kerner verband ihn eine innige Freundschaft. Der Herzog war aber auch ein gerngesehener Gast in den Buchläden genauso wie in den Antiquariaten. Schon in jungen Jahren hatte er den Auftrag erteilt, alle Neuerscheinungen, die auf den Markt kamen, sofort in sein Münchner Stadtpalais zu bringen. So entstand im Laufe seines Lebens eine stattliche Privatbibliothek, die 27000 Bände umfaßte. Wo er nur konnte, unterstützte er vor allem die Dichter und Schriftsteller, die sich mit dem bayerischen Volkstum und dem Volkslied beschäftigten. Sie sollten nicht nur reichlich Geld für ihre Tätigkeiten erhalten, als Anerkennung für ihre besonderen Verdienste um das Land Bayern stiftete er im Jahr 1830 eine goldene und eine silberne Medaille. Abwechslungsreich liest sich die Liste derer, die mit dieser Auszeichnung bedacht worden waren. Überraschenderweise finden sich auch drei Frauen darunter: die Schriftstellerinnen Isabella Braun, Hermine Proschko und Helene Pichler, etwas ganz Ungewöhnliches in dieser Zeit, die Frauen wenig Intellekt zutraute.
Ein besonderer Freund des Herzogs war der Münchener Dichter Franz von Kobell. Beide, Herzog Max und Kobell, beschäftigten sich mit der

Sammlung von oberbayerischen Volksliedern, die Max besonders gerne hörte, wenn er nach seinen Pirschgängen in den Alpen irgendwo in einem einfachen Bauernwirtshaus inkognito einkehrte. Dann saß der »Zither-Maxl«, wie er liebevoll von seinen Landsleuten genannt wurde, wie jeder andere auch an den rohen Holztischen, vor sich ein Glas Bier, warmen Leberkäs und frische Brezn und hörte zu, wie im Laufe des Abends die Männer ihre urtümlich-melodiösen Lieder anstimmten. Alles paßte zusammen: die abgetragenen Lederhosen, die weißen kurzen Wadlstutzen, die schweren genagelten Schuhe, mit denen man so herrlich den Rhythmus auf den knarrenden Bretterböden stampfen konnte. Max blieb nie lange unbeteiligter Zuhörer. Meist zog er bald seine Zither aus dem Sack und begleitete die Sänger nach dem Gehör zu ihren Liedern. Der Herzog erntete viel Beifall für sein Zitherspiel, und es bereitete ihm einen ganz besonderen Spaß, wenn es ihm ab und zu gelang, unerkannt in einem Gasthaus bei einer Hochzeit aufzuspielen. Dabei wußte manchmal nicht einmal der Wirt, welchen erlauchten Zitherspieler er sich engagiert hatte. Über ein Honorar für seine musikalische Tätigkeit war zwar nie verhandelt worden, aber Max war hocherfreut, als ihm einmal der Bräutigam am Ende des Hochzeitsabends, an dem der Herzog inkognito für die Gäste aufgespielt hatte, 75 Pfennige mit einem kräftigen Dankeschön in die Hände drückte. Es war sein erstes selbstverdientes Geld!
Max war zeit seines Lebens zu Streichen aufgelegt. Eines aber haßte er in tiefster Seele: Wenn ihm jemand den Spaß zerstörte. Das passierte immer dann, wenn die Leute sein Inkognito nicht respektierten, wie das in so manchem Bauernwirtshaus vorkommen konnte. Dann schlich er sich so leise wie möglich durch die Hintertür hinaus oder stellte einen Gendarmenhut ins Fenster, so daß die herbeiströmenden Leute glaubten, es sei irgend etwas geschehen, wo die Polizei eingreifen mußte.
Die Kontakte zu seiner Familie hatte der Herzog in Bayern im Laufe der Jahre auf ein Minimum beschränkt. Und so war er natürlich – wie alle anderen übrigens auch – höchst überrascht, als der Kaiser von Österreich sich mit seiner Werbung um Elisabeth an ihn wandte.
Irgendwie hatte er sich erinnert, daß ihm Ludovika seinerzeit einen Plan vorgetragen hatte, wonach seine ältere Tochter Helene ihren Cousin Franz Joseph heiraten sollte. Wieso jetzt ausgerechnet Sisi, sein Lieblingskind? Vielleicht machte sich der Herzog zum erstenmal in seinem Leben Gedanken darüber, ob es wohl richtig sei, dieses ungezwungene, freiheitsliebende Mädchen, das so viel Ähnlichkeit in ihren Neigungen mit ihm selbst hatte, an den starren Wiener Kaiserhof zu verheiraten. Vielleicht hatte er seine Bedenken auch Ludovika gegenüber geäußert,

die aber war von der Aussicht auf eine derartige Partie für Elisabeth so euphorisch, daß sie alle Einwände ihres Mannes mit einer einzigen Handbewegung vom Tische fegte. Max allerdings dachte an die steifen, uninteressanten Gespräche zurück, die die kaiserliche Familie selbst in der gemütlichen kleinen Villa in Ischl führte, wenn sie zufällig einmal dort zu Besuch geladen waren. Er konnte, wie sehr er sich auch bemüht hatte, vor allem mit seiner Schwägerin Sophie, der Mutter des Kaisers, keinen Kontakt bekommen. Erzherzogin Sophie und Herzog Max standen einander wie Wasser und Feuer gegenüber, und Max fühlte bei jeder Bemerkung, die die Erzherzogin machte, wie sehr sie den bayerischen Verwandten mit seiner unkonventionellen Art verachtete. Und dementsprechend herablassend behandelte sie ihn. Über den jungen Kaiser selbst konnte er sich kein rechtes Bild machen. Auch Franz Joseph beugte sich den Zwängen der Tradition und des Hofzeremoniells, vielleicht aber würde er, ein immerhin gutaussehender junger Mann, als Liebhaber und Ehemann etwas mehr Temperament entwickeln. Seine Tochter war ja ganz hübsch, wenn auch mit ihren 15 Jahren noch lange keine Schönheit, aber sie konnte sich ja noch entwickeln.
Sicherlich gingen dem Herzog viele Gedanken durch den Kopf. Er rätselte herum, was ihm selber möglich gewesen wäre. Hätte er sich in diesem Alter – mit 15 Jahren – noch so ändern können, daß er alles Natürliche, alles, was ihm lieb war, hätte ablegen können? Würde seine Tochter dies fertigbringen?
Was Max bei all seinen Überlegungen nicht beachtete, war die Tatsache, daß Elisabeth ihm zwar in vielen Charaktereigenschaften ähnelte, daß ihr aber eines von Grund auf fehlte: sein fröhliches Temperament, seine Kunst, das Leben, wie immer es sich gestaltete, von der besten Seite zu sehen. Sie hingegen versuchte nicht einmal, ihr Schicksal zu meistern, sondern verfiel in tiefe Melancholie, die in Weltschmerz überging und in Lebensüberdruß endete. Und da dieser grundlegende Wesenszug sich, je älter Elisabeth wurde, immer mehr ausprägte, konnte sie nicht nur zu ihrem Mann und zu ihren Kindern keinen inneren Kontakt finden (mit Ausnahme zu Marie Valerie), sie verlor auch jegliche Bindung zu ihrem eigenen Vater. Sich selbst bemitleidend, bedauerte sie als Erwachsene zutiefst ihre Mutter, die ein Leben lang ihren Ehemann ertragen mußte, mit seinen Marotten, seinen Launen und seinem Egoismus. Auch Max zog sich in späteren Jahren von Elisabeth, seinem einstigen Liebling, enttäuscht zurück, er sah in der Kaiserin nur noch eine überspannte Person und vermied es, wo es nur ging, in Possenhofen anwesend zu sein, wenn sie erschien, um sich zu erholen und sich von ihrer Mutter Mut zuspre-

chen zu lassen. Selbst zu seinem kaiserlichen Schwiegersohn war sein Verhältnis besser als zu seiner Tochter.
Im Jahr 1878 begingen Ludovika und Max mit großem Aufwand das Fest der goldenen Hochzeit. Glückwunschschreiben häuften sich, u. a. stellte sich Kaiser Wilhelm I. mit einer Gratulation ein, Kantaten wurden auf das Jubelpaar komponiert, die Tegernseer Schützen rückten aus, und ein Brillantfeuerwerk erhellte die Landschaft um den See in den buntesten Farben.
Ein bayerischer Mundartdichter, Maximilian Schmidt, schmiedete einige Reime auf den Herzog und seine Gemahlin:
»Habt's an uns denkt in Freud und Klag'n,
In G'sangeln und beim Zitherschlag'n,
Hab's jedes Werk mit Gott ang'fanga
Und so san fufzig Jahr verganga!«
Es war seltsam, aber nach dieser goldenen Hochzeit verbesserte sich die Beziehung zwischen Max und Ludovika schlagartig. Es war, als hätte der Herzog spät, aber doch erkannt, daß er sich im Laufe seines Lebens viel zu wenig um seine Frau gekümmert hatte. Er versuchte, vieles nachzuholen, so daß Ludovika zumindest das Gefühl haben konnte, einen schönen Lebensabend an seiner Seite zu verbringen. Es war beiden vergönnt, noch die diamantene Hochzeit zu feiern. Diese seltene Fest begingen sie beide, betagt, wie sie waren, und wegen ihrer angeschlagenen Gesundheit, in aller Stille nur im kleinsten Kreise. Kurz nach dem Fest erlitt der Herzog einen ersten Schlaganfall, dem am 10. November ein zweiter folgte. Am 15. November 1888 starb er, ohne vorher das Bewußtsein wiedererlangt zu haben.
Maximilian wurde in der Hofkirche St. Kajetan in München beigesetzt. Ganz Bayern trauerte um den liebenswürdigen Herzog. Von weit her waren Männer und Frauen aus allen Schichten der Bevölkerung gekommen, hatten den oft beschwerlichen Weg auf sich genommen, um den Begräbnisfeierlichkeiten beizuwohnen und ihren »Zithermaxl« zur letzten Ruhe zu geleiten. Auch die prominentesten Vertreter der Herrscherhäuser waren erschienen, ebenso der Schwiegersohn des Herzogs, der Kaiser von Österreich, und Kronprinz Rudolf. Sie alle gaben dem Herzog die letzte Ehre. Nur eine fehlte – seine Lieblingstochter Elisabeth – sie weilte zur Erholung auf der Insel Korfu.

Aus der Ferne liebte sie ihn

Kaiser Franz Joseph

Aufrecht stand er da, korrekt in seiner Uniform, den Blick regungslos auf den schwarz verhangenen Katafalk gerichtet, während die Sänger ihre düsteren Totenlieder und das »Libera!« anstimmten. Er war allein in der bis auf den letzten Platz gefüllten Kapuzinerkirche, allein mitten unter der unüberschaubaren Zahl der Trauergäste, die aus aller Welt angereist waren, um der ermordeten Kaiserin von Österreich die letzte Ehre zu geben. Die Mauer, die Kaiser Franz Joseph ein ganzes Leben lang um seine Person und seine Gefühle aufgebaut hatte, umgab ihn auch jetzt wie ein schützender Panzer. Wie sehr ihn der Tod seiner über alles geliebten Frau erschüttert hatte, das erahnten nur die, die ihm wirklich nahestanden.

Der Obersthofmeister trat an den Kaiser heran, verbeugte sich tief vor dem Monarchen und bedeutete ihm, daß es nun an der Zeit wäre, hinter dem Sarg in die Kapuzinergruft zu folgen, um die Kaiserin zu ihrer endgültigen Ruhestätte zu geleiten. Es war der allerletzte gemeinsame Weg, den er und Elisabeth zurücklegten nach den vielen Jahren ihres ständigen Kommens und Gehens, nach all den Hoffnungen und Enttäuschungen, die ihre Ehe mit sich gebracht hatte.

Als Franz Joseph an der Seite des deutschen Kaisers aus der Kapuzinerkirche trat, war er beinahe am Ende seiner Beherrschung. In seinem versteinerten Gesicht konnte man lesen, daß dieser 17. September für ihn trotz der schweren Schicksalsschläge, die ihn bisher heimgesucht hatten, der schmerzlichste Tag seines Lebens war. Er hatte die Frau für immer verloren, die er vom ersten Moment an von ganzem Herzen geliebt hatte, nach der er sich gesehnt und um deren Gesundheit er schlaflose Nächte verbracht hatte und die er trotz allen Bemühens und aller Bitten nicht hatte halten können. Tausend Gedanken und Fragen stürmten auf ihn ein und quälten ihn, jetzt, da es zu spät war. Elisabeth, die jahrzehntelang ruhelos in der Welt herumgeirrt war, war auf diese schreckliche Weise für immer nach Wien zurückgekehrt, in die Stadt, die sie ein Leben lang gemieden, ja vielleicht sogar gehaßt hatte. Nicht nur Franz Joseph hatte sich nichts sehnlicher gewünscht, als daß sie ihr rastloses Wanderleben aufgeben sollte, auch die jüngste Tochter, Marie Valerie, die Elisabeth als einziges ihrer Kinder wirklich liebte, hatte die Hoffnung nie aufgegeben, daß die Eltern wenigstens ihren Lebensabend gemeinsam in Harmonie verbringen würden.

Allmählich war in Wien wieder der Alltag eingekehrt, man hatte sich von dem Schock erholt, der die Bevölkerung in Atem gehalten hatte, die Trauergäste waren abgereist, auch die beiden Töchter mit ihren Familien, und der Kaiser war mit seinem Schmerz und seinen Gedanken allein

zurückgeblieben. Nur die Freundin Katharina Schratt, die »gnädige Frau«, versuchte in ihrer menschlich warmen, liebevollen Art den einsamen Mann etwas aufzuheitern, denn Trost wußte sie selbst keinen.
Der Kaiser saß wieder an seinem Schreibtisch wie eh und je vom Morgengrauen an und bemühte sich so wie bisher, seine Aufgaben als erster Beamter der Monarchie zu erfüllen. Sein Pflichtgefühl war ihm jetzt in dieser schwierigen Zeit beinahe eine Hilfe, um nicht ununterbrochen den trüben Gedanken nachzugeben. Aber sosehr er sich auch beherrschen konnte, von Zeit zu Zeit verließ er die Räume der Hofburg, wo ihm die Decke fast auf den Kopf zu fallen schien, ging hinüber ins Kapuzinerkloster und ließ sich von den Mönchen die Gruft aufsperren, um ganz in der Nähe seiner geliebten Frau, seiner »edes szeretett lelkem«, seiner »süßen geliebten Seele«, wie er sie in unzähligen Briefen genannt hatte, sein zu können.
Nun lag sie da in der kalten, beinahe schaurigen Kapuzinergruft, mitten unter den vermoderten habsburgischen Vorfahren, ganz in der Nähe ihres Sohnes Rudolf, zum Greifen nah und doch für immer fern. Warum nur, ging es Franz Joseph durch den Kopf, warum nur, hatte alles so kommen müssen, warum war ihr Leben so ganz anders verlaufen, als er sich dies in den Träumen seiner ersten Verliebtheit ausgemalt hatte? Warum hatten sie nicht den Weg gefunden, auf dem sie hätten gemeinsam gehen können? In langen schlaflosen Nächten hatte er sich den Kopf mit Fragen über Fragen zermartert und keine Antwort gefunden.
Ihr wirkliches privates Glück war nur kurz gewesen, hatte in seiner Erinnerung nur aus ein paar annähernd harmonischen Jahren am Beginn ihrer Ehe bestanden, so lange, bis einer den anderen nicht mehr verstehen konnte oder wollte. Was war geblieben vom großen Glück, von der Illusion von einer gemeinsamen Zukunft? Eine Flut von Briefen, die täglich hin und her gingen und in denen sich all seine Liebe und Zärtlichkeit niederschlugen, in denen er seine Sehnsucht nach seiner schönen fernen Frau zum Ausdruck brachte und mit jedem Wort, das er schrieb, hoffte, daß sie sich dazu durchringen könnte, wenigstens für kurze Zeit zu ihm zurückzukehren. Die Antworten allerdings, die er manchmal erst nach Wochen erhielt, waren, wenn auch liebevoll um sein Wohlergehen besorgt formuliert, meist enttäuschend, da Elisabeth tausend Ausreden fand, um nicht in Wien bei ihm sein zu müssen. Schon vor vielen Jahren hatte er die Vermutung ausgesprochen, daß Sisi nur dann mit ihm glücklich war, wenn möglichst weite Entfernungen zwischen ihnen beiden lagen.
Hals über Kopf hatte er sich als Vierundzwanzigjähriger in Bad Ischl in

die frische, lustige, lebensfrohe Sisi, wie Elisabeth im Familienkreis gerufen wurde, verliebt. Die Liebe hatte ihn wie ein Blitz aus heiterem Himmel getroffen, und keine Macht der Welt hätte ihn dazu bewegen können, Sisis Schwester Helene zu heiraten, die für ihn ausersehen gewesen war. Nie zuvor hatte er sich gegen die Pläne seiner Mutter gestellt, jetzt aber erklärte er der erstaunten Erzherzogin rundheraus, er werde Elisabeth und nicht Helene zur Frau nehmen.

Vielleicht hatte er damals einen lebensentscheidenden Fehler begangen, indem er seine Mutter, Erzherzogin Sophie, vor die vollendete Tatsache gestellt hatte. Er hätte doch wissen müssen, daß sie es war, die bisher alle Fäden im Hintergrund gezogen hatte, daß alles, was er bis jetzt politisch durchgesetzt hatte, letztlich von Sophie abgesegnet worden war. Sie hatte ihn mit 18 Jahren zum Kaiser gemacht, sie war es gewesen, die auf die eigene Stellung als Kaiserin verzichtet hatte, um dem jungen Sohn, den sie von Kindesbeinen an zum Kaiser erzogen hatte, die Krone zu sichern. Und jetzt, in dieser wohl sehr persönlichen, aber auch dynastisch entscheidenden Frage, hatte er die Bevormundung durch seine Mutter mit allem Nachdruck abgelehnt und hatte seine Wahl selbst getroffen.

Allein sein Herz hatte gesprochen, und alle Vernunftgründe, die ihm »die liebe Mama »aufzählte, hatte er von vornherein nicht gelten lassen.

Er hatte damals in Ischl spontan gewählt, aber hatte er wirklich die beste Entscheidung getroffen? Waren ihm nicht in den vielen Jahren der Einsamkeit Zweifel gekommen, ob er die richtige Frau geheiratet hatte?

Er hatte von Anfang an gewußt, daß Elisabeth in einem bunten, beinahe bohemienartigen Elternhaus aufgewachsen war, ganz anders als die Prinzessinnen, die er bisher gekannt hatte. Frei von Standesdünkel und Etikette konnte sie sich und ihre Neigungen völlig frei entfalten, sie kannte keine Regeln und keine auferlegten Zwänge. Ihr Vater, Herzog Maximilian in Bayern – ein Bonvivant –, bot ihr das beste Beispiel, wie man als Adeliger auch absolut unkonventionell sein Leben gestalten konnte.

Bunte Bilder aus seiner eigenen Kinderzeit zogen an Franz Joseph vorüber, er sah sich mit seinen jüngeren Brüdern herumbalgen, so lange, bis Mama ein Machtwort sprach. Er hatte nicht herumzutoben und laut zu schreien, er mußte stets vernünftig sein, denn er war der Älteste. Wie hatte er manchmal seinen Bruder Max um sein fröhliches, unbekümmertes Wesen beneidet, um die lustigen Einfälle, mit denen der Bruder so manchen Streich ausheckte. Aber er, Franz, konnte schon als Kind nicht aus seiner Haut heraus.

Zurückhaltend, wie er war, beobachtete er vieles lieber von ferne, als mitten im Geschehen zu sein. Mama war es auch immer gewesen, die ihn, solange er denken konnte, darauf hinwies, daß er einmal Kaiser werden sollte, Herrscher über viele Völker. Daher sträubte er sich auch nicht dagegen, die wichtigsten Sprachen der Monarchie zu erlernen, wobei er manchmal beinahe überfordert war. Denn er hatte nun einmal keine große Sprachbegabung, auch alle anderen Dinge, die er zu lernen hatte, mußte er sich hart erarbeiten. Max dagegen schien alles zuzufallen, er saß halb so lange über seinen Büchern, und während er, Franz, noch üben mußte, war der Bruder schon wieder unterwegs. Vielleicht hatte er Max damals schon heimlich beneidet um all die Talente, die ihm selbst das Schicksal vorenthalten hatte. Denn später ließ er Ferdinand Maximilian, wie Max mit ganzem Namen hieß, immer mehr in seinem Schatten stehen. Sosehr der Bruder sich auch bemühte, eine erfüllende Aufgabe zu bekommen, stets hatte er als Kaiser Einwände gegen dies und jenes. Schmerzlich hatte er sich selbst eingestehen müssen, als die schreckliche Nachricht von der Erschießung seines Bruders aus Mexiko eintraf, daß Maximilian sich nur auf das gefährliche Abenteuer in Mittelamerika eingelassen hatte, weil er sich endlich eine – wie er meinte – ihm entsprechende Position schaffen wollte. Aber was hätte er, Franz Joseph, tun sollen? Kaiser konnte nur einer sein, und er hatte viele Opfer bringen müssen, um diesen Weg gehen zu können.

Heute wußte er, daß er die einzige Liebe im Leben seiner Mutter gewesen war. Sie hatte für ihn darauf verzichtet, selber Kaiserin zu werden, und sie war es gewesen, die seinen biederen, gemütlichen, aber eher lethargischen Vater überzeugt hatte, daß es für die Monarchie besser sei, wenn ein junger unverbrauchter Mensch den Kaiserthron bestiege als ein Bruder des epilepsiekranken Onkels Ferdinand. Was sie ihm durch ihre Erziehung zu Ordnung und Pflichterfüllung mitgegeben hatte, hatte ihm in vielen unangenehmen Situationen bis heute geholfen.

Vielleicht hatte ihn seinerzeit in Bad Ischl gerade die unkonventionelle Art Elisabeths so fasziniert, ihn, der nach den starren Regeln des spanischen Hofzeremoniells erzogen worden war. Sie war wie ein frischer Wirbelwind gewesen, der sein gleichmäßig klopfendes Herz plötzlich schneller schlagen ließ. Das romantische Abenteuer mit dem heiteren, unbeschwerten Mädchen sollte für ihn ewig dauern, und er überlegte viel zu wenig, daß alles, was ihn im Salzkammergut so an Sisi gefallen hatte, eigentlich keinen richtigen Platz am reglementierten Wiener Kaiserhof hatte. Er war verliebt bis über beide Ohren gewesen und hatte sich zu wenig Gedanken um die Zukunft seiner Frau gemacht. Sisi war noch jung, und er war felsenfest überzeugt gewesen, daß sie all das, was sie

für eine Kaiserin brauchte, in kurzer Zeit erlernen würde. Freilich konnte er damals nicht ahnen, daß Elisabeth sich niemals mit den Konventionen und Vorschriften abfinden würde. Denn genauso wie ihr Vater, Herzog Max, stellte sie sich beinahe ein ganzes Leben lang gegen jegliche Etikette, die sie als Kaiserin von Österreich hätte beachten sollen.
Heute wußte Franz Joseph, daß Elisabeth, als sie ihm, dem gutaussehenden, begehrtesten Junggesellen der Monarchie, in der Augustinerkirche das Jawort gegeben hatte, sicherlich viel zu jung gewesen war, um über die Konsequenzen ihres Schrittes nachzudenken. Sie sah in ihm nicht den Kaiser, der über viele Länder herrschte und der seine Aufgabe sehr genau nahm, sie betrachtete ihn vielmehr als den Mann, in den sie sich mit ihren 16 Jahren auf schwärmerische Weise verliebt hatte. Sie hielt – wie hätte es in diesem Alter anders sein können – Verliebtheit für Liebe und erwartete von der Ehe ein romantisches Abenteuer. Sie verwechselte die Wirklichkeit mit einem Traum und wollte nicht wahrhaben, daß sie nicht mit irgendeinem jungen Mann vor den Traualtar getreten war, sondern mit dem sehr früh ernst gewordenen Kaiser von Österreich. Freilich bemerkte Sisi schon bei den Hochzeitsvorbereitungen in Bayern und in den wenigen Wochen, in denen sie ganz plötzlich durch eilig herbeigerufene Lehrer all das nachholen sollte, was sie bis jetzt überhaupt nicht interessiert hatte, daß sie von ihrem bis dahin unbeschwerten Leben Abschied nehmen mußte. Und als sie dies ahnte, wurde in den letzten Tagen in Possenhofen aus dem bis dahin fröhlichen, jungen Mädchen eine weinerliche, launische Braut.
Wie überrascht war der junge Kaiser, als er bei einem Blitzbesuch in München die Veränderungen im Wesen seiner »geliebten Sisi« bemerkte. Mehr als einmal wiederholte Elisabeth den unerfüllbaren Wunsch: Ach, wenn du nur kein Kaiser wärst! Vielleicht schreckte sie jetzt schon innerlich vor dem Schritt zurück, aber die Würfel waren längst in Ischl gefallen. War nicht alles viel zu überstürzt gewesen? In seinem verliebten Drängen hatte er ihr eigentlich keine Bedenkzeit gegeben. Für ihn war es sonnenklar gewesen, er wollte Sisi und sonst keine! Aber hatte er sie wirklich ernsthaft gefragt, was sie wollte? Hatte sie auch nur die geringste Möglichkeit gehabt, ihm auszuweichen, ihm, dem Kaiser, einen Korb zu geben?
Die Erinnerungen an die ersten Monate und Jahre seiner Ehe zogen an Franz Joseph vorbei. Ja, er war viel zu verliebt in seine Sisi gewesen, als daß er nur im geringsten hätte ahnen können, daß dieses halbe Kind unendliche Schwierigkeiten haben würde, eine wahre Kaiserin an seiner Seite zu werden. Wie mit Scheuklappen war er durch sein Privatleben

gegangen und hatte geglaubt, daß ein gütiges Schicksal ihm alles geschenkt hatte, was sich ein Mann nur wünschen konnte: eine liebevolle aufopfernde Mutter und eine schöne entzückende Frau. Ohne es zu wissen und zu wollen, hatte er sein persönliches Glück in den ersten Monaten seiner Ehe verspielt. Vielleicht hätte sich Elisabeth ganz anders entwickelt, hätte an seiner Seite die wirkliche Erfüllung ihres Lebens finden können, hätte er sich damals die Mühe gemacht, seine junge Frau nicht nur anzuhören, sondern ihr auch zuzuhören, was sie sagte, worüber sie sich beklagte, was sie von ihm wollte.

Dabei war er – und das sah er auch nach den vielen Jahren so, seiner Frau gegenüber immer rücksichtsvoll gewesen. Selbst auf seinen ehelichen Rechten bestand er keineswegs mit Nachdruck. Denn als seine junge Frau nach den endlos ermüdenden Hochzeitsfeierlichkeiten, die sie bis zur Weinerlichkeit erschöpft hatten, und dem anstrengenden Diner von Mutter und Schwiegermutter ins Brautgemach geleitet wurde und todmüde in die Kissen sank, da zog er, obwohl die Leidenschaft in ihm brannte, sich rücksichtsvoll und mit größter Selbstbeherrschung zurück und beharrte nicht auf seinem Recht als Ehemann. Er war kein brutaler Liebhaber, wie Jahre später sein eigener Sohn, als er bemerkte, wie unwissend und unaufgeklärt seine junge Frau ins Ehebett gestiegen war. Aber trotz der Feinfühligkeit ihres Ehemannes war Sisi aus allen Wolken gefallen über das, was er als Mann von ihr forderte, so daß die ersten intimen Erfahrungen trotz allen Zartgefühls von seiner Seite einen Schock bei der jungen Frau auslösten. Für Sisi zerbrachen wahrscheinlich die schönsten ihrer romantischen Träume im kaiserlichen Bett in Laxenburg, vielleicht auch, weil er seine junge schöne Frau in seiner Verliebtheit und in seinem Begehren Nacht für Nacht aufs neue bedrängte. Wahrscheinlich wehrte sie sich innerlich gegen seine Leidenschaftlichkeit und war gar nicht in der Lage, selber Gefühle der Lust zu entwickeln und sich ihm ohne Ablehnung hinzugeben. Sie baute eine Sperre in sich auf, die schon in kurzer Zeit zu einer ernsthaften Barriere zwischen ihr und ihm werden sollte. Sie hatten auch niemals von ihren gegenseitigen Empfindungen gesprochen. Aber man debattierte nun einmal nicht über körperliche Lustgefühle oder andere Intimitäten, dieses Thema war selbst unter Eheleuten tabu.

Dazu kam, daß alles, was er mit seiner jungen Frau erlebte, gleichsam unter den Augen seiner Mutter, denn Sophie schien bestens informiert zu sein und musterte Sisi beim gemeinsamen Frühstück gleichsam mit Argusaugen. Er hätte doch Mama unmöglich bitten können, Sisi nicht so auffällig zu fixieren, wenn er auch bemerken mußte, daß seine junge

Frau immer verlegener und unsicherer wurde, je eingehender die Schwiegermutter sie betrachtete.
Heute war er, Franz Joseph, sich darüber im klaren, daß das schlechte Verhältnis Elisabeths zu ihrer Schwiegermutter in den ersten Tagen nach der Hochzeit in Laxenburg begann. Er hätte alles daransetzen müssen, daß seine Mutter während dieser Wochen und Monate nicht Tür an Tür mit ihnen wohnte. Daß sich Mama um alles kümmerte, daß sie auch auf ihre Gewohnheit, mit dem Sohn ein gemeinsames Frühstück einzunehmen, nicht verzichten würde, das hatte er von vornherein geahnt. Daß diese familiäre Atmosphäre sich aber so katastrophal auf seine junge Frau auswirken würde, das konnte er nicht vermuten.
Ja, es war richtig, seine Mutter war unkonziliant und beinahe unduldsam, was die Schwiegertochter betraf. Als Kopf und Herz der Familie stand Erzherzogin Sophie diszipliniert und vom Leben gestählt einem unausgegorenen jungen Mädchen gegenüber, das plötzlich heimatlos geworden war und sich an der Seite des Mannes, den es viel zu überstürzt geheiratet hatte, verloren fand. Es hätte von seiten seiner Mutter Geduld, Klugheit und Güte bedurft, aus der unsicheren Sisi eine in sich gefestigte Elisabeth zu machen. Aber auch er hätte die Schwere des Konflikts der beiden Frauen, von denen ihm jede auf ihre Weise zugetan war, erahnen und ernst nehmen müssen. Für ihn aber war alles, was er über die Kontroversen zwischen der »lieben Mama« und Elisabeth zu Ohren bekam, uninteressantes Weibergezänk, das schon irgendwie aufhören würde. Er, der Kaiser, hatte andere Sorgen, als sich die Klagen auf beiden Seiten anzuhören, für ihn stand an erster Stelle seine Arbeit. Nach bestem Wissen und Gewissen suchte er seine Pflicht als Herrscher so vieler Völker zu erfüllen. Schon im Morgengrauen saß er am Schreibtisch, beschäftigte sich eingehend mit allen Akten und Dekreten, prüfte die vielen Ansuchen und Vorschläge, die ihm seine Minister unterbreiteten, penibel genau, um dann endlich, wenn der späte Nachmittag gekommen war, so schnell wie möglich in die Arme seiner jungen Frau zu eilen. Er wußte, daß Elisabeth den ganzen Tag über sehnsüchtigst auf ihn wartete, und er konnte nicht verstehen, daß sie lieber ausgiebig mit ihm sprechen wollte, als sofort mit ihm ins Bett zu steigen.
Warum, so ging es Franz Joseph jetzt durch den Kopf, warum war es ihm so gar nicht in den Sinn gekommen, seine junge Frau zu fragen, was sie eigentlich während seiner Abwesenheit unternahm. Es hatte ihm genügt und ihn beruhigt, sie in der Obhut der »lieben Mama« zu wissen. Und kam er – wie ein Beamter – müde aus der Hofburg nach Hause, dann sollte seine junge Frau nur mehr für ihn da sein.

Heute wußte er es, was er damals nicht wahrhaben wollte: daß Elisabeth sich während der vielen Stundes des Tages tödlich langweilte, daß sie keine Aufgaben und keinerlei Abwechslung hatte, daß ihr höchstens von der Schwiegermutter unangenehme Vorwürfe gemacht wurden, wenn sie sich nicht so verhalten hatte, wie dies dem spanischen Hofzeremoniell entsprach. Zu Hause in Possenhofen war sie ein Mensch wie jeder andere und von liebevoller Wärme umgeben gewesen. Jetzt wehte ein eisiger Hauch durch die riesigen Räume, wenn Franz Joseph am frühen Morgen die Tür hinter sich schloß, um sich zu seinen Staatsgeschäften zu begeben. Jede Fröhlichkeit und Freude erstarben in Sisi, sah sie ihre Schwiegermutter mit hoheitsvollem Schritt nur von weitem herannahen. Nicht einmal einen vertrauten Menschen hatte man ihr gelassen, bei dem sie sich hätte ausweinen können, und als Kaiserin von Österreich war es für sie ganz und gar unmöglich, sich mit irgend jemandem bei Hofe anzufreunden oder sich auch nur zu unterhalten, so wie sie dies von Possenhofen her gewohnt war.
Franz Joseph schlug die Hände vors Gesicht. Warum nur hatte er von all dem nichts gemerkt. Er, der jedes kleinste Papier dreimal umdrehte und zehnmal las, um dann, wie er glaubte, die richtige Entscheidung zu fällen, er hatte nicht gesehen, wie seine geliebte junge Frau immer unglücklicher, immer verzweifelter wurde. Sisi war keine Kämpfernatur, sie war viel zu jung, um gegen eine Frau, wie seine Mutter es war, den Sieg davonzutragen.
Dabei hätte Sophie es wie keine andere wissen müssen, wie Elisabeth zumute sein mußte, sie selbst hatte als blutjunges Mädchen ein ähnliches, weitaus traurigeres Schicksal erlebt. Aber sie war aus härterem Holz geschnitzt als die übersensible grüblerische Elisabeth, sie hatte seinerzeit ihr keineswegs einfaches Los an der Seite des ungeliebten, unattraktiven, schwerfälligen Ehemannes fest in die Hand genommen und sich ihr Leben zurechtgerückt. Und was sie zusammengebracht hatte, das mußte für Elisabeth als vergötterte Frau ihres schönen Sohnes doch keine allzu große Schwierigkeit sein! Sophie war der Schwiegertochter gegenüber, die ihr so ganz unerwartet und ungewollt in die Hofburg geflattert war, viel zu kritisch. Die Erzherzogin konnte es einfach nicht verwinden, daß der sonst immer so gehorsame Sohn nicht die Frau geheiratet hatte, die sie als Mutter in ihrem politischen und menschlichen Weitblick für ihn ausgesucht hatte. Was wäre doch Elisabeths Schwester Helene für eine Kaiserin geworden!
Nun, Franz Joseph hatte sich anders entschieden! Elisabeth, die anfangs der »geliebten Tante« aufgeschlossen und herzlich entgegengekommen

war, reagierte wie ein trotziges Kind auf die barsch vorgebrachten Anordnungen der Kaisermutter. Beleidigt zog sie sich in ihre Gemächer zurück und hatte nur ein Ziel, nämlich ihrer Schwiegermutter, wo immer sie konnte, aus dem Wege zu gehen und jeden Kontakt mit ihr zu vermeiden. Da Sophie aber als ihre vordringlichste Aufgabe ansah, aus dem ungestümen jungen Ding eine echte Kaiserin zu machen, gab es für Sisi kaum eine Möglichkeit, den prüfenden Blicken der »bösen Frau«, wie sie ihre Schwiegermutter schon bald im geheimen nannte, zu entkommen.

Bilder aus längst vergangenen Zeiten tauchten vor Franz Joseph auf. Wie bitter hatte sich seine junge Frau immer wieder über seine Mutter beschwert, hatte ihm die strengen Worte wiederholt, mit denen Mama sie auf Schritt und Tritt maßregelte, und er – er fand keinen anderen Ausweg, als besänftigend auf Elisabeth einzureden, um ihr zu erklären, daß die »liebe Mama« alles nicht so meinte, wie Sisi es verstand.

Franz Joseph stand zwischen den beiden Frauen, die er liebte. Dazu kam, daß er vor der »lieben Mama« viel zu großen Respekt hatte, als daß er es gewagt hätte, seine Mutter zu bitten, seine Frau anders zu behandeln. Er übersah in seiner Suche nach Harmonie in der Familie, daß Elisabeths innere Entwicklung von den ersten Tagen ihrer Ehe an einen verhängnisvollen Verlauf nahm. Er hörte keine innere Stimme, die ihn warnte, daß er auf dem besten Wege war, sein Lebensglück zu riskieren. Er bedachte nicht, daß seine junge Frau keinerlei Aufgaben zu erfüllen hatte, außer hie und da an seiner Seite zu repräsentieren.

Von diesen kurzen öffentlichen Auftritten abgesehen, waren die übrigen Tage für Sisi öd und leer. Das einzige, woran sie sich erfreuen konnte, war der tägliche Ritt im Schloßpark. Es gab für sie nichts, was sie interessiert hätte oder wodurch sie die langen Stunden des Wartens hätte sinnvoll gestalten können. Sie fühlte sich eingesperrt im goldenen Käfig von Schloß Laxenburg.

Er hätte sich darum kümmern müssen, daß Elisabeth Aufgaben bekam, sie hätte so viel lernen können, wenn er nur die geeigneten Lehrer ausgesucht hätte. Denn in den hastig durchgeführten Kursen vor ihrer Hochzeit war ihr nur das Allernötigste beigebracht worden. Jetzt, in Laxenburg und in Wien, hätte sie unter Anleitung ihr Wissen vertiefen, hätte die Sprachen der Monarchie lernen können, sie hätte Zeit gehabt, ganz allmählich eine gebildete, kunstsinnige und verständnisvolle erwachsene Frau zu werden.

Warum, so fragte sich Franz Joseph jetzt, in der bitteren Stunde der inneren Abrechnung, warum hatte er ihr nicht diese Chance gegeben? Warum

hatte er sich nicht wenigstens ein bißchen mit dem Tagesablauf seiner jungen Frau beschäftigt, und warum war es der sonst so klugen Mama nicht gelungen, die innere Entwicklung der Kaiserin von Österreich in geregelte Bahnen zu leiten? Jetzt erkannte er es überdeutlich: Sisi hatte keine Möglichkeit gehabt, sich aus dem launisch- romantisch- träumerischen Backfisch zu einer erwachsenen Frau zu entwickeln. Die Kaiserin von Österreich blieb in den Schuhen ihrer Jugend stecken, ihr Gang im ferneren Leben war eher ein planloses Gleiten als ein sicherer Tritt, ständig auf der Suche nach einem festen Halt.
Er war vor Liebe blind gewesen, und später, als ihm die Augen langsam aufgingen, war es für beide viel zu spät. Er selbst war zu glücklich gewesen – warum hatte sie es nicht auch an seiner Seite gekonnt? Wie genoß er es, mit seiner schönen jungen Frau durch Wien zu fahren und sich dem jubelnden Volke zu zeigen. Und die Wiener waren begeistert, Sisi eroberte die Herzen im Sturm, obwohl sie steif und mit verschlossenem Gesicht in der Kutsche saß. Denn dieses Zurschaustellen und Angestarrtwerden waren ihr in tiefster Seele zuwider. Sie bedachte nicht, wie wichtig es für ihn, den Kaiser war, die Sympathien des Volkes nach den Vorkommnissen im Jahre 1848 zurückzugewinnen. Sie war einfach viel zu uninformiert, zu wenig eingeweiht in politische Notwendigkeiten, und so ging ihr jegliches Repräsentieren auf die Nerven, alle öffentlichen Aufgaben als Gemahlin des Kaisers waren ihr ausgesprochen unangenehm. Sisi fühlte sich wie ein Ausstellungsstück. Sie spürte Hunderte von Augen auf sich gerichtet, sie sah, wie man flüsterte und tuschelte und jede noch so geringe Veränderung in ihrem Äußeren bis ins kleinste Detail beredete. Schüchtern kindlich, wie sie war, hätte sie sich lieber in einen stillen Winkel verkrochen, als sich so in aller Öffentlichkeit zeigen zu müssen.
Vielleicht hatte er auch in diesem Punkte falsch gehandelt, ging es dem Kaiser durch den Sinn, indem er ohne große Vorbereitungen und Aufklärungen von seiner jungen Frau einfach verlangte, daß sie ihn bei seinen öffentlichen Auftritten zu begleiten hatte. Er hörte hier voll und ganz auf die Ratschläge seiner Mutter, die besagten, daß eine Kaiserin immer und überall im Volke präsent sein mußte, noch dazu, wenn die politische Situation im Reich keineswegs unproblematisch war. Viel zu hart war er seinerzeit 1848 gleich nach seinem Amtsantritt als 18jähriger auf Anraten seiner Mutter und anderer stockkonservativer Ratgeber gegen die Rebellen in allen Teilen des Reiches vorgegangen und hatte sich nicht nur die Ungarn zu erbitterten Feinden gemacht. Auch in Wien war er nicht allseits beliebt. Das Kaiserhaus mußte daher jede Gelegenheit nützen, um den angeschlagenen Ruf zu korrigieren und das aufmüpfisch ge-

wordene Volk wieder zur Ruhe zu bringen. Nur so war eine sichere Regierung möglich, nur so konnte man aufflackernde revolutionäre Gedanken im Keime ersticken. Seine junge Frau schien es mit ihrem jugendlichen Charme in der Hand zu haben, die Massen des Volkes allein durch ihre äußere Erscheinung habsburgerfreundlich zu beeinflussen und alles Vergangene vergessen zu machen.
Aber er und die Politik waren für sie zwei getrennte Dinge. Sisi entwickelte geradezu eine Art Eifersucht, die sich bis zum Haß steigern konnte, auf all das, was er tagaus, tagein zu tun hatte, denn diese Dinge waren der Grund, warum er sie so lange allein ließ. Was gingen sie schon die Schwierigkeiten und Probleme in der Monarchie an? Immer mehr verfiel sie in einen inneren Trotz, der sie bis an den Rand der Selbstzerstörung führte. Zu spät hatte er schmerzlich erkannt, daß für vieles, was sich Jahre später in ihrem Charakter zeigte, die Gründe in den ersten Jahren am Kaiserhof in Wien zu suchen waren. Elisabeth sah in der inneren Emigration den einzigen Weg, um sich vor den Intrigen des Hofes und vor der von ihr als feindlich empfundenen Umwelt abzuschotten. Nur so glaubte sie ihr Menschsein retten zu können. Sie beschränkte sich einzig und allein auf ihre eigene Person, auf ihr Ich, das für sie zur zentralen Norm in ihrem Denken und Handeln wurde. In ihren unausgegorenen jugendlichen Überlegungen schien ihr alles richtig, was sie tat, und später, als sie diese Jugendlichkeit längst abgestreift hatte, war sie bereits schon so daran gewöhnt, sich jedem spontanen Gefühl, jeder Augenblickseingebung schrankenlos hinzugeben, ohne über die Konsequenzen ihres Tuns lange nachzudenken.
Er hatte seine Frau viel zu viel allein gelassen, und nun wollte sie auch allein sein. Peinlichst vermied es die Kaiserin, mit ihren Hofdamen mehr als das Nötigste zu sprechen. Was sollte sie auch Konversation mit jenen Damen machen, von denen sie wußte, daß diese jedes Wort, das aus ihrem Munde kam, auf die Waagschale legen, daß sie alles haarklein ihrer Schwiegermutter kolportieren würden. Ihr Schweigen in Gegenwart ihrer Damen wurde der jungen Kaiserin natürlich negativ ausgelegt, aber allmählich waren ihr derartige Interpretationen ihres Verhaltens gleichgültig geworden. Sie beschäftigte sich mit sich selbst, schaute lange in den Spiegel, um so Tag für Tag ihr Aussehen immer wieder zu überprüfen. Daneben verbrachte sie einige Stunden des Tages mit ihren Pferden und dem Papagei, den ihr Franz Joseph geschenkt hatte, so lange, bis sie ein Kind erwartete.
Franz Joseph erinnerte sich noch genau an den Tag, an dem der Leibarzt ihn von dem bevorstehenden freundigen Ereignis in Kenntnis setzte. Ein

Thronfolger sollte geboren werden, und Elisabeth mußte auf Anraten der Schwiegermutter alles vermeiden, was in diesem Zustand für Mutter und Kind abträglich sein könnte. Vor allem durfte sie nicht mehr mit dem Papagei sprechen, wie leicht konnte es sein, daß das Kind womöglich diesem Vogel ähnlich sah! Ihm, dem Kaiser, schien dies zwar kaum wahrscheinlich, aber die »liebe Mama« stellte ihm ihre Befürchtungen so drastisch dar, daß er ihr nachgab. Mit Tränen in den Augen nahm Sisi Abschied von ihrem einzigen »sprechenden« Freund, aber es schien nun doch eine ernsthafte Aufgabe auf sie zuzukommen, und daher akzeptierte sie die Entscheidung.

Die Entbindung ihres ersten Kindes war für Sisi gottlob überraschend einfach und komplikationslos verlaufen, jetzt endlich schien die Welt in der kleinen Kaiserfamilie heil zu sein, obwohl Elisabeth »nur« einem Mädchen, das nach der ungeliebten Schwiegermutter Sophie genannt wurde, das Leben geschenkt hatte. Er, Franz Joseph, hatte sich nach der ersten kurzen Enttäuschung schnell getröstet: Seine Sisi war so jung und konnte noch viele Kinder bekommen! Und tatsächlich kam schon nach einem Jahr die nächste Tochter, Gisela, zur Welt und dann – endlich – im Jahre 1858 nach einer nicht enden wollenden Geburt der heißersehnte Thronfolger Rudolf. Elisabeth war 21 Jahre alt und Mutter von drei Kindern!

Für ihn, Franz Joseph, war der Kinderreichtum der Habsburger etwas absolut Natürliches. Er wollte, wie seine Vorfahren, im Kreise einer möglichst großen Familie einmal seinen Lebensabend verbringen. Sosehr er sich über jedes einzelne seiner drei Kinder freute, so mußte er aber dennoch zunehmend bemerken, daß Elisabeth seine Nähe mehr und mehr zu meiden begann, seinen Zärtlichkeiten auf Schritt und Tritt auswich, so daß sein Bett immer öfter verwaist war. Der Kindersegen, der ihr auch in den nächsten Jahren ins Haus stehen würde, schwebte wie ein Damoklesschwert über der jungen Frau. Sie war nun einmal keine Gebärmaschine, wie ihrer Ansicht nach so manche Habsburger Kaiserin, sie fühlte sich plump und häßlich in der Zeit der Schwangerschaft, und das erste, was sie nach jeder Entbindung tat, war, die Waage zu befragen, wie viel zusätzliches Gewicht sie herunterhungern mußte. 50 Kilo und kein Gramm mehr, das hatte sie sich zur Maxime gemacht. Bei ihrer Größe von 1,72 Metern glich die junge Kaiserin einer überschlanken zerbrechlichen Fee aus dem Bilderbuch und hatte so gar nichts mit den üppigen Damen der Wiener Gesellschaft des 19. Jahrhunderts gemein. Elisabeth entsprach in keiner Weise dem modischen Idealbild der Zeit, das üppige Rundungen bevorzugte, und galt trotzdem schon bald als schönste und am meisten bewunderte Frau der Monarchie. Ein Leben lang strebte sie in einer an Hysterie grenzenden Sucht, ihre überschlanke Gestalt zu erhalten und zu kultivieren. Daher überfiel sie schon in den ersten Ehejahren bei jedem intimen Beisammensein die Angst vor einer neuerlichen Schwangerschaft. Aus jeder zärtlichen Umarmung, in jeder Nacht konnte es aufs neue passieren, und sie würde wieder monatelang unförmig wie ein Faß herumgehen. Und was blieb ihr auch letztlich von den Kindern? Kaum hatte sie die schmerzhafte Prozedur der Geburt hinter sich, stand schon die Schwiegermutter an der Wiege des Neugeborenen und nahm das Kind in Beschlag. Anfänglich hatte Sisi schwach dagegen protestiert, aber auch er, Franz Joseph, hatte sich dem Argument seiner Mutter angeschlossen, daß Elisabeth noch viel zu jung und unerfahren sei, um die Kinder im habsburgischen Geist zu erziehen. Und er selbst hatte wirklich keine Zeit, sich persönlich um die Erziehung seiner Kinder zu kümmern, dies war ausschließlich Sache der Frauen, so meinte er damals. Heute wußte er, daß er auch in diesem Punkt versagt hatte. Seine älteste Tochter Sophie war als Kleinkind gestorben, und er hatte sie kaum gekannt, Gisela war in den Gemächern seiner Mutter aufgewachsen, die Großeltern waren zuerst für das Kind und dann für das heranwachsende Mädchen Elternersatz gewesen, denn auch Sisi hatte nie eine echte Beziehung zu dieser Tochter gefunden. Viel zu früh war dann Gisela an der Seite ihres Mannes, Prinz Leopold, nach München gezogen, man schrieb sich Briefe, sah einander ab und zu in Ischl, und das war alles, obwohl er immer das Gefühl hatte, daß auch diese Tochter ihm sehr zugetan war.

Wenn er sich jetzt seine vielen ausführlichen Briefe vor Augen führte, die er im Laufe des gemeinsamen Lebens an seine Frau geschrieben hatte, so erinnerte er sich ganz deutlich, daß er nie vergessen hatte, die Kinder aufs herzlichste zu grüßen und in den letzten Zeilen auszudrücken, daß er sich auch auf ein Wiedersehen mit den Kindern freue. Ja, hatte er sich wirklich gefreut? Hätte er, wenn es so gewesen wäre, sich nicht viel mehr mit Gisela und Rudolf beschäftigen müssen?

Zu seinem einzigen Sohn Rudolf hatte er niemals eine innere Beziehung gefunden, warum konnte er eigentlich selbst nicht sagen. Vielleicht, weil Rudolf so völlig anders geartet war als er selbst. Sie hatten keine Berührungspunkte, nicht die geringsten gemeinsamen Interessen gehabt. Er hatte den Vorstellungen seiner Mutter voll und ganz zugestimmt, den Sohn im militärischen Geist erziehen lassen, und hatte dabei nicht nur dem übersensiblen Kind Schaden zugefügt, auch seine Beziehung zu Elisabeth hatte darunter gelitten. Sisi war zwar die letzte, die sich um den Sohn ernsthaft kümmerte – sie konnte mit Kindern nichts anfangen –, aber sie war von vornherein gegen alles eingestellt, was mit Militär zu tun hatte, und daher mißbilligte sie den soldatischen Drill, den man ihrem Sohn angedeihen lassen wollte, aufs schärfste. Er hatte dann auch nachgegeben und eingesehen, daß Gondrecourt, den seine Mutter für das Kind als Erzieher ausgewählt hatte, mit seinen teilweise sadistischen Methoden nicht der richtige Lehrmeister für Rudolf war. Die Lehrer, die den Sohn unterweisen sollten, wurden nun größtenteils von Elisabeth selbst bestimmt, sie hatte, wie immer, wenn sie wollte, bei Franz Joseph ihren Willen durchgesetzt. Hätte sie nur mehr davon Gebrauch gemacht! Er wäre glücklich gewesen und hätte ihr jeden Wunsch von den Augen abgelesen!

Warum hatte er nicht einsehen wollen, daß sein einziger Sohn aus einem ganz anderen Holz geschnitzt war als er, weicher, phantasievoller, unberechenbarer. In vielem erinnerte ihn Rudolf, wenn er jetzt schmerzlich an ihn dachte, an Elisabeth, denn auch der Sohn konnte, wenn er wollte, charmant und unwiderstehlich sein, dabei aber im nächsten Moment spöttisch und unnahbar. Rudolf hatte sich beinahe provozierend über alle Etikette und althergebrachte Konvention hinweggesetzt – genau wie seine Mutter –, aber was er, Franz Joseph, als Ehemann bei Elisabeth im Laufe der Jahre toleriert hatte, das konnte er als Vater und Kaiser bei seinem Nachfolger unter keinen Umständen dulden. Liberale, antimilitaristische Gesinnung war in der Familie Habsburg fehl am Platz! Mit scheelen Augen hatte er als Kaiser immer wieder beobachten müssen, wie viele begeisterte Anhänger und Bewunderer sein Sohn mit seinen Theorien vom Staat in Bann zog, die Opposition fand in seiner eigenen Familie statt! Wo sollte das hinführen, wie sollte es in der Monarchie weitergehen, in einer Zeit, in der neue Denkprozesse und revolutionäre Ideen sich gegen das Althergebrachte stellten. Nur eine streng konservative Haltung, so dachte Franz Joseph auch jetzt noch, schien geeignet zu sein, das komplizierte Schiff des Vielvölkerstaates an den Klippen der neuen Zeit vorbeizusteuern. Der Kronprinz mit seinen Staat und Kirche in gleicher Weise betreffenden umstürzlerischen Vorstellungen, die er unter einem Pseudonym veröffentlichte, schien ihm dazu nicht geeignet.

Ja, man hätte wahrscheinlich viel früher miteinander sprechen müssen, nicht erst unmittelbar vor Rudolfs Tod! Aber Diskussionen waren von vornherein zum Scheitern verurteilt, wenn er in den Augen seines Sohnes dieses spöttische Lächeln sah, mit dem er alle Handlungen des Vaters zu kommentieren schien. Und trotzdem wäre es seine Pflicht als Vater gewesen, den Sohn anzuhören. Aber er hatte schon als junger Ehemann seiner Frau nicht zugehört, wie hätte er für Rudolf Zeit und Geduld finden sollen? Er hätte ihn von klein auf behutsam in die Aufgaben eines zukünftigen Kaisers einführen müssen, hätte ihn anleiten sollen, ein würdiger Nachfolger zu werden. Heute – lange nach dem tragischen Selbstmord seines einzigen Sohnes in Mayerling –, wußte er, daß er der Erfüllung seiner Aufgaben als Kaiser seine eigenen Kinder geopfert hatte. Welch gewaltige Schuld hatte er sich damit aufgeladen.

Aber nicht nur er als Vater hatte versagt, auch seine Frau trug ein gerüttelt Maß an Schuld daran, daß die Beziehungen der beiden älteren Kinder zu den Eltern kühl bis frostig geblieben waren. Er war nicht Manns genug gewesen, sich gegen den Willen seiner Mutter durchzusetzen, hatte auch gefunden, daß der Kronprinz von der Frau erzogen werden sollte, die schon einmal einem Kaiser, nämlich ihm, das Rüstzeug fürs Leben mitgegeben hatte. Rudolf war gleich nach der Geburt in die Appartements der Erzherzogin gewandert. Und obwohl er beinahe täglich mit eigenen Augen sehen konnte, daß sich die anfängliche Ablehnung, die Sisi ihrer Schwiegermutter entgegengebracht hatte, allmählich zu Haß entwickelte, unternahm er nichts, um die Situation zu klären.

Franz Joseph wußte jetzt, was er damals nicht erkannte hatte: Er hatte es auch seiner Frau unmöglich gemacht, zu ihren beiden Töchtern und später zu ihrem Sohn liebevolle Gefühle zu entwickeln. Durch die äußerliche Trennung von den Kindern hatte man ihr jede Chance genommen, eine gute Mutter zu werden. Wie hatte ihn seinerzeit ihre Äußerung entsetzt, daß sie auf ihren Reisen ihre Hunde mehr vermißte als ihre Kinder. Aber wie hätte sie in der Ferne Sehnsucht nach ihnen haben können, wenn sie auch in Wien keinen Kontakt mit Gisela und Rudolf hatte. Mutterliebe entwickelt sich mit jedem Tag des Beisammenseins, mit allen Gemeinsamkeiten, mit den Freuden und Sorgen des täglichen Lebens und mit einem intensiven körperlichen Kontakt zwischen Mutter und Kind.

Sisi hatte resigniert, obwohl sie doch ein Leben lang gemerkt haben mußte, wie sehr er sie liebte. Und er war sich sicher, daß auch er ihr jahrelang nicht gleichgültig gewesen war. Aber plötzlich hatte er mit immer größerer Bestürzung erkennen müssen, daß ihre Gefühle allmählich erkalteten. Sie ging ihm aus dem Weg und schützte alle möglichen Krankheiten vor, um nur ja nicht die Nächte mit ihm verbringen zu müssen. Und dabei fühlte er sich nach wie vor als ein attraktiver leidenschaftlicher Mann, der sich nach den Zärtlichkeiten seiner Frau sehnte. Schon damals hatte er sich den Kopf darüber zerbrochen, wie es mit ihrer Ehe weitergehen sollte. Schon damals hatte er bitter erkennen müssen, daß für sie beide guter Rat teuer war.

Welche Vorstellungen aber Elisabeth von ihrer Zukunft hatte, wußte sie wahrscheinlich selber nicht. Immer mehr verbohrte sie sich in Illusionen und Wunschträume, die nie in Erfüllung gehen konnten. Nur eines fühlte sie wahrscheinlich überdeutlich: daß sie weg mußte aus der Hofburg, weg aus der Familie, wo man sie nicht verstand, und weg aus dem Ehebett, wo sie nichts empfand außer der ständigen Furcht, schwanger zu werden.
Sie begann zu kränkeln, ohne daß die herbeigerufenen Ärzte sagen konnten, was ihr wirklich fehlte. Sorgenvoll hatte Franz Joseph den schlechten Gesundheitszustand seiner jungen schönen Frau beobachtet, die er mehr als liebte, die er anbetete. Und gerade seine leidenschaftliche Liebe schien die geheimnisvolle Krankheit Elisabeths zu verstärken.
Sie hatten nie darüber gesprochen, was sie eigentlich so bedrückte, und Franz Joseph war damals auch nicht der Mann, der sich den Kopf darüber zerbrach, warum und weshalb sich seine Frau ihm gegenüber so kühl und zurückhaltend verhielt. Unendlich leichter fiel es ihm, in den vielen Briefen, die er ihr jahrzehntelang schrieb, seine Gefühle zu offenbaren, denn im Laufe der Jahre hatte Sisi eine Aura um sich aufgebaut, die jedes persönliche Gespräch im Keim ersticken ließ.
Als Kaiser hatte er auch viel zu viel zu tun gehabt in diesen Jahren ihrer Ehe, die unerfreulichen politischen Ereignisse beanspruchten seine ganze Kraft, nach bestem Wissen und Gewissen versuchte er, möglichst viel selbst zu erledigen, befaßte sich mit jeder Petition, die auf seinem Schreibtisch gelandet war, bis ins kleinste Detail, und war selber bei den Manövern als Oberkommandierender seiner Armeen anwesend. Wenn er abends redlich müde in seine Privatgemächer kam, gingen ihm doch bisweilen die – wie er glaubte – vorübergehenden Launen seiner kapriziösen Frau auf die Nerven. Ein Wort ergab das andere und Sisi zog sich mimosenhaft empfindlich in ihr Schneckenhaus zurück. Wie um ihn zu strafen, verließ sie kaum ihre Räume, starrte stundenlang vor sich hin und steigerte sich in hysterische Weinkrämpfe. Im Juli 1860 erreichte die Krise ihren Höhepunkt.
Und was er nie für möglich gehalten hätte, trat ein: Elisabeth raffte sich plötzlich aus ihrer Lethargie auf und tat einen entscheidenden Schritt. Kurz und bündig packte sie ihre Sachen und verließ mit der kleinen Gisela den Wiener Hof, um nach Possenhofen heim zu ihrer Familie zu fahren. Hier, am Starnberger See, war die Welt für sie noch in Ordnung, hier gab es keine Hofschranzen, die alles, was sie unternahm, bösartig beäugten, hier gab es keine Schwiegermutter, und hier gab es keinen Ehemann, der ihr Vorwürfe machte, wenn sie nicht willens war, ihren ehelichen Pflichten nachzukommen.

Nach fünf Jahren atmete sie endlich wieder die freie Luft ihrer bayerischen Heimat und konnte tun und lassen, was ihr beliebte. Und hier erkannte sie wahrscheinlich überdeutlich, was sie bisher instinktiv geahnt hatte, daß sie für das Hofleben nicht geschaffen war. Sie wollte und konnte nicht weiterleben so wie bisher, sie wollte ihr Leben selber in die Hand nehmen, koste es, was es wolle. Sie war zwar Kaiserin von Österreich, aber noch lange keine Sklavin ihrer Schwiegermutter und der Hofkamarilla, sie hatte zwar einen Kaiser geheiratet, war aber noch lange nicht dessen Privatbesitz und noch viel weniger das Eigentum der österreichisch-ungarischen Donaumonarchie!

Franz Joseph erinnerte sich noch genau, wie Sisi aus Possenhofen zurückgekehrt war, sie schien wie verwandelt. Sie hatte die alte Freude am Reiten wiederentdeckt und beschlossen, sich auch in Wien täglich diesem Sport zu widmen. Aber ihre gelöste Stimmung hielt nicht lange an, denn kaum hatte sie die Hofburg betreten, als sie wieder die eisernen Fesseln spürte, die sich wie ein Panzer um sie legten. Sie glaubte, in den düsteren Räumen keine Luft zum Atmen zu bekommen, Appetitlosigkeit stellte sich ein, und sie reduzierte ihr ohnedies karges Essen auf ein Minimum. Die gemeinsamen Mahlzeiten wurden zwar offiziell nicht aufgehoben, aber Elisabeth entschuldigte sich fast immer mit fadenscheinigen Ausreden. Erstens vermied sie, wo es nur ging, die Begegnung mit der Schwiegermutter, und außerdem wollte sie sich nicht in die Teller schauen lassen, denn diese waren ohnedies beinahe gähnend leer. Etwas frische Milch, eine Orange, vielleicht ein bißchen Veilcheneis und ab und zu eine dünne Brühe aus ausgepreßtem Rindfleisch oder Kalbfleisch waren die einzigen Nahrungsmittel, die die junge Frau über Wochen hindurch zu sich nahm.

Franz Joseph hatte das Verhalten Elisabeths nicht verstanden, hatte nicht erkannt, daß ihr Hungern ein offensichtlicher Protest gegen ihre Umgebung gewesen war. Er war der letzte, der sie so überschlank haben wollte, aber alle Familienmitglieder nahmen plötzlich intensiv Notiz von Sisi, jeder betrachtete sie sorgenvoll Tag für Tag, und je dünner sie wurde, desto interessanter und geheimnisvoller erschien sie. Vielleicht wollte sie nicht erwachsen werden, wollte ewig das junge Mädchen bleiben?

Mit großer Sorge hatte er damals die Entwicklung Elisabeths betrachtet, die sich allmählich geradezu in eine »Hungerlust« hineinsteigerte, denn je länger sie ein Minimum an Nahrung zu sich nahm, umso weniger stellte sich ein Hungergefühl ein, sondern nur ein unwahrscheinlicher Drang nach körperlicher Bewegung. Sie unternahm täglich stundenlange Spaziergänge, auf denen ihre Hofdamen manchmal nicht Schritt halten konnten und vor Erschöpfung zusammenbrachen. Kehrte sie dann in die kalten Räume der Hofburg zurück, überfielen sie nervöse Weinkrämpfe, und wenn sie zu husten begann, konnte es passieren, daß sie nicht mehr aufhören konnte. Und hatte man anfangs bei Hofe noch geglaubt, die Kaiserin befinde sich nur in einer vorübergehenden psychischen Krise, so fürchteten nun auch die beigezogenen Ärzte ernstlich um das Leben der jungen Frau. Ende Oktober 1860 bat der Lungenspezialist Dr. Skoda den Kaiser um Audienz und empfahl ihm, seine Frau irgendwohin in den Süden zu schicken, da er nicht gewährleisten konnte, daß die Kaiserin den Winter im frostigen Wien überstehen würde.

Es war für ihn ein herzzerreißender Abschied gewesen, begleitete ihn doch Tag für Tag die Sorge, seine geliebte Frau nicht mehr wiederzusehen. Auch in Wien war man über die Abreise der jungen Kaiserin in das ferne Madeira bestürzt. Die Bevölkerung, immer an allen Neuigkeiten brennend interessiert, versuchte herauszufinden, was tatsächlich hinter der Krankheit der Kaiserin steckte. Und da die Informationen nur ganz spärlich aus der Hofburg sickerten, begannen alle möglichen und unmöglichen Gerüchte um die geheimnisvolle schöne Kaiserin zu kursieren. Wie krank war Elisabeth wirklich, wenn der Kaiser in eine so lange Trennung einwilligte?

Ja, heute wußte es Franz Joseph genau: Die Monate auf Madeira waren nur der Anfang seiner großen Einsamkeit gewesen. Als seine Frau abreiste, ahnte er noch nicht, daß vor ihm viele Jahre und Jahrzehnte des Wartens liegen würden, des Briefeschreibens, des Hoffens auf ein paar gemeinsame Stunden und des Enttäuschtseins, wenn Elisabeth wieder die Koffer packen ließ, um weiter ruhelos in die Welt zu fahren. Damals wiegte er sich noch in dem Glauben, daß seine schöne Frau gesund aus Madeira zurückkehren werde, um ihr Leben mit ihm wiederaufzunehmen – in völliger körperlicher und seelischer Gesundheit, in Harmonie.

Die Nachrichten, die er aus Madeira erhielt, beruhigten ihn nur teilweise, denn er mußte erfahren, daß Sisi – genau wie in Wien – sich dem Nichtstun hingab, in den Tag hinein lebte und den Menschen, die sich alle Mühe gaben, sie gesund zu pflegen, das Leben schwermachte, indem sie auch hier oft tagelang jegliche Nahrung verweigerte, um nur ja kein Gramm zuzunehmen. In den vielen Stunden des Vor-sich-hin-Lebens, in denen sie sich ausschließlich nur mit ihrer eigenen Person beschäftigte, hatte sie längst bemerkt, wie sich ihr Äußeres verändert hatte, wie sie von Tag zu Tag schöner geworden war. Alle Augen waren voll Bewunderung auf sie gerichtet, und es wurde für sie zur lieben Gewohnheit, stundenlang vor dem Spiegel zu stehen, um ihr Bild zu betrachten. Sie entdeckte die Schönheit ihres üppigen, langen Haares, das das ebenmäßige Gesicht umrahmte und das sie nun in allen Variationen frisieren ließ. Sie hatte trotz der drei Kinder eine zierlich mädchenhafte Figur behalten mit einer Taille, die mehr als zerbrechlich schien. Dazu kamen, wenn sie nur wollte, ihr umwerfender Charme, ihr Witz und die Grazie ihrer Bewegungen.

Franz Joseph bewunderte sie und war stolz auf sie. Wenn er heute an diese Jahre zurückdachte, so erinnerte er sich eigentlich nur an das Glücksgefühl, das ihn beim Anblick Sisis überkam. War er eigentlich auf die vielen Männer, die der Kaiserin bewundernd zu Füßen lagen, jemals eifersüchtig gewesen, so wie Sisi auf seine flüchtigen Abenteuer, die sie bei ihm – mit Recht – vermutete? Vielleicht störten ihn die geheimen feurig-begehrlichen Blicke eines Gyula Andrássy, wenn dieser Elisabeth in einem Augenblick betrachtete, von dem er annahm, daß niemand ihn beobachtete. Sisi war dem ungarischen Grafen zugetan gewesen, das hatte er, ihr Mann, schon immer geahnt. Aber Franz Joseph hatte sich auch damals, als Elisabeth ihre große Liebe für Ungarn entdeckt hatte, nicht vorstellen können, daß seine eher kühle Frau mehr für Andrássy empfand als Freundschaft. Sie war oft und gerne in Ungarn gewesen, hatte die Herzen dieses Volkes im Sturm erobert und durch die Ausstrahlung ihrer Person es fertiggebracht, daß die Ungarn ihm gegenüber ihre feindselige Haltung aufgeben. Natürlich waren es die Männer gewesen, die von seiner Frau bezaubert waren, so daß selbst ein Elemer Batthány mit der österreichischen Kaiserin und gekrönten Königin von Ungarn durch die weiten Ebenen der Pußta ritt. Batthyány, dessen Vater ein Opfer des 48er-Aufstandes in Ungarn gewesen war, war nicht der einzige Magnat, der das Zusammensein mit Elisabeth suchte. Die Zahl ihrer Bewunderer war groß, und das »Eljen!« erscholl wie ein gewaltiger Sturm, wenn sich die schöne Frau irgendwo auch nur kurz zeigte.

Hatte er Grund zur Eifersucht gehabt? In Wien hatte die Gerüchteküche zu brodeln begonnen, als man merkte, daß die Kaiserin, die sich nur noch selten in der Hauptstadt aufhielt, so eine merkwürdige Liebe zu den Ungarn entwickelt hatte. War es wirklich nur die Begeisterung für das Volk, oder stand ein einziger Mann im Mittelpunkt, für den sie die Herzen der Österreicher opferte?

Er konnte daran nicht so recht glauben, auch heute nicht, denn er kannte seine Frau zu gut und hatte schon Jahre zuvor mit Erschrecken bemerken müssen, wie wenig sie sich im Grunde ihres Wesens aus jedem körperlichen Kontakt machte. Sie wich, wo sie nur konnte, seinem leidenschaftlichen Begehren aus und schützte im richtigen Moment Müdigkeit, eine

plötzliche Migräne oder anderes Unwohlsein vor, um nicht mit ihm ins Bett steigen zu müssen. Warum sollte sie sich anderen Männern gegenüber anders verhalten haben?
Sisi stand im Sommer um 5 Uhr auf – das war auch für ihn nur natürlich –, im Winter um 6. Bevor sie noch einen Bissen zu sich nahm, begann sie mit der Morgengymnastik sowie Übungen an verschiedenen Turngeräten, die in einem eigenen Saal in der Hofburg für sie aufgestellt worden waren. Dann stieg sie in ein nur mäßig warmes Ölbad, ab und zu auch ins kalte Wasser, um die Haut straff zu erhalten. Die tägliche Massage gehörte genauso zum Schönheitsprogramm wie das stundenlange Bürsten ihres herrlichen Haares, das den Kammermädchen manchmal genauso den Schweiß auf die Stirn trieb wie ihrer Leibfriseuse Feifalik. Sie wurde verantwortlich gemacht für jedes einzelne Haar, das die Kaiserin verlor.
Es war ein eigener Zirkel von jungen Frauen, der Elisabeth umgab. Es hatte lange gedauert, bis sie selber ihre Hofdamen auswählen konnte.
Ida Ferenczy hatte als glühende Patriotin der Kaiserin nicht nur von Ungarn und dem ungarischen Volk erzählt, sie war Elisabeths Vertraute geworden und die einzige, mit der sich die Kaiserin duzte. Wie die Gräfin Marie Festetics und in späterer Zeit die Gräfin Irma Sztáray war sie Elisabeth kompromißlos ergeben. Die Kaiserin betrachtete ihre Hofdamen nicht wie Bedienstete, die in ihrer Freizeit tun und lassen konnten, was sie wollten, die Damen hatten ihr zu jeder Tages- und Nachtstunde zur Verfügung zu stehen. Daher verlangte sie von ihnen auch, daß sie unvermählt blieben und auf ein privates Glück an der Seite eines Ehemannes verzichteten. In Elisabeths Vorstellung konnte es für die drei Damen kein höheres Ziel und keine schönere Befriedigung geben, als ihr zu dienen. Sie fühlte sich sichtlich wohl in Gesellschaft ihrer Damen. Wie wenig Berührungspunkte hingegen waren ihnen beiden als Ehepaar geblieben, wenn sie, selten genug, ein paar Tage zusammen verbrachten. Die ersten großen Mißstimmungen lagen freilich weit zurück, als Elisabeth von einem flüchtigen Abenteuer erfuhr, das er während ihrer langen Abwesenheit gehabt hatte. Sisi war zu Tode darüber gekränkt, denn sie hatte von ihm erwartet, daß er genausowenig Bedürfnisse nach körperlicher Befriedigung haben würde wie sie. Warum konnte sie sich nicht in seine Lage versetzen, warum verstand sie nicht seine Sehnsucht nach einem Frauenkörper, nach Zärtlichkeit, warum hatte sie ihn so lang alleine gelassen? Niemals hätte er sich jahrelang Anna Nahowski als Geliebte gehalten, hätte er in den Armen seiner Frau seine Sehnsucht stillen können. 14 Jahre war er unter größten Sicherheitsmaßnahmen und strengster Ge-

heimhaltung meist im Morgengrauen, wenn noch alles schlief, zu Anna gegangen. Als er das Verhältnis beenden wollte, ließ er Anna Nahowski die Höhe der Abfindung selbst bestimmen, und die junge Frau zeigte sich keineswegs zimperlich: 200 000 Gulden wurden ihr anstandslos aus Franz Josephs Privatschatulle ausbezahlt.
Er war traurig gewesen, daß Sisi sich so wenig aus seinem Verlangen machte. Nur einmal, nach Elisabeths Krönung zur Königin von Ungarn in Budapest, da kehrte ihr altes vertrautes Verhältnis zu ihm wieder, so als würde sie ihm dafür danken, daß er den politischen Forderungen der von ihr so geliebten Ungarn nachgegeben hatte, und sie teilten nach unendlich langer Zeit wieder das Ehebett miteinander. Als Elisabeth merkte, daß sie ein Kind erwartete, lehnte sie diesmal ihre Schwangerschaft nicht ab, sondern hoffte auf einen Sohn. Sie wollte ihn nach dem Nationalheiligen der Ungarn Stephan nennen, er sollte auch in Budapest zur Welt kommen.
Er erinnerte sich noch gut, wie enttäuscht und gekränkt die Wiener Bevölkerung war, als viel zu früh durchsickerte, daß die Geburt des vierten Kaiserkindes in Budapest geplant war. 1868 brachte die Kaiserin allerdings nicht den erhofften Sohn zur Welt, sondern wieder eine Tochter – Marie Valerie. Dieses Kind veränderte Sisi von einem Tag auf den anderen, und was er nie für möglich gehalten hatte, trat ein: Sie wurde eine leidenschaftliche Mutter, so als wollte sie bei diesem Kind alles nachholen, was sie bei den älteren versäumt hatte. Schon bald nannte sie die kleine Valerie die »Einzige«, und es konnte natürlich nicht ausbleiben, daß sowohl Gisela als auch Rudolf das Verhalten der Mutter der kleinen Schwester gegenüber zunächst nicht verstehen konnten. Als sie aber begannen, alles zu durchschauen, verfielen sie in eine besondere Form der Eifersucht. Warum umgab die Mutter ausgerechnet Valerie mit so viel Liebe und Fürsorge? Wie hatten sich Gisela und Rudolf monatelang nach der fernen Mutter gesehnt, wie hatten sie sich auf sie gefreut, und wie enttäuscht waren sie jedesmal wieder, wenn die Mutter sie in kühler Art wie Fremde begrüßte. Valerie erhielt in der Familie schon bald den Beinamen »das ungarische Kind«, und auch Franz Joseph mußte zugeben, daß diese Tochter auch ihm besonders ans Herz gewachsen war.
Allerdings konnte er die beinahe hysterische Art nicht gutheißen, mit der Elisabeth versuchte, alles von dem Kind fernzuhalten, was ihm nur irgendwie gefährlich werden könnte. Am liebsten hätte sie die Tochter unter einen Glassturz gestellt. Valerie mußte von klein auf die Mutter überallhin begleiten, damit Elisabeth immer und überall ein Auge auf sie werfen konnte. Sisis Fürsorge für Valerie ging so weit, daß der Tochter

viele Dinge verwehrt waren, die ihr Spaß und Freude gemacht hätten. So verhinderte Elisabeth, obwohl sie selbst von Kindesbeinen an eine leidenschaftliche Reiterin gewesen war, die durch ihre Kunst zu Pferde die Experten aus ganz Europa entzückte, daß die Tochter reiten lernte, aus Angst, das Kind könnte vom Pferd fallen und Schaden erleiden.

Sosehr Sisi Valerie für sich vereinnahmt hatte, so konnte sie doch nicht verhindern, daß die Tochter sich in ganz ungewöhnlich starker Weise zu ihm, dem eher nüchternen Vater, hingezogen fühlte. Ja, er hatte immer wieder den Eindruck, daß das junge Mädchen froh war, den beinahe tyrannischen Launen der Mutter für einige Zeit entronnen zu sein, um mit ihm ein paar ruhige Worte wechseln zu können. Lange schon hatte er bemerkt, daß die Tochter im Wesen mehr ihm glich als die beiden anderen Kinder. Vater und Tochter fühlten eine enge innere Verbundenheit – ohne viele Worte.

Als Valerie herangewachsen war, betrachtete die Kaiserin jeden jungen Mann, der in die Nähe der geliebten Tochter kam, mit Argusaugen. Wer würde ihr Valerie rauben, indem er sie zum Altar führte? So oft sie konnte, äußerte sie sich Valerie gegenüber äußerst negativ über die Institution Ehe. Aber sie konnte doch nicht verhindern, daß sich die Tochter Hals über Kopf in den jungen Franz Salvator verliebte und der Mutter in den Ohren lag, den in den Augen des kaiserlichen Vaters nicht standesgemäßen jungen Mann unter allen Umständen heiraten zu wollen.

Elisabeth war zunächst entsetzt, als sie erkannte, daß sie die Tochter in kurzer Zeit verlieren würde. Aber das Glück dieses Kindes lag ihr zutiefst am Herzen, sie stellte ihren Egoismus in den Hintergrund und überredete den Kaiser, in diese Heirat einzuwilligen. Sie hatte nämlich der Tochter versprochen, daß Valerie den Mann würde heiraten dürfen, den sie liebte, auch wenn er ein Rauchfangkehrer sein sollte …

Bei der Hochzeit Valeries war Sisi beinahe das Herz gebrochen, sie war unfähig, sich mit der Tochter zu freuen, die verliebt am Arm Franz Salvators die Kirche verließ. Was bedeuteten der Kaiserin Ehe, Liebesglück und Kindersegen? Als Marie Valerie der Mutter voll Freude gestand, daß sie das erste Kind erwartete, erhielt sie als Antwort nur eine resignierende ablehnende Bemerkung.

Elisabeth war im Laufe der Jahre für alle schwierig geworden, sie hatte schon lange jedes Maß und jedes Ziel verloren. In ihrem Egoismus interessierte sie sich nicht mehr für das, was ihn, den Kaiser bedrückte, mit welchen Problemen er sich Tag für Tag auseinandersetzen mußte, sie lebte einzig und allein für sich selbst und ihre Leiden. Freilich hatte sie in den letzten Jahren als Folge ihres Lebenswandels mit verschiedenen

körperlichen Beschwerden zu tun, Ischiasschmerzen quälten sie Tag und Nacht, schlimmer noch aber waren ihre psychischen Ängste und Vorstellungen, die teilweise in Wahnideen ausarteten. Zunehmend mehr erschreckte sie ihre Umgebung und vor allem, wenn sie doch einmal in Wien oder in Ischl beisammen waren, ihn durch ihre Absonderlichkeiten. Die Kaiserin fühlte sich in übersteigerter Weise zur Antike hingezogen, genauso heftig allerdings begann sie den Dichter Heinrich Heine zu verehren, mit dessen Ideen und Werken er, der Kaiser, so gar nichts anfangen konnte. Natürlich wußte er schon lange, daß Sisi heimlich Gedichte schrieb, aber daß sie jetzt glaubte, daß der tote Dichter in verkleinerter Gestalt auf ihrer Schulter säße und ihr die Hand beim Schreiben führte, das überstieg bei weitem sein Vorstellungsvermögen. Schreckgespenster wie die Weiße Frau oder habsburgische Ahnen, die ihr im Traum erschienen waren, hatten sie zunehmend mehr geängstigt, genauso wie sie fürchtete, daß Raben Unheil über sie bringen würden. Traum und Wirklichkeit flossen manchmal in beängstigender Weise ineinander über, so daß sie oftmals Mühe hatte, die Realität zu erkennen.
Es war um sie beide einsam geworden, sie trafen sich zwar ab und zu irgendwo, aber er hatte das Gefühl gehabt, daß ihnen ein gemeinsames Leben im Alter verwehrt sein würde. Seine Frau hatte sich zu einer Einzelgängerin entwickelt, deren einzige Beziehung zum Wiener Hof darin bestand, daß ihr für ihren persönlichen Luxus große Summen Geldes überwiesen wurden. Waren es vor Jahren noch die aufwendigen Jagdreisen nach England und Irland gewesen, die ihn viel Geld gekostet hatten, oder die Reiturlaube in der Normandie, wohin sie neben einem umfangreichen Gefolge eine eigene Bäckerei hatte mitnehmen lassen, um zu jeder Tages- und Nachtzeit frische Semmeln essen zu können – was sie übrigens niemals tat –, so brauchte sie jetzt Geld für Kuren in Kissingen oder Bad Nauheim. Auch jetzt noch bestand sie darauf, daß auf ihren Reisen stets Ziegen und Kühe mitgeführt wurden, damit sie jederzeit ein Glas frischer Kuhmilch trinken konnte oder daß eine Rinderbrühe zubereitet werden konnte, zu der nur ein ganz besonderes Stück Fleisch verwendet werden durfte. Er, Franz Joseph, hatte diesen Aufwand, der ihm sinnlos erschien, niemals verstehen können, aber er finanzierte alles, was seine Frau von ihm verlangte.
Man schrieb einander Briefe, und er glaubte immer wieder, in ihren Schreiben liebevolle Gefühle ihm gegenüber zu erkennen. Vielleicht empfand sie in ihrer Phantasie tatsächlich so etwas wie Liebe und Zuneigung für ihn, wenn er nur weit genug entfernt war. Aus so mancher Zeile sprach die Sorge um sein Wohl und klang das Versprechen, bald zu ihm

zurückzukehren. Aber es waren meist leere Worte gewesen, denn kaum hatte sie ihren Fuß über die Schwelle zur Hofburg gesetzt, da überkam sie die Lust, auf dem Absatz kehrtzumachen und Wien so schnell wie möglich zu verlassen. Wenn sie ihn, der jedes ihrer Kommen ersehnt hatte, begrüßt hatte, gab sie meist schon Befehl, die Koffer wieder zu packen. Und war sie länger in Wien anwesend, dann führte sie in ihren Räumen ihr eigenes Leben, ohne sich um ihn zu kümmern. Sehr selten erschien sie bei den Mahlzeiten, und wenn beide – weit entfernt voneinander – bei Tische saßen, sprach sie so leise, daß er, der mit zunehmendem Alter schwerhörig wurde, beinahe kein Wort davon verstand, was sie mit unbewegten Lippen flüsterte.

Ja, es war schwer mit ihr geworden, vor allem, als sie selber schmerzlich erkennen mußte, daß sie den Reiz und die Schönheit ihrer Jugend eigentlich viel zu früh eingebüßt hatte, als sie sah, daß ihre Haut welk geworden war und ihr Gesicht von Falten zerfurcht. Sisi konnte den Verlust ihrer Schönheit kaum ertragen und war nicht gewillt, dem Alter Tribut zu zollen. Über Gebühr machte sie sich über die »Freundin« lustig, die sie ihm selbst zugeführt hatte, über die mollig rundliche Schauspielerin Katharina Schratt, die alles daran setzte, ähnlich schlank wie die Kaiserin zu sein.

Er war froh, daß es Katharina gab, daß Sisi seinerzeit auf die fast absurde Idee verfallen war, die junge Schauspielerin für ihn malen zu lassen, als sie in Olmütz beobachtet hatte, daß ihm die blühende, dralle Frau gefiel. Es war eine lange Freundschaft geworden, auch Elisabeth hatte an der lustigen, lebensbejahenden Katharina Gefallen gefunden, die auch der Kaiserin gegenüber immer von besonderer Aufmerksamkeit war. Die »gnädige Frau«, wie Katharina Schratt schon bald bei Hofe genannt wurde, hatte ihm so manche einsame Stunde versüßt, war da, wenn er Trost und ein paar menschliche Worte brauchte. Sie war der Mensch an seiner Seite – schon Jahre hindurch. Er schätzte sie und er war ihr vom Herzen zugetan. Aber er liebte seine Frau, seinen geliebten Engel, seine Engelssisi, wie er ihr in vielen, vielen Briefen versicherte. Der Kaiser hatte bei Katharina Schratt das gefunden, was man vielleicht als das »bürgerliche kleine Glück« bezeichnen könnte, eine gemütlich-häusliche Atmosphäre, wenn er in ihrem kleinen Haus in der Nähe der Kaiservilla in Ischl zu Kaffee und Gugelhupf einkehrte, den Katharina wie keine andere zu backen verstand. Hier konnte er sein Kaisertum im Vorzimmer zurücklassen und sich als Mann, als gewöhnlicher Mensch, so wie jeder andere in seiner weiten Monarchie, von Katharina umsorgen lassen.

Seine Frau hingegen, seine geliebte Sisi, war in all den Jahren ruhelos

geworden. Sie konnte es nicht mehr ertragen, länger an einem Ort zu bleiben. Es schien sie mit Macht wegzutreiben, nicht nur seit dem Freitod ihres Sohnes. In ihrem Schmerz war sie gleichsam aus der Stadt geflüchtet, die sie haßte und in der sie sich eingekerkert fühlte. Daß sie dabei auch ihn verlassen hatte, schien sie nicht zu bedenken. Sie hatte sich frei gemacht! Er konnte sich nicht befreien. Er liebte seine Frau und sehnte sich schmerzlich nach ihr.
Sisi hatte es in einem ihrer Briefe ausgedrückt: Sie konnten nur glücklich miteinander sein, wenn sie getrennt waren, wenn Hunderte von Meilen zwischen ihnen lagen. Dann vermißte sie ihn auch und fühlte ihre Liebe zu ihm, der ungeduldig jedem Tag und damit einem nächsten Brief entgegensah, der vielleicht die freudige Nachricht enthielt, daß man einander irgendwo, vielleicht in Kissingen, an der Riviera oder in Bad Nauheim treffen könnte. Ein Glücksgefühl überkam ihn dann, und er begann die Tage und Stunden bis zu dem Wiedersehen zu zählen, um dann, wenn es soweit war, enttäuscht feststellen zu müssen, daß auch dieses Beisammensein wiederum nur eine flüchtige Begegnung gewesen war.
Franz Joseph starrte auf den schwarzen, düsteren Sarkophag, in dem sie jetzt für immer lag. Nun war alles zu Ende, unwiderruflich, endgültig. Jetzt gab es keine Hoffnung mehr für ihn. Er legte den Kopf auf den Deckel und Tränen rannen über sein Gesicht. Er wischte mit dem Handrücken über die Augen, so als wollte er all die Gedanken verscheuchen, die ihn quälten. Was war ihm von der großen Liebe seines Lebens geblieben? Sisi war endlich heimgekehrt zu ihm und nach Wien, wo sie niemals zu Hause gewesen war.
Der Kaiser erhob sich und schritt zur Tür, so als wollte er mit seinem eisernen Willen neue Kraft schöpfen für das Leben, das vor ihm lag, für eine Zukunft, die aus Akten, Pflichten und Aufgaben bestehen würde, aus der Sorge um das Wohl seiner Völker, der aber viel von dem fehlen würde, was er bisher besessen hatte. Seine Frau hatte einen Teil seines Herzens für immer mit sich in die Kapuzinergruft genommen.

Der unverstandene unbequeme Sohn

Rudolf

Meran, 25. [November 1870]

Lieber Rudolf!

Jetzt, da der gute Papa auch weggefahren ist, bist Du ganz allein und verlassen. Ich kann mir vorstellen, wie traurig das ist. Aber Gott sei Dank, die Zeit, da Du hier sein wirst, kommt immer näher. Wenn das Wetter nur schön wird. Ich wünsche es so sehr, daß sich auch Papa gut unterhält, wenn wir schöne Ausflüge machen können.
Valerie sieht Gott sei Dank gut aus, hier ist sie so viel auf der frischen Luft wie nur möglich. Fast täglich spielt sie mit ihrer kleinen Cousine, die immer lustig ist und gut gelaunt, also für sie eine gute Zerstreuung.
Jetzt sind Tante Marie und der König eingetroffen. Wir kutschierten mit Tante Sophie ihnen entgegen und trafen einander auf der Bozener Straße, worauf wir vier mit Junoral hierher zurückkamen.
Es macht mir immer große Freude, Deine Briefe zu erhalten, was Du durch meinen Brief an Papa schon weißt.
Herzlichst umarmt und küßt Dich Deine Dich liebende
Mutter
Deine Herren lasse ich grüßen.

Sehnsüchtig hatte der Kronprinz auf ein Lebenszeichen seiner Eltern gewartet, aber als er dann endlich den Brief seiner Mutter in Händen hielt und las, was sie ihm zu berichten hatte, besserte sich seine trübe Stimmung kaum. Jedesmal, wenn er wieder einsam, nur von seinen Lehrern umgeben in Wien in der Hofburg saß, freute er sich unendlich auf eine Nachricht der geliebten Mama. Aber schon nach wenigen Zeilen überfiel ihn ein bitteres Gefühl der Enttäuschung. Was interessierte ihn schon, daß sich seine kleine Schwester Valerie wohl fühlte, daß sie sich viel in der frischen Luft aufhielt, er konnte sie ohnedies nicht besonders gut leiden. Valerie hatte ihm und Gisela die Mutter weggenommen, denn seit die Schwester in Ungarn das Licht der Welt erblickt hatte, gab es für Mama nur noch dieses eine Kind, die »Einzige«, wie sie schon bald überall genannt wurde.
Freilich hatten Gisela und er die Mutter auch vorher höchst selten zu Gesicht bekommen, aber wenn sie dann einmal in Wien weilte oder er einige Wochen mit ihr in Venedig oder Ischl verbringen durfte, dann waren es für ihn glückliche Zeiten. Er konnte sie jeden Tag sehen, fühlen und angreifen, wenn es ihm auch meistens schwerfiel, ihre rasch wechselnden Launen und Stimmungen zu begreifen. Irgendwie hatte er eine uner-

klärliche Scheu ihr gegenüber, sein Verhältnis zu ihr war ganz anders als zu seinem Vater, von dem er wußte, daß er ihm nur ganz bestimmte Dinge berichten durfte. Es war eine Barriere, die zwischen ihm und der Mutter stand, und er konnte sie nicht überwinden. Manchmal hatte er den Eindruck, daß sie ihm gar nicht zuhörte, wenn er ihr von sich und seinen Sorgen erzählte, sie war mit ihren Gedanken ganz woanders, sie schwebte in unbekannten Sphären. Sie hatte völlig andere Interessen als er, der weder für Pferde noch für das Reiten oder für überschwenglich gefühlvolle Gedichte viel übrig hatte.
Es war schwierig für ihn, überhaupt mit den Eltern ins Gespräch zu kommen oder ihnen zu schreiben, wenn sie oft wochenlang abwesend waren. Papa weilte zwar meist nur in Ischl, schoß einen Bock nach dem anderen und berichtete ihm haarklein über seine Jagdabenteuer. Meist legte Rudolf die Briefe kopfschüttelnd zur Seite und konnte nicht verstehen, wie man so viele Tiere aus lauter Lust und Freude am Jagen töten konnte. Er selber liebte Tiere, vor allem Vögel, die er um ihre Leichtigkeit beneidete, mit der sie die Erdenschwere abschüttelten. Trotzdem schoß auch er ab und zu auf seine gefiederten Freunde, um sie dann fachgerecht unter Anleitung seines Lehrers Alfred Brehm zu sezieren oder die erlegten bunten Gimpel mit Genuß zum Gabelfrühstück zu verzehren. So ganz ließ sich das Jägerblut der Habsburger auch von ihm nicht unterdrücken!
Die Mutter war Rudolf allmählich fremd geworden. Wenn er an sie dachte, erschien sie ihm wie eine ferne Fee mit ihrer beinahe unwirklich schönen Gestalt, dem schwebenden Gang und der leisen melodiösen Stimme, die ihn verzauberte. Von Zeit zu Zeit erschien sie, um sich dann wieder – wie dies bei Märchenfeen üblich ist – in Luft aufzulösen, noch bevor man sie greifen konnte.
Er wußte, daß seine Mutter zu ihm nie eine innige Beziehung gehabt hatte, obwohl sie beide in ihrem Wesen einander so ähnlich waren. Oder vielleicht gerade deshalb? Oder war es die Schuld der Großmutter gewesen, die sich sofort nach der Geburt um ihn und seine Erziehung gekümmert hatte? Als Kind hatte er dies noch nicht verstehen können, aber je älter Rudolf wurde, umso mehr gewann er Einblick in die gespannten Verhältnisse am Kaiserhof. Tradition hieß das eiserne Gesetz, nach dem hier gehandelt wurde, auch in der Familie. Ein Kronprinz mußte nach ganz bestimmten Prinzipien erzogen werden, er durfte nicht wie ein normales Kind aufwachsen, er wurde auf seine Rolle als zukünftiger Herrscher gedrillt.
Kaum hatte ein Kaiserkind das Licht der Welt erblickt, so wurde, wie

schon seit Generationen, eine Kindskammer eingerichtet, in die Personen berufen wurden, die man sehr sorgfältig ausgewählt hatte und die sich um das leibliche und geistige Wohl ihrer Schützlinge zu kümmern hatten. Diese Art der Kindererziehung, die bei den Habsburgern seit eh und je üblich war, wollte die junge Kaiserin ganz einfach nicht akzeptieren. Sie erblickte in der Tatsache, daß die Schwiegermutter das Kommando über die Erziehung des Kronprinzen übernahm, eine böswillige Absicht und konnte es der Erzherzogin niemals verzeihen, daß sie ihr die Töchter Sophie und Gisela wie auch den Sohn Rudolf weggenommen hatte.
Gisela und Rudolf hatten Glück gehabt mit den Frauen, die sie betreuten. Der Kronprinz liebte seine Kammerfrau, die nicht mehr junge Leopoldine Nischer, und nannte sie zärtlich »Nono«, auch seiner Aja, der Baronin Charlotte Welden, die von ihm und Gisela nur »Wowo« gerufen wurde, war er ein Leben lang zugetan. Diese beiden Frauen betreuten die Kaiserkinder hingebungsvoll. Vater und Mutter dagegen sahen die Geschwister selten, meist nur wenige Minuten am Tag. So war es üblich, und zwar an allen Fürstenhöfen, schließlich hatte ein Herrscherpaar wichtigere Aufgaben zu erfüllen, als sich mit Kleinkindergeschrei abzugeben!
Aber die junge Kaiserin kümmerte sich kaum um ihre Repräsentationspflichten, alle offiziellen Auftritte waren ihr mehr als lästig, und da die Schwiegermutter sie auch von ihren Kindern fernhielt, flüchtete sie sich in die Einsamkeit. Sie hatte zwar die Kinder geboren, fand aber keinen inneren Kontakt zu ihnen. Zu ihrer Tochter Gisela – die älteste Tochter Sophie war schon als Kleinkind gestorben – hatte sie ein Leben lang eine äußerst dürftige Bindung, genauso wie zu ihrem einzigen Sohn.
Und wenn die Kaiserin einmal in einer stillen Stunde über die Beziehungen zu ihren älteren Kindern nachdachte, hatte sie sofort eine allumfassende Erklärung zur Hand: Die Schwiegermutter trug sämtliche Schuld an dieser bedauerlichen Entwicklung. Was Elisabeth dabei allerdings nicht bedachte, war die Tatsache, daß sie als blutjunge Frau kaum die Erfahrung besessen hätte, die Kinder standesgemäß zu erziehen, da sie selber in ihrem Elternhaus völlig unkonventionell aufgewachsen war. Aber was einer Herzogstochter in Bayern erlaubt war, nämlich natürlich und ungezwungen aufzuwachsen, war mit der traditionellen Erziehung der Habsburger in keiner Weise in Einklang zu bringen. Für die Söhne und Töchter eines Kaisers mußten Pflichterfüllung und Selbstbeherrschung in allen Lebenslagen oberstes Gebot sein. Wahrscheinlich hatte sich auch der Kaiser mit seiner Mutter ausgiebig über dieses Thema unterhalten und hatte einsehen müssen, daß seine Mutter in ihrer Lebensweisheit

recht hatte, wenn sie behauptete, Elisabeth könne die Kinder nicht im entsprechenden Stil erziehen.
Außerdem zeigte es sich sehr bald, daß die Kaiserin schon damals mit kleinen Kindern nicht viel anfangen konnte, denn Jahre später bemerkte sie, daß sie auf Reisen ihre Hunde mehr vermißte als ihre Kinder. Möglich, daß diese Aussage der Kaiserin nur einer spontanen Laune entsprungen war, oder sie wollte, wie so oft, wieder einmal provozieren.
Solange Rudolf mit seiner Schwester zusammensein konnte, von »Nono« und »Wowo« umhegt und von seiner Großmutter umsorgt, verlebte er eine glückliche Kindheit. In dieser Zeit vermißte er wahrscheinlich weder seinen Vater besonders, noch fehlte ihm seine schöne Mama. Natürlich freute er sich, wenn Elisabeth hin und wieder die Kinderzimmer aufsuchte und dann für ein, zwei Stunden sich mit ihm und Gisela beschäftigte, aber so richtig spielen konnte sie mit den Kindern nicht. Sie war für den Sohn und die Tochter letztlich nichts anderes als ein gelegentlicher Besuch, dem man vorgezeigt wurde und dem man mitteilen sollte, was man so den ganzen Tag über gemacht hatte.
Als Rudolf sechs Jahre alt wurde, stürzte für ihn von einem Tag auf den anderen seine kleine Welt zusammen. Auf Anordnung des Kaisers, der sich vorher mit seiner Großmutter abgesprochen hatte, wurde die Kindskammer aufgelöst, der Kronprinz wurde von seiner geliebten Schwester getrennt und bekam einen eigenen Hofstaat. Das wäre noch nicht so schlimm gewesen, hätte man nicht auch seine Nono und Wowo, denen sein ganzes Herz gehörte, aus seiner Umgebung entfernt und dafür den beinharten Generalmajor Graf Gondrecourt zu seinem Erzieher gemacht. Der Kronprinz sollte zu einem pflichtbewußten, mannhaft strammen Herrscher erzogen werden, und für diese Aufgabe schien der pädagogisch völlig ungeschulte Graf gerade der Richtige zu sein. Denn seine Erziehungsmethoden bestanden aus Abhärtung, Überwindung jeglicher Furcht, eiserner Disziplin und Pflichterfüllung in jeder Lebenslage. Daß ein Kind von sechs Jahren Liebe, Zärtlichkeit und Fürsorge dringend benötigte, das verwies Gondrecourt in den Bereich der Ammenmärchen.
Das Kind aber war nicht aus dem Holz geschnitzt, aus dem man Helden machen konnte. Es fürchtete sich in der Dunkelheit, zitterte vor Furcht beim lauten Knall einer Pistole und weinte sich vor Hilflosigkeit und Einsamkeit in den Schlaf. Gondrecourt schien blind zu sein, denn er bemerkte nicht, daß seine rauhen Soldatenmethoden den ohnehin schwächlichen Knaben in eine Isolation trieben, die zum physischen und psychischen Zusammenbruch führen mußte.
Und die Eltern sahen lange tatenlos zu, obwohl beide bemerken mußten,

wie durchsichtig und nervös Rudolf geworden war. Der Vater nannte ihn – ohne sich wahrscheinlich nach dem Grund zu fragen – »Krepierl«, und Elisabeth sah ihren Sohn ohnedies nicht allzuoft, da sie auf Grund ihrer eigenen Leiden Wien mied, so gut es ging. Gondrecourt konnte daher schalten und walten, wie er wollte.

Erzherzogin Sophie, die Großmutter, hatte sich bis jetzt liebevoll um Rudolf bemüht, und sie war außer Gisela der einzige Mensch, zu dem sich das Kind in seiner Not flüchten konnte. Aber die Staatsräson unterdrückte anscheinend jegliches Einfühlungsvermögen in der Erzherzogin, so daß auch sie die Methoden Gondrecourts tolerierte.

Eines Tages aber spielte ausgerechnet Elisabeth Schicksal. Ganz plötzlich war es ihr wie Schuppen von den Augen gefallen, und sie erkannte erschrocken, in welcher Gefahr sich ihr Sohn befand. Sie tat etwas, was man ihr in ihrer Lethargie nie zugetraut hätte: Sie handelte. Sie stellte ihrem Mann gegenüber ein Ultimatum, indem sie die alleinigen Erziehungsrechte über ihren Sohn forderte und vor allem die sofortige Abberufung Gondrecourts. Sollte der Kaiser in ihre Forderungen nicht einwilligen, so kündigte sie ihm jeglichen Kontakt mit ihm auf.

Der in jeder Lebenslage eher kühle Franz Joseph war über alle Maßen über seine Frau erstaunt. Etwas Ungeheuerliches war geschehen: Elisabeth war plötzlich aktiv geworden, etwas, was er sich wahrscheinlich bisher nie hatte vorstellen können. Für ihn gab es kein langes Überlegen, seine Frau hatte ihre Vorstellungen klipp und klar formuliert, er hatte keine Wahl. Gondrecourt wurde von heute auf morgen entlassen. Vielleicht war Franz Joseph durch das überraschende Handeln seiner Frau nachdenklich geworden, und er begann selbst zu bemerken, welchen Schaden der Graf bei seinem übersensiblen Sohn angerichtet hatte.

Auf Veranlassung der Kaiserin übernahm nun der einfühlsame Graf Joseph Latour von Thurmburg, der zwar selbst auch keine Kinder hatte, die Erziehung Rudolfs. Aber Gondrecourt hatte mit seinen rigiden Methoden Rudolf schon zu sehr geschädigt, als daß er jemals diese Eindrücke seiner Kindheit hätte vergessen können.

Latour wurde ein beinahe väterlicher Freund für den Thronfolger, doch war Rudolf zeitlebens immer wieder von fremden Leuten umgeben. Hatte er sich endlich an jemanden innerlich gebunden, so konnte es passieren, daß auf Anordnung seines kaiserlichen Vaters diese Menschen wieder aus seiner Umgebung entfernt wurden. So war es dem heranwachsenden Kaisersohn niemals vergönnt, das Gefühl der Sicherheit und Vertrautheit zu entwickeln, das für Kinder in einem geborgenen Elternhaus ganz selbstverständlich ist. Auch hätte er dringend der Anleitung durch

seinen Vater bedurft, wenn er einmal an der Spitze der Monarchie stehen sollte. Allerdings erkannte der hochintelligente junge Mann schon bald, daß die starre, konservative Politik, der sich Franz Joseph verschrieben hatte, so ganz und gar nicht mehr der Zeit und ihren sich ständig wandelnden Gegebenheiten entsprach. Man konnte das Rad der Geschichte durch Aufhebung einzelner Gesetze, die der Kaiser unter Druck bewilligt hatte, nicht zurückdrehen, so wie dies auch ständig Erzherzog Albrecht forderte, sein Großonkel, mit dem Rudolf engen Kontakt pflegte.
Aber wie sollte es weitergehen? Der junge Kronprinz öffnete sich allen neuen Ideen, die ihm von seinen Lehrern vorgetragen wurden. Denn seltsamerweise hatte Franz Joseph nicht nur Latour auf Veranlassung Elisabeths zum Erzieher seines einzigen Sohnes berufen, er stimmte auch der Wahl der übrigen Lehrer zu, die seine Frau getroffen hatte. Es war das einzige Mal, daß Elisabeth sich über das Wohl und Wehe ihres Sohnes ernsthafte Gedanken gemacht hatte und sich – selber liberal denkend – für liberale Männer als Umgang für ihren Sohn entschieden hatte. Sie stand damit in absolutem Gegensatz zu ihrem Mann. Hätte Franz Joseph darüber nachgedacht, was für Folgen liberales Gedankengut, das dem Thronfolger durch seine Lehrer vermittelt wurde, für die Politik der Zukunft, ja für den Bestand der Monarchie haben würde, er hätte wahrscheinlich niemals Elisabeths Forderungen nachgegeben.
Mit der Bestellung der Lehrer sah Elisabeth ihre Aufgabe Rudolf gegenüber erfüllt. Von nun an kümmerte sie sich nicht weiter um den Sohn. Doch Rudolf hatte durch das Eingreifen der Mutter plötzlich das Gefühl bekommen, daß jemand da war, der ihn zu bewahren versuchte. Seine schöne Mama war für ihn nicht mehr nur ein papierenes Bild, das er bewunderte, die Mutter erschien ihm plötzlich aus Fleisch und Blut. Er fühlte sich zu ihr hingezogen und war glücklich, wenn er sie sehen konnte. Vielleicht hätte er auch ihr Herz gewonnen, wenn er an ihren Neigungen hätte Anteil nehmen können. Aber alles, was sie so liebte, stieß ihn entweder ab oder interessierte ihn nicht. Wie auch seine beiden Schwestern sprach er viel lieber Deutsch als Ungarisch und war glücklich, wenn er wenigstens mit dem Vater sich in seiner Muttersprache unterhalten konnte, denn Elisabeth bevorzugte in ihrer Umgebung nur noch Ungarisch, so bald sie diese Sprache halbwegs perfekt beherrschte. Selbst das »ungarische Kind« Valerie schrieb in ihrem Tagebuch über die Freude, die sie überkam, als der Vater ihr genehmigte, Deutsch statt Ungarisch zu sprechen. Was Elisabeth mit ihrer übertriebenen Liebe zu Ungarn nicht bedachte, war, daß sie in den Kindern geradezu eine Aversion gegen alles Ungarische hervorrief, so daß auch Rudolf die Bevorzugung

dieses einen Volkes der Monarchie und die Hintanstellung der Slawen und übrigen Völkerschaften nicht guthieß.

Der junge Kronprinz hatte eine harte Jugend. Es war ihm nicht wie anderen Kindern vergönnt, sorglos zu spielen, in der freien Natur herumzutoben und die Kindheit zu genießen. Mit drei Jahren mußte er lesen und schreiben lernen, dazu kamen die schwierigen Sprachen Ungarisch und Tschechisch und im Laufe der Zeit auch die anderen Sprachen der Monarchie. Es war ehernes Gesetz bei den Habsburgern, daß der Thronfolger die wichtigsten Sprachen seiner Völker in Wort und Schrift zu beherrschen hatte. Und da konnte man nicht früh genug damit anfangen! Der tägliche Stundenplan wurde von Jahr zu Jahr umfangreicher.

Und war der Bub mit seinen schriftlichen Arbeiten fertig, hieß es an militärischen Übungen und Manövern teilzunehmen, bei denen der Kronprinz in Uniform an der Seite seines kaiserlichen Vaters die Truppenparaden inspizierte. Alles keine Tätigkeiten, die ein Kind erfreuen konnten! Es war kein Wunder, daß Rudolf weit vor den Jahren altklug und frühreif geworden war. Das Wichtigste hatte er verpaßt, es war ihm nicht vergönnt, ein Kind zu sein. Mit acht Jahren war er schon fast ein kleiner Erwachsener, der sich mit seinen Lehrern in einer Fachsprache unterhielt, die man sonst nur von wesentlich Älteren zu hören bekam. Auch die Briefe, die er an seine Mutter von Ischl aus schrieb, als Wien in großer Gefahr war, durch die preußischen Heere erobert zu werden, zeugen von seiner Frühreife.

In der Krisensituation des Jahres 1866 entdeckte Elisabeth seltsamerweise wieder ihren Sohn. Immer mehr wurde sie von der Überzeugung beseelt, für Rudolf den Thron seiner Väter retten zu müssen. Und was keiner von der unsteten Kaiserin, die jahrelang nur mehr eine äußerst lose Beziehung zu ihrem Ehemann gehabt hatte, erwartet hatte, trat ein: Sie wich Tag und Nacht nicht von der Seite ihres Mannes und versuchte, dem Kaiser mit Rat und Tat beizustehen, machte ihm Mut und half ihm über so manche bange Stunde hinweg. Es schien, als hätte sich in diesen höchst gefährlichen Wochen und Monaten Elisabeth endlich auf ihre Rolle und Aufgabe als Kaiserin besonnen. Selbst ihre Schwiegermutter war von ihrem Einsatz und der Arbeit, die sie bis zur völligen Erschöpfung leistete, beeindruckt und äußerte sich sehr lobend über die Schwiegertochter. Elisabeth war nicht nur in Wien die Stütze ihres Mannes, sie besuchte auch in Ungarn die Verwundeten in den schnell eingerichteten Lazaretten und fand für jeden verletzten Soldaten ein tröstendes Wort. In zahlreichen Briefen berichtete sie ihrem Sohn, wie es in den Krankenstationen zuging, und schilderte haarklein die oft tristen Zustände. So man-

che realistische Erzählung erschütterte das achtjährige Kind, und in seinen Antwortschreiben fragte Rudolf nach, ob sich nun der junge Soldat den Fuß hatte abnehmen lassen oder nicht.
Die Kaiserin aber fand es für unumgänglich, den Thronfolger als zukünftigen Kaiser auch jetzt schon über schwierige Situationen in seinem späteren Reich zu unterrichten. Ganz plötzlich war Rudolf für sie zur zentralen Person geworden, so daß sie ihn als Grund vorschob, als sie Franz Joseph beinahe flehentlich bat, den Rat und die Hilfe der Ungarn anzunehmen. Und da sie in Rudolf vor allem den Kronprinzen sah, schrieb sie ihm Briefe wie einem Erwachsenen:
»Die Piemontesen benehmen sich ganz unmenschlich gegen die Gefangenen, sie bringen die Verwundeten, Gemeine wie Officire um, ja sie erhängten sogar einige Jäger, zwei konnte man noch retten, einer wurde aber verrückt ...«
Elisabeth machte sich wahrscheinlich keine Gedanken darüber, was man einem achtjährigen Kind zumuten konnte und was nicht. Sie schrieb das, was sie gerade für bedeutsam hielt und worüber sie erschüttert oder zornig war. Der Augenblick mit all seiner Spontaneität regierte sie auch in der Beziehung zu ihrem Sohn. Daß diese Briefe bei dem sensiblen Kind Ängste erwecken mußten, kam ihr dabei sicherlich nicht in den Sinn.
Vielleicht war es daher eher positiv, daß ihre Kontakte zu Rudolf schon bald nach ihrer Krönung zur Königin von Ungarn im Jahr 1867 von Monat zu Monat sparsamer wurden und mit der Geburt Valeries fast einschliefen. Die Exzentrik der Mutter hätte seine innere Zerrissenheit noch mehr gefördert.
Die Professoren, die man für die Ausbildung des Kronprinzen ausgewählt hatte, waren begeistert von dem großen Wissen Rudolfs und seinem Verständnis für wissenschaftliche Probleme aller Art. Sie übersahen in ihrer Euphorie allerdings, daß die geistige Situation Rudolfs keineswegs seinem Alter entsprach. Vielleicht war diese frühreife Gelehrsamkeit auch ein Grund, daß er immer weniger Gesprächsthemen mit seiner Mutter fand. Denn Elisabeth interessierte sich weder für die Anatomie der Vögel noch für die Geographie der Landstriche an der Donau. Dabei hatte sie selber als junges Mädchen in Possenhofen an der Seite ihres Vaters die Wälder durchstreift und sich am Gesang der Vögel begeistert. Zu weit zurück lagen diese Erinnerungen, als daß sie darüber mit Rudolf hätte sprechen wollen. Was ging sie der Körperbau der Vögel an, über den Rudolf lange Vorträge halten konnte. Wenn er sich für Pferde begeistert hätte, da hätte man tagelang miteinander diskutieren, hätte einen berühmten Reitstall nach dem anderen aufsuchen können und hätte eine

gemeinsame Gesprächsbasis gehabt. Wie konnte sich Rudolf nur mit einer derartigen Leidenschaft ausgerechnet der Vogelkunde widmen? Es war dem berühmten Zoologen Alfred Brehm zuzuschreiben, dem Rudolf mehr als einem verehrten Lehrer zugetan war, daß sein Schüler sich für abstraktes wissenschaftliches Arbeiten interessierte.
Mutter und Sohn waren einander ähnlich und doch so verschieden. Das erkannte Elisabeth immer dann, wenn sie – beinahe zufällig – einmal ihren Sohn zu Gesicht bekam. Auch sein Äußeres zeigte eine gewisse Ähnlichkeit mit ihr, leider aber hatte er nicht ihr wunderschönes volles Haar geerbt, sondern das schüttere Erbteil der Habsburger schlug durch. Die habsburgischen Vorfahren hatten alle eine »hohen Stirn« besessen, und auch bei Rudolf zeigten sich schon in jungen Jahren kahle Stellen. Sooft Elisabeth den Sohn kritisch betrachtete, mußte sie bedauernd feststellen, daß er alles andere als ein Bild von einem Mann war. Elisabeth liebte aber vor allem schöne Menschen, und Rudolf empfand sie unscheinbar bis unansehnlich.
Aber Rudolf war, obwohl er die äußerliche Schönheit seiner Mutter nicht geerbt hatte, ein echter Wittelsbacher. Die berühmt-berüchtigte Nichte der Kaiserin, die Gräfin Larisch, zog einen bissigen Vergleich der wittelsbacherischen Familie mit den Habsburgern:
»Die Mitglieder des königlichen und herzoglichen Hauses Wittelsbach sind, alles in allem genommen, sicherlich interessanter und geistvoller als die Habsburger. Wohl arten auch die Sonderlichkeiten der Bayern bisweilen in Wahnsinn aus, doch ist der Unterschied zwischen beiden Familien der, daß bei den Habsburgern der Irrsinn sich meistens in Unmoral, Selbsterniedrigung und gemeinen Ehen äußert, während er den Wittelsbacher in einen romantischen Dulder verwandelt, der in Welten hoch über den Banalitäten des Lebens schwebt. Durch die königliche Familie haben sich immer Spuren von Wahnsinn gezogen, Sonderlinge hat es immer in der herzoglichen Linie gegeben. Aber keiner von uns hat jemals die grausigen Schandtaten der Habsburger verübt.«
Schon in sehr jungen Jahren war der schmächtige Thronfolger ein Liebling der Frauen. Er mußte eine ungewöhnlich faszinierende Ausstrahlung gehabt haben, denn eine, die es wissen mußte, Louise von Coburg, die spätere Schwägerin Rudolfs, beschrieb ihn als hinreißenden jungen Mann: »Er war mehr als schön; er war verführerisch. Mittelgroß und sehr proportioniert, war er, trotzdem er zart schien, sehr kräftig. Deutlich zeigte sich seine Reinrassigkeit, und man dachte bei ihm unwillkürlich an ein Vollblutpferd; denn von ihm hatte er auch das Wesentliche ... wie dieses hatte er leichten Sinn und Launen. Auf seinem matten Teint spie-

gelte sich Sentimentalität; sein Auge, dessen braune, glänzende Iris im Moment der Erregung zu schillern begann, schien mit dem Ausdruck auch seine Form zu ändern … Er war verwirrend; seine aufnahmsfähige Seele schien geklärt und verfeinert. Das Lachen Rudolfs machte vielleicht noch mehr Eindruck; es war das Lachen eines rätselhaften Menschen, ähnlich dem der Kaiserin …«

Wie Elisabeth konnte Rudolf hinreißend charmant und liebenswürdig sein, hatte die Gabe, fesselnd zu erzählen und alle Zuhörer unweigerlich in seinen Bann zu schlagen. Die Faszination, die er ausstrahlte, erfaßte nicht nur die Damen. Vielleicht war dies sein großes Geheimnis, vielleicht aber auch sein Verhängnis. Denn sein Gemütszustand war nicht von langer Beständigkeit, genauso wie bei seiner Mutter wechselten seine Stimmungen schlagartig. Aus dem liebenswürdig umgänglichen Kronprinzen konnte im nächsten Moment ein ironisch-zynischer Spötter werden.

Was ihn allerdings grundlegend von seiner Mutter unterschied und dennoch auf sein Wittelsbacher Erbe zurückging, war seine ungewöhnliche Leutseligkeit. Wo er nur konnte, mischte er sich unters Volk, genauso wie sein Großvater Herzog Maximilian in Bayern. Sein Vater war für seine Untertanen zum Symbol für absolute Pflichterfüllung geworden, man achtete und ehrte den Kaiser und zog respektvoll den Hut, wenn er im einfachen Wagen durch die Straßen fuhr. Rudolf aber liebten die Menschen. Wenn Rudolf zu später Stunde in irgendeinem Beisl auftauchte und sich Blutwurst mit Sauerkraut bestellte oder sich an einen rohen Tisch in den einfachen Heurigenlokalen am Stadtrand setzte, wo die Brüder Schrammel aufspielten, wo er voll Begeisterung die sentimentalen Wiener Lieder mitsang, dann war man glücklich, so einen Thronfolger zu haben. Mit ihm würde sich in der Zukunft alles ändern und zum Guten wenden.

Weder die Kaiserin noch der Kaiser hieß das Leben gut, das Rudolf der starren Atmosphäre in der Hofburg vorzog. Die Mutter hätte es in ihrem Freiheitsdrang noch verstehen können, allerdings hatte sie den Kontakt mit dem einfachen Volk immer gescheut, aber Vater und Sohn waren innerlich viel zu entfernt, als daß es zwischen ihnen lange Gespräche gegeben hätte. Um Auseinandersetzungen zu vermeiden, gingen sich beide aus dem Weg, wo sie nur konnten. Und wenn ein Familiendinner angesetzt war, traf man sich zwar, hüllte sich aber während des kurzen Mahles in Schweigen und war froh, wenn der Kaiser die Tafel aufhob und sich zurückzog.

Je älter Rudolf wurde, umso deutlich sichtbarer wurde der Gegensatz zu

den Auffassungen seines Vaters. Und dabei hätte Franz Joseph, wenn er sich mit den Gedankengängen seines Sohnes ernsthaft beschäftigt hätte, deutlich sehen müssen, wie sehr Rudolf Elisabeth ähnelte. Diese Erkenntnis hätte eine Brücke zwischen Vater und Sohn sein können, hätte dem Sohn die Sympathien des Vaters einbringen müssen. Aber Franz Joseph bemerkte nur alles Negative an Rudolf, sein Streben nach Freiheit betrachtete er als Auflehnung und seine Vorstellungen von Neuerungen im Staat nicht als Notwendigkeit für die Zukunft der Monarchie; Rudolfs Ideen waren für ihn übertriebene Hirngespinste, »Wolkenkraxlereien«, so wie er Elisabeths Ideen manchmal abtat. Rudolf war für den Kaiser ein Querdenker, der nicht in sein Konzept paßte und der, solange er lebte und als Kaiser regierte, keine Chancen auf ein politisches Amt oder eine befriedigende Aufgabe haben würde. Wenn Franz Joseph im Laufe der Jahre auch das Verhalten seiner Frau akzeptiert hatte, die Ideen seines Sohnes konnte er auf keinen Fall gutheißen!
Rudolf wurde ein gelehrter junger Mann, der schon früh begann, das, was er dachte, zu Papier zu bringen. Es entstanden – meist unter einem Pseudonym – wissenschaftliche Schriften und politische Abhandlungen, manchmal mit revolutionärem Inhalt, die er in verschiedenen Zeitungen veröffentlichte. Wäre er nicht Kronprinz gewesen, so hätte er sicherlich eine Karriere als Wissenschaftler vor sich gehabt, wahrscheinlich als viel beachteter Vogelforscher. Für sein erstes Werk »Fünfzehn Tage auf der Donau«, das 1878 anonym erschienen war, dessen Autor man aber auf Grund einer Widmung schon sehr bald erraten hatte, wurde er zum Ehrendoktor der Universität in Budapest und zum Mitglied der kaiserlichen Akademie der Wissenschaften in Wien ernannt. Und hätte er weiter forschen können und hätte man ihn nicht abrupt aus dieser Laufbahn gerissen, hätte er wahrscheinlich doch noch ein glückliches, erfülltes Leben führen können.
Dafür aber war Rudolf nicht bestimmt. Er selbst empfand den Namen Rudolf als schlechtes Omen und äußerte sich seinen Freunden gegenüber manchmal in einem Anfall von Melancholie über das Schicksal seiner Namensvettern. Seine kritischen Veröffentlichungen hatten in bestimmten Kreisen der Monarchie viel Staub aufgewirbelt, die Intelligenz des Landes sah schon sehr bald in ihm einen politischen Neuerer, von dem man nur hoffen konnte, daß er in naher Zukunft seinen starren Vater ablösen würde. Standen die Intellektuellen hinter dem Kronprinzen, so wurde Rudolf vor allem von den deutschtümelnden Gruppen abgelehnt, die ihm vorwarfen, viel zu enge Beziehungen sowohl zu den Juden als auch zu den Slawen zu unterhalten. Man übersah dabei freilich geflis-

sentlich, daß im Denken Rudolfs weder Nationalitäten noch Religionen, noch familiäre Abstammung von Bedeutung waren, für ihn war der alleinige Maßstab, was der Mensch leistete.
Beide, weder Elisabeth noch ihr Sohn, paßten in ihrer Art, mit ihren Ideen und Auffassungen zur Geisteshaltung der Habsburger des 19. Jahrhunderts. Rudolf war in seinem Denken und in seinen Plänen seiner Zeit weit voraus, genauso wie seine Mutter. Denn Elisabeth ließ sich weder körperlich noch geistig in das starre Korsett pressen, in das man die Frauen dieses Jahrhunderts gezwängt hatte. Sie lehnte es deutlich sichtbar ab, nur für ihren Mann und die Familie da zu sein, sie zeigte sich als selbständige Persönlichkeit mit eigenen Vorstellungen und Wünschen. Hätte sie in ihrem Egoismus nicht alles, was sie tat, maßlos übertrieben, sie hätte eine Vorkämpferin, eine echte Wohltäterin für die Frauen ihrer Zeit werden können. Denn so wie ihr Sohn kümmerte sich Elisabeth nicht um das, was man über sie dachte und redete, sie tat das, was sie für sich für richtig hielt. Rudolf hätte mit größter Wahrscheinlichkeit seine liberalen Theorien von einer grundlegenden Veränderung des Staates umgesetzt, wenn man ihm nur die geringste Chance geboten hätte. So aber war er zum Geheimhalten gezwungen, zu endlosen Spekulationen im privaten Freundeskreis, die manchmal konspirativen Charakter annahmen. Denn alles, was er dachte und plante, scheiterte an einer gewaltigen Barriere: seinem Vater.
Am 24. Juli 1877 war für den Kronprinzen die Studienzeit offiziell beendet. Dadurch hatte auch Graf Latour seine Aufgabe erfüllt, und er, der in Rudolfs Umgebung der gute Geist gewesen war, nahm Abschied. Die innere Leere, die der Kronprinz nun von Tag zu Tag mehr zu spüren bekam, suchte er durch exzessive Abenteuer auszufüllen. Latour war ihm durch seine verständnisvolle Art, aber manchmal nur durch seine Nähe eine innere Stütze gewesen, und diese vermißte er jetzt schmerzlich. Rudolf wiederum besaß nicht die Stärke und Festigkeit, von sich aus sein Leben zu disziplinieren, dazu rollte sein Wittelsbacher Blut zu unruhig in seinen Adern. Außerdem fehlte ihm auch der Halt innerhalb der eigenen Familie.
Die einzige, mit der er bisher noch intensiven Kontakt pflegte, war seine ältere Schwester Gisela. Auch als sie Hals über Kopf mit 16 Jahren nach München heiratete, riß die enge Verbindung der Geschwister nicht ab.
Rudolf bewunderte die Schönheit seiner Mutter und wußte genau, daß er nirgendwo in Europa eine Prinzessin finden würde, die als seine Frau in Frage kam und auch die nur annähernd seiner Mutter im Äußeren gleichkam. Wenn er auch nicht das unbedingte Verlangen verspürte, einen ei-

genen Hausstand zu gründen, so gebot doch die Staatsräson, daß er sich allmählich nach einer geeigneten Frau umsah. Er hatte das Leben bis jetzt in vollen Zügen genossen, mit seinen zwanzig Jahren war er bereits ein von den Frauen verwöhnter junger Mann, denn frühreif, wie er war, hatte er reichlich Erfahrungen gesammelt. Die romantisch schwärmerische Anbetung, die er einigen jungen Mädchen entgegengebracht hatte, war nicht von langer Dauer. Schon bald war sie einer Zügellosigkeit gewichen, der er als umschwärmter Kronprinz bei jeder Gelegenheit nachgeben konnte. Sein neuer Obersthofmeister, Graf Charles Bombelles, war auch kein Mann von Traurigkeit und vermittelte dem Kronprinzen so manche intime Freundin. Es waren nicht nur junge Mädchen, die um die Gunst des Kronprinzen buhlten, auch verheiratete Frauen machten sich eine Ehre daraus, den jungen Mann in die Geheimnisse der Liebe einzuweihen.
Übersättigt, wie er war, entwickelte Rudolf in kurzer Zeit eine beinahe frauenverachtende Einstellung, denn jedes weibliche Wesen erschien ihm lediglich als Objekt, das es zu erobern galt. Schlanke, zierliche, dunkelhaarige Mädchen reizten Rudolf ganz besonders, und so konnte keiner seiner Freunde verstehen, daß der Kronprinz sich ausgerechnet die eher plumpe, semmelblonde Stephanie von Belgien als Braut auswählte.
Der Kaiser sah mit Verwunderung, welches Glück Rudolf bei Frauen hatte. Aber bei den Avancen, die die Damen Rudolf tagtäglich machten, hätte der Thronfolger schon einen nahezu mönchischen Charakter haben müssen, um all den Versuchungen zu widerstehen.
Je älter und selbständiger Rudolf wurde, desto weniger suchten die Eltern Kontakt mit dem Sohn. Die Briefe, die Elisabeth an Rudolf schrieb, hätte sie genausogut ihrer Mutter oder einer ihrer Hofdamen senden können, wie das Schreiben vom 28. März 1876 aus England zeigt:

»Easton Neston, Towcester, 28. März 1876

Lieber Rudolf!
Gestern bin ich nicht zum Schreiben gekommen, weil ich nach Meethag [einem Ort in Northamptonshire, Anm. d. Verf.] ging, das ziemlich weit liegt. Tante Marie ritt auf meinem guten Gelben, der auch mit ihr gut ging. Gräfin Larisch ritt auf Toogood, aber sie durfte nicht springen, Oregg war immer neben ihr, um auf sie aufzupassen, sie unterhielten sich prächtig, die Hunde waren fast immer dabei.
Am Abend hatte ich ein großes Essen, unsere gewohnte Gesellschaft, die ziemlich groß ist, Tante Marie, der König, ihr Mann, dann die beiden Mr. Pennants mit ihren Frauen, der eine von ihnen ist mein hiesiger Führer, ein angenehmer Mensch, der sehr gut und schön reitet. Heute und

morgen wird keine Jagd in unserer Gegend abgehalten, weil in Northampton große Rennen stattfinden, aber da es keine Steeplechase gibt, werde ich nicht gehen.
Jetzt gehen wir zu Tante Marie hinüber, ich küsse Dich tausendmal mit Papa und Valerie,
Deine Dich liebende
Mama
Dein gelber Limerick Lass ist ein herrliches Pferd, 6 Jahre alt, irisch und wird noch viel stärker werden. Papa sein Pferd ist das vollkommenste, das Du Dir vorstellen kannst; gestern haben wir ihn nicht herausgelassen, weil er noch nicht ganz in Ordnung ist, und erst wenn es nicht die geringste Gefahr mehr gibt, werde ich ihn einmal reiten. Er ist so schön und kostbar, daß man nicht genug auf ihn aufpassen kann.«

Es ist keine Äußerung überliefert, was Rudolf bei den Briefen, die ihm seine Mutter schrieb, wirklich empfand. Es mußte für den aufgeschlossenen, an so vielen Problemen der Welt interessierten jungen Mann bedrückend gewesen sein, wenn seine ferne Mutter ihm nichts anderes mitteilen konnte als Dinge, die völlig belanglos waren. Er mußte erkennen, daß ihm die eigene Mutter so gar nichts zu sagen hatte und ihre Briefe austauschbar waren.
Warum hatte sie eigentlich keine anderen Interessen als Reiten und Pferde, wenn sie sich schon nicht um die Familie kümmerte außer um ihre jüngste Tochter Valerie? Warum kam sie nicht wenigstens den Aufgaben nach, die sie als Kaiserin gehabt hätte? Fragen über Fragen beschäftigten den Sohn, wenn er an die ferne Mutter dachte. Einfach in den Tag hinein zu leben, das war etwas, was Rudolf niemals gutheißen konnte. Elisabeths Interesse an der Politik, als sie sich für den Ausgleich mit Ungarn eingesetzt hatte, war nur wie ein Strohfeuer gewesen. Wahrscheinlich war es sogar weniger die Zukunft der Monarchie gewesen, die ihr am Herzen lag, als vielmehr der Wunsch, die Interessen Ungarns bei ihrem Mann durchzusetzen. Denn sonst wäre es kaum möglich gewesen, daß alles sie grenzenlos langweilte, was mit der Habsburgermonarchie zusammenhing. In ihrem innersten Wesen war sie Republikanerin, wahrscheinlich schon von Jugend auf, obwohl sie natürlich die Privilegien ihres Standes und den damit verbundenen finanziellen Hintergrund bis zur Neige auskostete. Aber selbst in ihrer politisch lethargischen Art fühlte sie, daß die Monarchie schwere Risse bekommen hatte, daß der Untergang vielleicht unmittelbar bevorstand. Einen Großteil ihres Vermögens, das ihr splendider Mann ihr im Laufe des Lebens hatte zukommen las-

sen, deponierte sie ohne Kenntnis des Kaisers auf einer Rothschild-Bank in der Schweiz. Für alle Fälle …

Zweifel am Fortbestand des alten Habsburgerreiches befielen auch Rudolf immer mehr, je intensiver er sich mit der allgemeinen Politik beschäftigte. Wahrscheinlich sah er sich selbst, wenn er an die Zukunft dachte, nicht mehr als Kaiser, höchstens als Präsident oder einfach nur als gewählter Mandatar. Mutter und Sohn hatten die gleichen Gedanken und fanden doch keine gemeinsamen Worte! Es gab keine Gesprächsbasis.

Je älter der Sohn wurde, umso mehr entfernten sich die beiden Menschen, umso starrer wurde die Atmosphäre um sie herum. Elisabeth bemerkte mit großer Mißbilligung, daß ihr Sohn gerade bei den Menschen sich einer besonderen Beliebtheit erfreute, die sie so gar nicht leiden konnte. Die englische Queen Victoria, die von Elisabeth zutiefst brüskiert wurde, als die Kaiserin eine Einladung ohne eine Ausrede einfach ablehnte, war vom Charme, dem Wesen und der Intelligenz des jungen österreichischen Kronprinzen hingerissen, und auch Rudolf bewunderte die diplomatischen und politischen Fähigkeiten sowie die Lebensweisheit der Königin. Er war in London ein gerngesehener Gast, dem man bereitwillig all die technischen Neuerungen und Fabriken zeigte, für die er sich interessierte. Wie aber konnten Rudolf ausgerechnet Hammerwerke und mechanische Webstühle begeistern, wenn es in England die herrlichsten Pferde, die schönsten Jagdparcoure mit den ausgeklügeltsten Hindernissen gab? Elisabeth konnte ihren Sohn nicht verstehen.

Vor allem war es aber die Gesellschaft, die die Mutter in England auf den Parforcejagden umgab, die Rudolf von Grund auf ablehnte. Diese Nichtstuer, die ihre Tage damit verbrachten, hinter der Meute herzuhetzen und sich am Abend beim Jägerlatein zu ergötzen, waren ihm aufs äußerste zuwider. Und als seine Mutter durch indiskrete Bemerkungen seiner Tante Sophie noch dazu mit dem englischen Captain Middleton in enge Verbindung gebrachte wurde, da riß bei Rudolf der Geduldsfaden, und er schnitt den englischen Favoriten seiner Mutter geradezu beleidigend. Elisabeth konnte dem Sohn diese Unhöflichkeit niemals verzeihen. Nicht nur Bay Middleton war vom österreichischen Kronprinzen brüskiert worden, sie selbst empfand Rudolfs Benehmen als Ungeheuerlichkeit.

Als Rudolf 1880 auf Brautschau ging und überraschenderweise um die Hand der blutjungen Prinzessin Stephanie in Brüssel anhielt, da erschien die Mutter in der belgischen Hauptstadt ganz überraschend nur für ein paar Stunden, nachdem sie in London ihrer Hofdame von der Verlobung

ihres Sohnes mit kreidebleichem Gesicht, so als wäre etwas Scheckliches passiert, berichtet hatte. Elisabeth fuhr mit dem Zug nach Brüssel, nicht, um die zukünftige Schwiegertochter herzlich in die Arme zu schließen und sie in der Familie willkommen zu heißen, nein, ihr ganzes Bestreben ging dahin, die unscheinbare, kindliche Braut durch ihre eigene gereifte Schönheit in den Schatten zu stellen. Wie eine Märchenfee entstieg die Kaiserin mit einem bezaubernden Lächeln dem Waggon, das tiefblaue hautenge Samtkostüm unterstrich ihre blendende Figur, und alle, die sie erblickten, übersahen den pummeligen Backfisch, der der zukünftigen Schwiegermutter als Braut vorgestellt werden sollte. Die schöne Kaiserin war der Mittelpunkt der Gesellschaft.
Auch der eigene Sohn konnte sich der allgemeinen Bewunderung für seine schöne Mutter nicht entziehen, und langsam beschlich ihn ein seltsames Gefühl, als er die reizlose Stephanie, die seine Frau werden sollte, neben seiner Mutter stehen sah. Stephanie wirkte wie ein Aschenbrödel. Rudolf wußte zwar, daß es ungerecht war, Vergleiche zu ziehen, aber ob er wollte oder nicht, er bewunderte die Schönheit seiner Mutter ein Leben lang.
Die Kaiserin hatte nur einen kurzen Blick auf Rudolfs Braut geworfen und in diesem Moment den Stab über Stephanie gebrochen. Ein »Trampeltier« hatte sich der Sohn auserwählt; sie konnte Rudolfs Wahl nicht verstehen.
Die Kaiserin verschwendete keinen Gedanken daran, daß im Leben Rudolfs mit Stephanie an seiner Seite sich vieles hätte ändern können, daß er in einer intakten Ehe vielleicht seine innere Zerrissenheit hätte verlieren und Ruhe finden können. Sie war nicht in der Lage, über ihren Schatten zu springen und zu versuchen, der kleinen Belgierin, die keine unbeschwerte Kindheit hinter sich hatte, das neue Leben in Wien zu erleichtern. Wie sehr hatte Stephanie gehofft, sich in Wien wohl zu fühlen. Rudolfs Schwester Valerie, die, natürlich auch von ihrer Mutter beeinflußt, gegen die Schwägerin eingenommen war, schüttete Stephanie einmal das Herz aus. Valerie schrieb in ihrem Tagebuch:
»(Bei einem Lagern im Wald) erzählte Stephanie uns von ihrer Verlobung … Sie ahnte gleich, dass etwas dahintersteckte, als Rudolf nach Brüssel kam, und als er sie verlangte, willigte sie schon den Tag darauf ein, nicht eigentlich aus Liebe, das gestand sie ein, aber sie war noch nicht 16, zuhause furchtbar streng gehalten und die *Aussicht* in eine solche Stellung zu kommen und unabhängig zu sein berückte sie.«
Die Hochzeitsvorbereitungen interessierten Elisabeth herzlich wenig, sie nahm an diesen familiären Dingen kaum Anteil. Außerdem – die Braut

war ganz und gar nicht nach ihrem Geschmack! Die Kaiserin dachte nicht im entferntesten darüber nach, daß es wahrscheinlich kein junges Mädchen auf Gottes Erdboden gegeben hätte, das ihr als Schwiegertochter willkommen gewesen wäre, denn es ist ebenso fraglich, ob sie eine schöne junge Frau neben sich geduldet hätte.

Die Kaiserin ließ es auch zu, daß das junge Paar – so wie sie einst mit Franz Joseph – im düsteren Laxenburger Schloß die Hochzeitsnacht verbringen mußte. Für die vollkommen unwissende Stephanie bedeutete diese Nacht einen Schock. Denn Rudolf war nicht wie sein Vater ein liebevoller Bräutigam, sondern ein verwöhnter Lebemann, den die Unschuld seiner jungen Braut besonders reizte.

Seltsamerweise hätte aber alles noch gutgehen können, zumindest hatte es in den ersten Ehejahren den Anschein. Auch als Stephanie nicht einem ersehnten Sohn das Leben schenkte, sondern »nur« einer Tochter, schien die Welt noch in Ordnung zu sein. Trotzdem veränderte sich Rudolfs Wesen von Monat zu Monat immer mehr, Stephanie übte in ihrer unreifen, geschwätzigen Art auf den Thronfolger keinen günstigen Einfluß aus. All die Freunde, die ihn umgaben und mit denen er nächtelange politische Gespräche führte, sah seine Frau immer häufiger mit scheelen Augen an und versuchte, sie aus dem Hause zu drängen. Was sie damit bewirkte, war, daß sie auch ihren Mann aus den eigenen vier Wänden trieb. So wie in früheren Zeiten zog es ihn bald wieder in die Heurigenlokale, die seine Frau so schrecklich vulgär fand. Er mischte sich unters Volk und fand Trost und Zuspruch in den Armen seiner langjährigen verständnisvollen Geliebten Mizzi Kaspar.

Stephanie aber saß mittlerweile in der kalten Hofburg, alleingelassen inmitten der kaiserlichen Familie, die sie ablehnte, umgeben von der mißgünstigen Wiener Gesellschaft, die, wann immer die Kronprinzessin irgendwo auftauchte, hinter vorgehaltener Hand tuschelte und sich die staunende Frage stellte, wie der vielgeliebte Rudolf ausgerechnet die unattraktive Belgierin hatte heiraten können. Und je mehr Ablehnung die junge Frau verspürte, desto arroganter und zugeknöpfter gebärdete sie sich. Alles aber konnte der leutselige Kronprinz vertragen, nur keine eingebildeten Menschen. Eine Mauer baute sich zwischen den Eheleuten auf, die zu einer Barriere des Schweigens wurde. Die Ehe des Thronfolgers begann in die Brüche zu gehen.

Und anstatt alles zu versuchen, daß die beiden jungen Menschen doch noch eine gemeinsame Basis finden würden, stellte sich die Familie gegen beide. Die Kaiserin schrieb geradezu höhnische Verse in ihrem langen Gedicht: »Familienmahl« über ihren Sohn und dessen Frau:

»Doch nun scheint der Saal besetzt
schon mit allen Gästen;
Nein! es kommen stets zuletzt
Immer noch die Besten.

Dieses Paar, das jetzt erscheint,
Würdig zu beschreiben,
Sterblichen ist es verneint,
Worte aufzutreiben.

Strahlt die Elektricität,
Muss das Gas erbleichen,
Selbst des Ob'rons Majestät
Hier muss sie jetzt weichen.

Es waren keine schmeichelhaften Worte, wenn es auch zunächst den Anschein haben wollte. Denn der Thronfolger und seine Frau waren beileibe kein aufsehenerregendes Paar, kam aber bei allen Gelegenheiten zu spät. Elisabeth konnte sich auch die bissige Bemerkung nicht verkneifen, das Überheblichkeitsgefühl ihres Sohnes allen anderen – auch seinem eigenen Vater – gegenüber, der in Elisabeths Gedichten gewöhnlich als Oberon in Erscheinung tritt, herauszustellen. Denn Rudolf war im Gegensatz zu Franz Joseph ungewöhnlich fortschrittlich eingestellt, liebte alle Neuerungen der Technik, interessierte sich brennend für die Erkenntnisse der Naturwissenschaften und konnte das Desinteresse seines Vaters an all diesen zukunftsweisenden Dingen nicht verstehen.
Die Spannungen innerhalb der Familie des Kronprinzen nahmen weiter zu, und Valerie vermerkte in ihrem Tagebuch beinahe mit Freude, daß Stephanie immer isolierter wurde. Natürlich war die Schwester Rudolfs viel zu jung, um über die Konsequenzen einer zerrütteten Ehe ihres Bruders nachzudenken, sie stand viel zu sehr unter dem Einfluß ihrer Mutter, als daß sie sich eine eigene Meinung hätte bilden können. Und für Elisabeth war das Ende der Ehe ihres Sohnes ohnedies vorprogrammiert gewesen. Stephanie war niemals die Frau, die einen Rudolf halten konnte.
Das Weihnachtsfest 1888 sollte Rudolfs Leben die letzte, entscheidende Wende geben. Schon vorher hatte die Kaiserin ihre Tochter Valerie, die sich mit Franz Salvator in der nächsten Zeit verloben wollte, dem Schutze ihres Sohnes anvertraut. Rudolf hatte ihr schwören müssen, auch nach dem Tod der Eltern gut zu seiner Schwester zu sein. Vielleicht

hatte die Kaiserin die Spannungen zwischen den Geschwistern endlich erkannt, die sie selbst aufgebaut hatte, und fürchtete nun, daß Rudolf Valerie in der Zukunft vergelten wollte, daß sie ihm einst die Mutter weggenommen hatte. Aber unter Tränen schwor der Kronprinz seiner Mutter alle Eide der Welt, daß er stets zum Wohle Valeries handeln wolle. Rudolf hatte einen letzten Versuch unternommen, doch noch das Herz seiner Mutter zu gewinnen, in dem er sie mit seltenen Briefen von Heinrich Heine zum Weihnachtsfest überraschte. Es war das rührende Geschenk eines verzweifelten Menschen.
Aber selbst jetzt hörte die Mutter den Hilferuf des Sohnes nicht, sie bemerkte nicht, daß sich Rudolf in einer ausweglosen Lage befand. Seine Ehe war gescheitert, er selbst war in vielerlei Weise abhängig und süchtig geworden. Champagner in Verbindung mit Cognac, Morphium und Frauen bestimmten sein Leben, in dem er keinen Sinn mehr entdecken konnte. Selbst Stephanie war äußerst beunruhigt und hatte sich spontan entschlossen, den kaiserlichen Schwiegervater um Hilfe zu bitten. Aber Franz Joseph hatte Stephanie kaum zugehört und sie mit ein paar tröstenden Worten abgespeist. Dabei war Rudolfs Zustand kaum mehr zu übersehen. Doch seine Mutter war blind.
Rudolf versuchte ein letztes Mal aus seinem schrecklichen Dilemma herauszukommen. Er hatte seinen Vater gebeten, in die Scheidung seiner Ehe mit Stephanie einzuwilligen. Es war zu einer lautstarken Auseinandersetzung zwischen Vater und Sohn gekommen, in der Franz Joseph nicht nur die Trennung der Ehe seines Sohnes rundheraus ablehnte, sondern dem Kronprinzen auch erklärte, er sei nicht würdig, sein Nachfolger zu werden. Dabei hatte der Kaiser nicht nur die persönlichen Verhältnisse des Sohnes im Auge, auch politisch wäre es unmöglich gewesen, wenn der habsburgische Thronfolger ein geschiedener Mann gewesen wäre.
Der Kaiser hatte gehandelt, wie er es für richtig befunden hatte, er hatte damit dem Sohn einen letzten schweren Schlag versetzt. Von seiner Mutter konnte Rudolf in dieser Lage, in der er dringend Hilfe gebraucht hätte, am allerwenigsten Trost erwarten.
Seine letzten Hoffnungen setzte er auf fremde Menschen. Als er seiner Geliebten Mizzi Kaspar den Vorschlag unterbreitete, mit ihm aus dem Leben zu scheiden, lachte ihm Mizzi zwar etwas gezwungen ins Gesicht, ließ sich aber beim Polizeipräsidenten von Wien melden, um ihm eine wichtige Mitteilung zu machen. Man nahm ihre Aussagen allerdings nicht ernst und fertigte die besorgte Frau ziemlich rüde ab.
Aber Rudolf hatte mehrere Möglichkeiten, um den Weg nach Mayerling

nicht allein gehen zu müssen. Schon vor längerer Zeit hatte sich ein vollerblühter Backfisch schwärmerisch in ihn verliebt, und auch er konnte den ungewöhnlich sinnlichen Reizen Mary Vetseras nicht widerstehen. Sie war die Frau, die ihn in den Tod begleiten sollte.

Rudolfs Abschiedsbriefe, unter denen sich keiner an seine Eltern befand, geben kaum Aufschluß über die wahren Hintergründe der Tragödie, die über das Kaiserhaus hereinbrach. Rudolf hatte mehr getan, als sich zu töten. Das wurde Franz Joseph selbst in seinem ersten Schmerz um den Verlust des einzigen Sohnes sofort klar. Er mußte handeln, bevor es zu spät war. In einem ungewöhnlich langen Telegramm an den Papst schickte der österreichische Kaiser ein Gutachten an den Heiligen Vater, aus dem hervorgehen sollte, daß die konsultierten Ärzte einige Anomalien im Gehirn des Kronprinzen gefunden hatten. Franz Joseph wußte selbst, daß diese medizinischen Abnormitäten nur vorgeschoben waren, um dem österreichischen Thronfolger wenigstens ein christliches Begräbnis zu gewährleisten.

Jetzt, an der Bahre ihres einzigen Sohnes, mußten sich Franz Joseph und Elisabeth eingestehen, daß das Leben Rudolfs in ganz anderen Bahnen hätte verlaufen können, hätten sie als Eltern nicht versagt. Die Schüsse von Mayerling beendeten nicht nur das Leben eines hochbegabten, politisch weitblickenden Mannes, sie waren gleichzeitig die letzten Warnsignale vor der großen Katastrophe, die 1914 ihren Anfang nahm.

Die Kaiserin gab sich – so wie es schon immer ihre Art war – ganz dem Schmerz hin, legte die Trauerkleidung nicht mehr ab, rief stundenlang den Namen Rudolfs und versuchte mit ihm in ihren spiritistischen Sitzungen im Jenseits Kontakt aufzunehmen. Auf diese Weise wollte sie das sühnen, was sie an ihrem einzigen Sohn im Diesseits versäumt hatte.

Er träumte von ihr den unerreichbaren Traum

König Ludwig II. von Bayern

Mit einem Schrei der Verzweiflung warf sich Elisabeth der Länge nach auf den Boden, breitete weit die Arme aus und rief mit lauter Stimme Jehova an, den Gott der Rache, der Gnade und der Weisheit. Dabei schluchzte sie fassungslos, so daß die herbeieilende Valerie glaubte, es sei etwas Fürchterliches passiert oder, noch schlimmer, die Mutter habe den Verstand verloren. Die Kaiserin war zutiefst erschüttert, soeben hatte man ihr die Nachricht vom Tode ihres bayerischen »Vetters«, König Ludwigs II., überbracht. Er sei im Starnberger See ertrunken, so hieß die nüchterne offizielle Version.

Nachdem Elisabeth sich einigermaßen gefaßt hatte, gingen ihr tausend Gedanken durch den Kopf, und sie fragte sich immer wieder, wie es möglich gewesen war, daß der Bayernkönig ganz in der Nähe des Ufers im seichten Wasser des Starnberger Sees ertrinken konnte, er, ein ausgezeichneter Schwimmer! Unfaßbar, unglaublich – unglaubwürdig! Sie hatte Ludwig von Jugend auf gekannt, und sie waren sich, obwohl sie immer nur von Zeit zu Zeit ein paar gemeinsame Stunden verbracht hatten, seltsam nahe durch ihr Wesen. Dennoch hatten beide immer gespürt, daß sie, zwei echte Königskinder, nie hätten zueinander kommen können, wenn auch die Zeit und die politischen Umstände andere gewesen wären. Sie waren in ihrem Inneren zwei Suchende, die sich niemals hätten finden können, zwei Träumer, denen es genügte, daß wohl die Nacht ein Ende hatte, aber der Traum ewig sein würde.

Solange er denken konnte, hatte Ludwig mit glänzenden Augen zu seiner reizenden Cousine aufgeblickt, hatte jeden ihrer Schritte in Possenhofen vom fernen Berg aus, wo die bayerische Königsfamilie oft und gern weilte, verfolgt und war als heranwachsender Jüngling geradezu von schwärmerischer Sehnsucht nach Elisabeth befallen gewesen. Dabei war sie gar nicht seine Cousine, eigentlich seine Tante – oder auch nicht? Sie beide hatten nur einen gemeinsamen Urgroßvater, jenen König Maximilian I. Joseph von Bayern, der durch die Gunst der Stunde von Napoleon als Dank für seine Unterstützung zum König erhoben worden war. Napoleons Stern war zwar bald untergegangen, aber was blieb, war das Königreich Bayern!

Das neue Königreich hätte keinen besseren Stammvater finden können, denn Maximilian I. Joseph zeugte in seinen zwei Ehen immerhin elf Kinder, von denen er die Töchter gut verteilt über ganz Mitteleuropa verheiratete. Betrachtet man aber die näheren verwandtschaftlichen Beziehungen zwischen Kaiserin Elisabeth und König Ludwig II., so tauchen verwirrende Schwierigkeiten auf, denn der Großvater Ludwigs, jener vielbeachtete König Ludwig I., war nicht auch der Großvater Elisabeths, son-

dern nur ihr Stiefonkel, denn ihre Mutter, Ludovika, war eine Stiefschwester dieses Bayernkönigs, der wegen seiner Liaison zu der berüchtigten Tänzerin Lola Montez auf Macht und Thron verzichten mußte.
Bis dahin ist die Ahnenreihe noch halbwegs durchschaubar, dann aber wird die Verwandtschaft kompliziert verwirrend. Denn die Mutter Elisabeths war die Tante von König Maximilian II., dem Vater Ludwigs II., und somit konnte die Kaiserin niemals dessen Cousine sein.
Ludwig II. hatte sich aber kaum den Kopf über diese Art der familiären Beziehungen zerbrochen, es war ihm völlig unwichtig gewesen, ob die schöne, umschwärmte Kaiserin seine Tante oder Großcousine oder was immer man wollte, war. Er spürte, daß es kaum eine Frau auf Gottes Erdboden gab, in deren Gesellschaft er sich so wohl fühlte wie in Sisis. Dabei war es ihm genug, sie nur anzuschauen, zu bewundern, ihr schimmerndes prachtvolles Haar, die ebenmäßigen Züge, die leicht verschleierten Augen, in denen sich oft von einem Moment zum anderen der ganze Weltschmerz widerspiegelte, den er so gut verstehen konnte. Er, der auch sonst nicht unbedingt ein Freund der langen Rede war, verstummte in ihrer Gegenwart vollständig, es genügte ihm, sie wie ein Bild anzubeten, und Elisabeth ging auf diese Art der Verehrung anfangs nur zu gern ein.
Die Zeit der gemeinsam verbrachten Stunden in Possenhofen oder auf der Roseninsel waren lange her. Der bayerische junge König und die schöne Kaiserin hatten auffallend viele Gemeinsamkeiten gehabt, ihre Herzen schlugen beinah im Gleichklang der Gefühle, ihre Sicht der Dinge schien manchmal ident zu sein, und dennoch verspürte Elisabeth, wenn sie Ludwig stundenlang gegenübersaß, etwas Unheimliches in sich aufsteigen, das sie sich nicht erklären konnte. Aus seinen Augen, die weit und breit wegen ihrer Schönheit gerühmt wurden, sprach so viel Unerforschliches, Unergründliches. Und obwohl Elisabeth selbst ihrem Mann, den Kindern, den Verwandten und engsten Vertrauten immer wieder Rätsel aufgab und man sich ihr Verhalten in vielen Situationen nicht erklären konnte, so fiel ihr doch auf, daß Ludwig II. in seinem ganzen Betragen ihr gegenüber mehr als merkwürdig war.
Der König hatte seltsame Gewohnheiten. Kaum hatte er erfahren, daß die Kaiserin ihrer Mutter einen Besuch in Possenhofen abstatten wollte, meldete er sofort seinen Besuch an. Daß er diese Rendezvous meist um Mitternacht ansetzte, überstieg selbst für die manchmal so exzentrische Elisabeth den Rahmen alles Üblichen. Sie hätte vielleicht die ungewöhnliche Zeit noch akzeptiert, hätte man sich angeregt unterhalten können. Kaum aber war der König seiner prunkvollen Kutsche entstiegen und ins

Haus geleitet worden, so bestand er darauf, daß alle anderen Damen, die sich in Possenhofen aufhielten, den Raum verließen und nur Elisabeth ihm Gesellschaft leistete. Er ließ sich auf einer Seite des Tisches nieder und betrachtete die Kaiserin oft stundenlang, ohne auch nur ein einziges Wort zu sprechen. In seinen Augen lag schwärmerische Bewunderung, nicht sinnliches Begehren, wie man es für einen jungen Mann erwartet hätte, dem die Frau seiner Träume endlich greifbar nahe war. Aber sollten banale Worte die heilige Stille entweihen und die Aura rauben, mit der er Elisabeth umgab? Ludwig ahnte dabei freilich nicht, daß die Kaiserin, auch wenn sie seinen Einladungen nachkam, bei diesen »Séancen« doch immer ein kaum zu beschreibendes Gefühl befiel, eine Art Vorahnung. Denn ganz normal konnte der junge König auf keinen Fall sein – bargen seine tiefblauen Augen nicht einen Schimmer von Wahnsinn in sich?

Das Bild Elisabeths verfolgte Ludwig nicht nur in seinen Tagträumen, es beunruhigte, ja quälte ihn während so mancher schlaflosen Nacht. Warum hatte diese Frau ausgerechnet über ihn diese geheimnisvolle Macht, der im allgemeinen so wenig Zugang zu Frauen hatte, und den Frauen nicht besonders interessierten? Warum gerade die Kaiserin von Österreich? Aber er fühlte stets aufs neue, wenn er sie sah, daß ein Funke längst übergesprungen war, der sein Herz entzündet hatte zu einem Feuer, das niemals gelöscht werden konnte.

Nur so konnte er sich selbst erklären, daß er trotz hohen Fiebers von seinem Krankenlager aufgestanden war, bloß um die Kaiserin im Zug zu sehen, als sie über München in die Schweiz reiste. Er hatte es sich nicht nehmen lassen, wenigstens einen Blick von ihr zu erhaschen, zu mehr war Elisabeth nicht bereit, da sie sich vor jeder Ansteckung panisch fürchtete. Er war wie ein schmachtender Jüngling am Bahnhof gestanden und hatte die Kaiserin von ferne gesehen, ihr sonst freundlicher Blick war leicht getrübt, vielleicht war sie immer noch nicht über die Tatsache hinweggekommen, daß er sich nicht hatte entschließen können, ihre Schwester Sophie zu heiraten.

Sophie – ein eigenes Kapitel in Ludwigs Leben hatte mit ihr begonnen und war mit ihr beendet worden! Es war eine absurde Idee gewesen, den Plan zu entwickeln, daß er heiraten und eine Familie gründen sollte. Schon in seiner Jugendzeit hatte er nicht wie andere junge Männer die Sehnsucht nach einem weiblichen Wesen empfunden, hatte sich in seinen Träumen nicht nach der Wärme eines Mädchenkörpers gesehnt, hatte sich nicht ausgemalt, wie es sein würde, eine Frau in den Armen zu halten. Scheu war er bei jeder Begegnung einen Schritt zurückgegangen,

ja beinahe zurückgewichen, um nur ja jegliche Berührung zu vermeiden. Er begnügte sich mit einem geheimnisvollen Kopfnicken, manchmal auch mit einem unergründlichen Blick aus seinen strahlend blauen Augen, den so manches schöne Kind völlig falsch auffaßte.
Wie hätte es auch anders sein können! Ludwig II. war ein Bild von einem Jüngling mit seinem dichten schwarzen lockigen Haar, seiner hochragenden schlanken Gestalt, an der die langen Beine besonders auffielen und den leuchtend blauen Augen. Und als er mit 18 Jahren nach dem plötzlichen Tod seines Vaters völlig unerwartet den Thron bestieg, da stand ein König aus dem Märchenbuch vor dem bayerischen Volk, wie es nirgendwo einen schöneren weit und breit gab oder je gegeben hatte.
Es war ihm nicht schwer geworden, die Herzen seines Volkes zu erobern. Der Vater, Maximilian II., war ein hochgelehrter Mann gewesen, hatte an verschiedenen Universitäten studiert und huldigte im Gegensatz zu seinem populären Vater, König Ludwig I., nicht den schönen Künsten und bezaubernden Frauen, sondern setzte sich mit den ernsten Problemen und Sorgen seines Volkes auseinander und versuchte, Experten zu finden, die halfen die materielle Not der einfachen Menschen zu lindern. Er umgab sich mit hochrangigen Wissenschaftlern, aber auch Dichter und Maler fehlten nicht in seinem Umkreis. So hielt er regelmäßig sogenannte Symposien ab, das waren abendliche Veranstaltungen, bei denen zu seiner Rechten der berühmte Chemiker Justus von Liebig seinen Platz hatte und auf der anderen Seite der neuromantische Dichter Emanuel Geibel. Es ging gelehrt her bei diesen Sitzungen, heftige Diskussionen bestimmten den Verlauf des Abends, und wenn man auch stundenlang geteilter oder anderer Meinung war, so achtete doch der König streng darauf, daß man sich beim anschließenden Leberkäsessen in aller Freundschaft wieder die Hand reichte.
Maximilian II. spendete für sein Volk und natürlich besonders für die Armen im Lande auch aus seiner Privatschatulle, er unterstützte alle Vereinigungen, die sich zum Ziel gesetzt hatten, die Not zu lindern und vor allem den Kindern einmal ein besseres Leben zu ermöglichen. Als die neue sozialistische Partei auch in Bayern Fuß faßte, griff der König tief in seine Taschen und überwies dieser umstrittenen Gruppierung so manche schöne Summe – eine Groteske in der Geschichte! Der König von Bayern – ein Mäzen der Sozialisten!
Maximilian II. war ein korrekter, wenn auch etwas trockener Mensch gewesen, vielleicht hatte er deshalb auch so wenig innere Beziehung zu seinen beiden so anders gearteten Söhnen Ludwig und Otto. Er wäre der

Typus eines preußischen Königs gewesen, wäre er nicht in Bayern geboren. Aus Preußen stammte auch seine Frau, Marie von Preußen, mit der er eine gute Ehe führte. Und was niemand in Bayern für möglich gehalten hatte, die »Preußin« Marie war schon nach kurzer Zeit in München überaus beliebt, für sie empfanden ihre Untertanen wesentlich mehr Sympathie als für ihren Ehemann, den bayerischen König, der es überall vermied, Bayerisch zu sprechen und sich lieber des Hochdeutschen bediente. Die schöne junge Königin gab sich auch sehr volkstümlich, stieg in kurzem Lodenkleid auf die Berge der Umgebung und hatte für jeden, den sie traf, ein freundliches Wort.
Als die beiden Söhne Ludwig und Otto geboren wurden, freute sich ganz Bayern mit dem Königspaar, und niemand erahnte die schweren Schatten, die von den Vorfahren der preußischen Königin herüberwehten. Man hatte zwar von den geistigen Abnormitäten in der Familie vor Generationen gehört, maß ihnen aber keine weitere Beachtung bei. Der König und die Königin von Bayern sahen nicht, welche Gefahr ihren Thron bedrohte.
Hätte Kaiserin Elisabeth die genauen verwandtschaftlichen Verknüpfungen Ludwigs gekannt oder hätte sie sich die Mühe gemacht, über die familiäre Situation nachzuforschen, hätte sie sehr bald herausgefunden, daß sie selbst mit diesen mütterlichen Vorfahren des bayerischen Königs nicht blutsverwandt war. Von dieser Seite drohte ihrer geistigen Gesundheit keine Gefahr. Allerdings gab es auch in ihrer weiteren Familie so manchen seltsamen Ahnen. Der Vater ihres Vaters, also ihr eigener Großvater, Herzog Pius, war ein von Kindheit an verkrüppelter Mensch, der seine Mitmenschen nicht nur durch sein Äußeres schockierte, sondern auch durch seine wilden Eskapaden in Schrecken versetzte. Er wurde als Herzog in Bayern – und das hieß in der damaligen Zeit viel – von der Polizei nicht nur festgenommen, sondern sogar hinter Schloß und Riegel gesetzt. Herzog Pius konnte von einem Augenblick zum anderen in tiefste Melancholie verfallen. Schon bald zog er sich in die völlige Isolation zurück und beendete sein Leben als Eremit.
König Maximilian II. erkrankte plötzlich und starb 1864 gleichsam von heute auf morgen, wobei die Ärzte als Todesursache Rotlauf in den Totenschein schrieben. Da der König so unerwartet verschieden war, konnte es nicht ausbleiben, daß schon sehr bald im Volk gemunkelt wurde, der Monarch wäre vergiftet worden. Und wer hätte in Bayern so eine Tat nur begehen können? Natürlich nur einer der von ihm so sehr geliebten Preußen!
Von einem Tag auf den anderen war der schwärmerische ältere Sohn, Ludwig, König von Bayern geworden. Und der war in keiner Weise auf

das plötzliche Amt und die schwere Bürde des Herrschens vorbereitet. Bis jetzt hatte er sich ganz seinen persönlichen Neigungen beinahe ohne Maß und Ziel hingeben können. Seine unumschränkte Liebe galt der Dichtkunst. In tagelangen Träumereien fühlte er nach, was Friedrich Schiller empfunden haben mußte, als er sein Trauerspiel »Kabale und Liebe« zu Papier gebracht hatte, der Schmerz übermannte den jungen Prinzen jedesmal aufs neue, wenn er im Theater saß und zusah, wie die verhängnisvolle vergiftete Limonade kredenzt wurde. Er hätte schreien können und deklamierte laut die Schillerschen Jamben mit, so daß die Augen der Zuschauer nicht auf die Bühne, sondern auf den jungen Prinzen gerichtet waren. Wie sehr bewegte ihn all dies, die Realität jedoch war fern. Der Vater führte den Staat, und er versank in seine eigene Welt. Mit einem Paukenschlag war er geweckt worden und hatte sich einer Aufgabe gegenüber gesehen, der er kaum gewachsen schien, noch dazu, wo sich die politische Situation nicht nur in Preußen und Österreich, sondern auch in Bayern ganz plötzlich verschärfte. Mit Schaudern sah er dem entgegen, was auf ihn zukam; weitreichende Entscheidungen würden in den nächsten Monaten von ihm verlangt werden, von ihm, einem jungen Mann, der politisch bis jetzt völlig orientierungslos war. Alles, was er dringend brauchte, waren Vertraute, waren Freunde, Menschen, auf die er sich verlassen konnte.

Daß die Kaiserin von Österreich auf seiner Seite stand, das wußte Ludwig, ihre guten Beziehungen schienen ihm wie Kapital zu sein. Daß er allerdings dadurch in politischer Hinsicht auch in einen gewissen Zugzwang kommen würde, war unausbleiblich, vor allem, da sich die Gegensätze zwischen Preußen, das ein ausgesprochenes Großmachtstreben unter der Führung Bismarcks an den Tag legte, und der Habsburgermonarchie verschärften. Pro forma stritt man sich um die beiden unbedeutenden kleinen Länder hoch im Norden, um Schleswig und Holstein, in Wirklichkeit aber sah Preußen die Stunde für gekommen, den Einfluß Österreichs aus den deutschen Landen vollständig zu tilgen und selbst zur Großmacht unter einem Kaiser aufzusteigen. Wo sollte der bayerische König stehen, wohin konnte und wollte er sich wenden? Noch dazu, wo ihm kaum eine Wahl gelassen wurde, da Bismarck kein Hehl daraus machte, die einzelnen deutschen Staaten unter der Führung Preußens zu vereinigen oder ihnen höchstens einen gewissen Freiraum zuzubilligen.

Die Stunde der Entscheidung würde fallen, das sah selbst Ludwig mit seinen träumerischen Augen. Und wie würde Elisabeth bei all dem reagieren?

Aber noch war es nicht soweit, noch zelebrierte er sein junges Königtum wie ein König in einem Theaterstück. Das bayerische Volk war begeistert von dem jungen schönen Herrscher, der mit seiner Gestalt von 1,92 Metern schon körperlich alle überragte und der so auftrat, wie man sich einen echten König vorstellte, mit Stiefeln und Wams, mit Orden und Hermelin. Wie ein Schauspieler, der die Rolle des Königs übernommen hatte, ritt er hoch zu Roß durch die Straßen Münchens und genoß die Huldigungen der einfachen Menschen, die von »ihrem schönen Kini« hingerissen waren.
Die Minister, die Ludwig mit Ausnahme seines neuen Ministerpräsidenten von der Pfordten von seinem Vater übernommen hatte, waren dagegen bald anderer Meinung. Anfangs waren auch sie überrascht von dem Eifer, mit dem sich Ludwig auf seine neue Aufgabe stürzte. Er schien all das nachholen zu wollen, was er an Bildung und Wissen in seinen Jugendjahren versäumt hatte. Denn die Eltern hatten sich nicht besonders mit ihm und seinem jüngeren Bruder Otto beschäftigt, man hatte Erzieher und Lehrer gesucht, die den Knaben eine eher spärliche Grundausbildung vermittelten, so daß der österreichische Gesandte nach Wien berichtete, der junge König verfüge nur über ein äußerst lückenhaftes Wissen, kaum mehr als ein Volksschüler. Dem Vater war der Sohn eher gleichgültig gewesen, vor allem, als Maximilian II. erkannt hatte, daß der Knabe schwärmerische Ansichten vertrat, mit denen er, der Realist, niemals hatte etwas anfangen können.
Völlig unerfahren, ohne Interesse an der Politik hatte Ludwig mit 18 Jahren den Thron bestiegen. Dazu kam, daß er keinen Funken politischen Talentes hatte, nicht den geringsten Spürsinn für kluge Berater und politische Lehrer. Er verstieg sich in grenzenlose Selbstherrlichkeit. In seiner Verblendung glaubte er, alles zu wissen und alle Entscheidungen selbst treffen zu können, und bedachte nicht, daß Bayern kein absolutes Königtum besaß, wie seinerzeit Frankreich zur Zeit Ludwigs XIV. Mit dem Sonnenkönig verglich er sich liebend gern und beschloß, sich Schlösser errichten zu lassen, die ganz dem Stil eines absoluten Monarchen entsprachen.
Schon bald schlug die Sympathie für den jungen König um. Hatte man vor kurzem verschiedene Handlungen noch aus vollem Halse gepriesen, z. B. als bekannt wurde, daß der König ein Sofa für einen älteren wacheschiebenden Soldaten hatte herbeischaffen lassen, als dieser mit dem Stehen Schwierigkeiten hatte, so vermied man jetzt, derartige Eskapaden überzubewerten, da man rasch merkte, daß sie nicht echtem Mitempfinden entsprungen waren, sondern eher das spleenige Wesen des Königs

charakterisierten. Der König war seltsam, über diese Tatsache konnte bald keiner mehr hinwegsehen. Eigenwillig in seinem Verhalten gebärdete er sich sprunghaft; er war keinen guten Ratschlägen zugänglich und verhielt sich nicht nur seinen Untertanen gegenüber äußerst launisch, auch seine Vorstellungen speziell in der Außenpolitik waren in vielerlei Hinsicht bedenklich. Sein Gesichtskreis reichte nicht über Schloß Hohenschwangau, wo schon sein Vater gerne und oft geweilt hatte, und über Schloß Berg am Starnberger See hinaus. Die Reise nach Kissingen, die er im Jahre 1865 unternahm, galt wahrscheinlich mehr einem Wiedersehen mit Kaiserin Elisabeth als einer politischen Debatte mit ihrem Mann, Kaiser Franz Joseph, dem Ludwig ohnedies nie ganz geheuer war.

Die Tage von Kissingen wurden von Ludwig geradezu zelebriert, denn neben dem österreichischen Kaiserpaar suchten auch der russische Zar und seine Gemahlin Erholung und freundschaftliche Gespräche in der nordbayerischen Kurstadt. Ludwig war sich seiner Rolle voll bewußt, die er vor den beiden Herrschern und ihren Frauen zu spielen hatte. Theatralisch erschien er einmal in der Uniform eines russischen Generals, um am nächsten Tag die Gäste aus Wien in einer österreichischen Uniform zu überraschen. Die Damen, vor allem die russische Zarin Marie, waren von dem schönen bayerischen König hingerissen, aber auch Elisabeth blickte mit Stolz auf ihren umschwärmten »Cousin«. Die beiden Kaiser sahen in Ludwig II. allerdings eher einen Operettenkönig, man konnte ihn und seine Ideen einfach nicht für voll nehmen. In dieser politisch so schwierigen Zeit, in der Preußen eine gefährlich drohende Haltung einnahm, hätte man sich ernsthaft mit dem bayerischen König beratschlagen wollen. Aber der ließ sich lieber von den Damen bewundern und umschwärmen, begleitete sie galant auf ihren Spaziergängen und genoß die platonische Zuneigung sowohl Elisabeths als auch der schönen jungen Zarin.

Das war es, was er wollte, was er suchte: Schöne Frauen, die ihn wie einen Schwanenkönig, wie einen Lohengrin verehrten und denen er entfliehen konnte, wenn eine auf die Idee verfiel, die verhängnisvolle Frage zu stellen. Er begehrte keine irdische Frau, er wollte der Minnesänger sein, der ewige Verehrer und Anbeter, der aus der Einsamkeit kam und in die Einsamkeit verschwand.

Ludwig II. saß noch keine zwei Jahre auf dem Königsthron, als er begann, sich von aller Welt, vor allem aus München, zurückzuziehen. Sollten seine Minister die politischen Aufgaben erfüllen, sollten sie Politik machen, wie sie es für richtig hielten, er hatte kein Interesse mehr daran. Das Leben war kurz, und er wollte seine ganze Kraft den Dingen wid-

men, die ihn interessierten. Und das war vor allem Richard Wagner und seine Musik.
Er hatte Wagner überall suchen lassen, nachdem er schon mit 15 Jahren Wagners Lohengrin gehört hatte und seit dieser Zeit in seinen Tagträumen zum Schwanenritter geworden war. Es war nicht leicht, den Dichter und Komponisten aufzuspüren, der ständig auf der Flucht vor seinen Gläubigern war, denn wo immer Wagner sich aufhielt, hinterließ er einen Berg von Schulden.
All dies war Ludwig II. natürlich auch bekannt, aber es störte ihn nicht im geringsten. Er wollte dem Meister alles bieten, was dieser zur Vollendung des »Ringes des Nibelungen« brauchen würde. Mit Tränen in den Augen hatte Ludwig die Textdichtung des gewaltigen Werkes gelesen, und mit seiner Hilfe sollte der Meister dieses Kunstwerk in Musik setzen. Dabei war der junge König keineswegs besonders musikalisch, und seine Lehrer, die ihn in die Welt der Musik einführen sollten, waren heilfroh, als die Instruktionen mangels Interesse von seiten Ludwigs abgebrochen wurden. Aber zu Wagner zog es Ludwig mit aller Macht. Und diese seltsame Freundschaft hätte ihm beinahe den Thron gekostet, die Liebe seines Volkes verlor er durch sie ohnehin sehr rasch. Denn Wagner war ein Glücksritter, wenn es um sein persönliches Wohl ging. Er hatte sehr bald die leidenschaftliche Neigung des jungen Monarchen erkannt und bemerkt, daß er von dem schwärmerischen jungen König haben konnte, was immer sein Herz begehrte. Und er war unersättlich in seinen Forderungen, ohne Maß und Ziel verlangte er von Ludwig große Summen Geldes, und der König ließ sie ihm großzügigst zukommen.
Ludwig II. hatte nie ein Hehl daraus gemacht, daß er zu München mit seiner urtümlichen Bevölkerung, die das Herz am rechten Fleck hatte, keine echte Beziehung aufbauen konnte. Er mied die Stadt, wo es nur ging, und verweilte mißmutig, wenn er gar nicht anders konnte, höchstens ein paar Tage in der Residenz. Jetzt aber war er beinahe heimlich nach München gekommen, nicht, um sich um die dringenden politischen Angelegenheiten zu kümmern, sondern um im Schatten der Nacht die Oper aufzusuchen. Abend für Abend saß er hingerissen an der Seite Richard Wagners, um wie in Trance dessen neuesten Tonschöpfungen zu lauschen. Hatte man vieles von dem, was der König unternahm, toleriert, so ging die Vorrangstellung, die der König dem unbeliebten Sachsen einräumte, entschieden zu weit. Wohin würde es führen, wenn Bayern die exorbitanten finanziellen Forderungen Wagners erfüllte? Es würde sicherlich nicht beim Festspielhaus in München bleiben, das am Gasteig nach Plänen Wagners gebaut werden sollte. München und die bayerische

Regierung wurden in den Plänen, die beide, der König und der Komponist, schmiedeten, beinahe vollständig übergangen.
Wagner merkte nicht, daß er allmählich den Bogen überspannte. Denn er konnte auf die Dauer nicht nur seine Geldgier nicht bezähmen, er versuchte auch Einfluß auf die bayerische Politik zu nehmen. Ludwig II., der dem Meister und dessen Werk blind verfallen war, unterschrieb beinahe alles, was ihm der Freund vorschlug. Es war Richard Wagner gewesen, der dem König geraten hatte, seinen bewährten Ministerpräsidenten von der Pfordten ohne ersichtlichen Grund zu entlassen. Chlodwig Schillingsfürst-Hohenlohe, dessen Nachfolger, erfreute sich der Gunst des Meisters, von ihm erhoffte sich Wagner Hilfe bei der Finanzierung seiner gewaltigen Vorhaben.
Doch die Entlassung von der Pfordtens brachte das Faß zum Überlaufen. Allmählich war es allen klar geworden, denen das Wohl des Staates am Herzen lag, daß alles unternommen werden mußte, um den diabolischen Sachsen, diesen unheilvollen Einflüsterer des Königs, des Landes zu verweisen. Auch wenn dem schönen Ludwig dabei dasHerz brechen sollte.
Man übte Druck auf den König aus, und Ludwig blieb nichts anderes übrig, als diesen schweren Schritt zu tun und seinem »einzig geliebten« Wagner gleichsam den Abschiedsbrief zu schicken.
Der Meister ging zornbebend und ließ einen gebrochenen jungen Mann zurück, der sich in seinem Schmerz in die Einsamkeit der Berge zurückzog und die Ungerechtigkeit der Welt beklagte. Der König hatte es nicht verstanden, sich schon frühzeitig wahre Freunde zu schaffen, die es ehrlich mit ihm meinten, denn durch sein wechselhaftes, sprunghaftes Wesen stieß er immer wieder die Menschen vor den Kopf, die eine echte Zuneigung zu ihm verspürten. Er war sich darin seiner angebeteten »Cousine« in Wien, der Kaiserin Elisabeth, sehr ähnlich. Wie sie konnte er unendlich liebenswürdig und charmant sein, ein amüsanter Unterhalter, dem die Herzen zuflogen, um im nächsten Augenblick mit beleidigenden Ausdrücken um sich zu werfen und seine Gesprächspartner zu brüskieren. Und niemand war natürlich befugt, sowohl den König als auch die Kaiserin ob ihres seltsamen Benehmens in die Schranken zu weisen. Beide lebten ohne Rücksicht auf andere ihre Neigungen aus.
Ludwig war – genauso wie Elisabeth – ein Einzelgänger. Wahrscheinlich war dies mit der Grund, warum beide einander so gut verstehen konnten. Er hatte weder Frau noch Kinder und auch keinerlei Absicht, eine Familie zu gründen, und sie bedauerte ihre frühe Eheschließung, wie aus ihren eigenen Worten hervorging, ein Leben lang.
Ludwigs »Affäre« mit der Schwester Elisabeths hatte ihm genügend

schlaflose Nächte gekostet. Ganz überraschend hatte er sich mit Sophie verlobt, obwohl die schöne Schwester der Kaiserin nicht die geringste sinnliche Ausstrahlung auf ihn ausübte. Aber sie war immerhin die Schwester Elisabeths, und vielleicht war dies der Grund, warum er sich auf seine Weise zu diesem jungen Mädchen doch hingezogen gefühlt hatte. Sophie hatte sich geschmeichelt gefühlt, daß der vielbewunderte, schöne König von Bayern um ihre Hand angehalten hatte, mußte aber schon bald bemerken, daß Ludwig jedweder engeren körperlichen Berührung beinahe peinlichst aus dem Wege ging. Wie stellte er sich eigentlich eine Ehe vor? Mit schwärmerischem Blick nannte er sie »Elsa«, und die junge Braut mußte ihrem »Heinrich« stundenlang Arien aus den Opern seines geliebten Freundes Richard Wagner vorsingen. Sophie tat dies gern, sie hatte eine schöne Stimme, und so verbrachte man anregende Nachmittage miteinander, wobei man sich schließlich wie Bruder und Schwester mit einem Kuß auf die Stirn verabschiedete. Trotz all dieser Seltsamkeiten wurde der Hochzeitstermin festgelegt, obwohl der Bräutigam keinen Funken Leidenschaft für seine junge Braut entwickelte. Niemand war je Zeuge eines heimlichen Kusses oder einer schnellen Umarmung geworden, und auch Elisabeth hatte im fernen Wien kein allzu gutes Gefühl für die Zukunft ihrer Schwester, wenn sie in Sophies Briefen las, daß Ludwig wieder ganz seine Rolle als Lohengrin gespielt hatte, der nur ungeduldig darauf wartete, endlich mit seinem Schwan zu entfliehen.
Er mußte sich nicht allzu lange gedulden, denn auch der Familie, der Mutter Ludovika und selbst dem Vater Max, der sich nicht allzuviel um familiäre Angelegenheiten kümmerte, war das mehr als merkwürdige Verhalten des Bräutigams verdächtig. Herzog Max in Bayern fackelte nicht lang. Er schickte einen Brief an seinen vorgesehenen Schwiegersohn und forderte ihn auf, sich endlich klar zu entscheiden und die Karten offen auf den Tisch zu legen. Sollte die Hochzeit nicht im November, zum vereinbarten Termin, stattfinden, so würde die Familie das Jawort zurücknehmen.
Etwas Besseres konnte sich Ludwig nicht erträumen, war er sich doch seit der Verlobung wie in einem Netz gefangen vorgekommen, aus dem er keinen Ausweg sah. Jetzt konnte der Vogel endlich wieder frei fliegen. Mit wahrer Begeisterung löste er alle Versprechungen und versicherte Sophie, seiner »geliebten Elsa«, daß er sie »wie eine theure Schwester« liebe, »daß nach wie vor meine treue, innige Bruderliebe zu Dir tief in meiner Seele wurzelt, nicht aber die Liebe, die zur Vereinigung in der Ehe erforderlich ist«. Und in sein Tagebuch schrieb er:
»Sophie abgeschrieben. Das düstere Bild verweht; nach Freiheit dürstet mich, nach Aufleben von qualvollem Alb.«

Es war ein Glück für die junge, schöne Sophie, daß sie nicht die Ringe mit dem bayerischen König getauscht hatte, sondern daß schon nach kurzer Zeit der männlich-attraktive Herzog von Alençon sie zum Altare führte. So wurde auch die Brüskierung der herzoglichen Familie durch Ludwig II. nicht allzu tragisch genommen, obwohl gerade Elisabeth über das Verhalten des »Vetters« empört war. Während seiner Verlobungszeit hatte Ludwig der Kaiserin noch feurigere Briefe geschrieben, so als sei er nicht mit der Schwester, sondern mit Elisabeth im fernen Wien verlobt. Und obwohl die Kaiserin den Bayernkönig so gut kannte und sicherlich auch seine homoerotischen Neigungen erahnen mußte, schrieb sie an ihre Mutter: »Wie sehr ich über den König empört bin und der Kaiser auch, kannst Du Dir vorstellen. Es gibt keinen Ausdruck für ein solches Benehmen. Ich begreife nur nicht, wie er sich wieder sehen lassen kann in München, nach allem, was vorgefallen ist. Ich bin nur froh, daß Sophie es so nimmt, glücklich hätte sie weiß Gott mit so einem Mann nicht werden können.«

Was wirklich um ihn herum geschah, bewegte Ludwig nicht, darüber verschwendete er wenig Gedanken. Daß Elisabeth die geplatzte Verlobung so tragisch nahm, betrübte ihn nur vorübergehend, sie würden sich schon wieder aussöhnen, dessen war er sicher. Auch die herzogliche Familie in Possenhofen würde ihm auf die Dauer nicht feindlich gesinnt sein, er würde sich einfach einmal zu Besuch ansagen und die Sache bereinigen.

Die Versöhnung mit der herzoglichen Familie kam früher, als der König erhoffen konnte. Von Schloß Berg aus unternahm Ludwig eines Tages einen schnellen Ritt, hatte dazu aber nicht das richtige Pferd gewählt. Das Tier warf den Reiter in hohem Bogen ab, und der König landete wie durch ein Wunder unverletzt im Straßengraben. Ein Bauer, der mit einem klapprigen Ochsenkarren zufällig vorbeikam, bemerkte mit Erstaunen den von Kopf bis Fuß staubigen König in seinen zerrissenen Kleidern und bot ihm devot an, ihn mitzunehmen. Kaum saß Ludwig auf den Strohballen des Ochsenwagens, als zwei elegante Equipagen langsam vorüberfuhren. Eine der Damen, die neugierig aus dem Fenster schaute, erkannte den König von Bayern, und mit großem Hallo wurde Ludwig von den Possenhofnern begrüßt und in deren Wagen gebeten. Die Komik dieser Situation hatte den Bann gebrochen.

Possenhofen, von der ganzen großen Familie liebevoll »Possi« genannt, war für den König von Bayern eine Oase des Friedens, genauso wie für Elisabeth, die immer dann, wenn sie nicht weiter wußte, Zuflucht bei ihrer verständnisvollen Mutter suchte. Ludwig II. erschien hier – wie ein Theaterkönig – meist in irgendeiner Verkleidung, am liebsten in öster-

reichischer Uniform, an der aber immer irgend etwas falsch angebracht war, ob es sich nun um den Stephansorden oder um einen Tschako handelte, zu dem er einen Schirm trug. Es schien geradezu eine Marotte des Königs zu sein, durch unvorschriftsmäßige Kleidung noch zusätzliches Aufsehen zu erregen. Ludwig II. war zeit seines Lebens Zivilist, obwohl er von seinem Status her der Oberbefehlshaber der bayerischen Armee war. Die bayerische Uniform legte er jedoch nur dann an, wenn es unbedingt notwendig war und er in Zivilkleidung gar zu unangebracht adjustiert gewesen wäre.
Elisabeth war aus tiefstem Herzen Pazifistin und konnte daher ihren Mann, der von Kindheit an ein begeisterter Soldat war und fast immer Uniform trug, nie verstehen. Natürlich erkannte auch sie, daß die politische Stellung, die Österreich-Ungarn in dieser Zeit in Europa innehatte, eine völlig andere war als die des Kleinstaates Bayern. Ihr »Vetter« Ludwig konnte daher fast alles tun und lassen, ohne dem Staat ernsthaften Schaden zuzufügen. Aber daß der bayerische König es sich leisten konnte, den Weggang Richard Wagners mehr zu bedauern als den verlorenen Krieg von 1866, das zu verstehen fiel selbst der politisch uninteressierten Kaiserin nicht ganz leicht. Ludwig ließ sich durch die Politik kaum beirren, und sollte Bismarck seine Hände nach Bayern ausstrecken, würde er einfach abdanken.
Aber noch konnte er seine königliche Huld den Menschen schenken, die er für würdig hielt oder die er liebte. Und das waren vor allem Stallburschen und Männer, die von ihm abhängig waren. Er überhäufte sie mit Geschenken, um sie im nächsten Moment wie Sklaven zu behandeln. Auf Grund seiner geistigen Veranlagung, seines völlig unausgeglichenen Wesens konnte er sich denjenigen gegenüber, die er liebte, wahrscheinlich auch gar nicht anders verhalten. Obwohl er sich zu seinem Stallmeister Richard Hornig in tiefer Freundschaft hingezogen fühlte und ihm seine geheimsten Gedanken anvertraute, demütigte er Hornig manchmal in aller Öffentlichkeit, rief ihm banale Befehle zu, die der Stallmeister dann, unter dem Gelächter der Anwesenden, auszuführen hatte. Wenn Hornig sich dann mit zornig beleidigtem Gesicht von Ludwig abwandte, überfiel den König tiefste Reue, und er versprach seinem Stallmeister alles mögliche, um ihn bei Laune zu halten. Hatte man sich dann – vor allem durch die Geschenke des Königs – wieder ausgesöhnt, konnte es sein, daß Ludwig eine Spazierfahrt im Schlitten am Starnberger See entlang unternahm, wo dann bei eisiger Kälte der eben erst versöhnte Richard Hornig hinter dem Schlitten herlaufen mußte, um dem König von Zeit zu Zeit eine Orange zu schälen oder ihm die wärmende Hermelindecke zurechtzuziehen.

Es war nicht unbedingt Gegenliebe, die Hornig seinem exaltierten Herrn entgegenbrachte, er ertrug dessen Launen vielmehr zähneknirschend. Er wußte um den Lohn seiner Willfährigkeit, denn Ludwig schenkte ihm nicht nur eine Villa am Starnberger See, sondern weihte ihn auch in alle politischen Angelegenheiten ein und hörte auf Hornigs Rat. Natürlich zeigten sich die engsten politischen Mitarbeiter des König erbittert über diesen inkompetenten Einflüsterer und rieben sich jedesmal aufs neue die Hände, wenn der »edle, gute Richard« in Ungnade fiel. Sie freuten sich aber beinahe immer zu früh, denn Ludwig hielt es nie lange ohne den geliebten Freund aus und verstieß ihn erst endgültig 1885, als sich Hornig zum allgemeinen Erstaunen eine Frau genommen hatte.
Die homosexuellen Neigungen des Königs wurden im Lande sorgsamst geheimgehalten, und noch in späterer Zeit flüsterte man höchstens hinter vorgehaltener Hand über die intimen Freunde Ludwigs II. Im vorigen Jahrhundert, in einem Zeitalter der Prüderie, in dem es verpönt war, über die natürlichsten menschlichen Bedürfnisse ein Wort zu verlieren und körperliche Liebe ausschließlich in der Ehe stattzufinden hatte, waren gleichgeschlechtliche Beziehungen unter strengste Strafen gestellt. Dazu kamen die seelischen Qualen, denen ein gläubiger Christ ausgesetzt war, denn schon die lüsternen Gedanken, die den König von Zeit zu Zeit befielen, empfand er als Sünde gegen das sechste Gebot. Er konnte mit niemandem über diese gewaltigen Probleme, die ihn oft Tag und Nacht bedrückten, sprechen. Sein Tagebuch wurde geradezu sein Beichtzettel, wo er, von tiefem Schuldgefühl bedrückt, immer aufs neue den Vorsatz faßt, sich nie mehr seinen Trieben zu überlassen. So schrieb er im Dezember 1869: »Verflucht sei ich u. meine Ideale, wenn ich noch fallen sollte Gott sei Dank, es ist nicht mehr möglich denn es schützt mich Gottes heiliger Wille, des Königs erhabenes Wort! – nur psychische Liebe allein ist gestattet die sinnliche dagegen verflucht. Ich rufe feierlich Anathema über sie aus …« Aber je mehr er über diese unglückliche Veranlagung nachdachte, umso mehr wurde er von ihr gequält. Denn alle Vorsätze nützten nichts: »Hier gilt kein ›car tel est notre bon plaisir‹ [denn dies ist unser angenehmes Vergnügen] … Keine heftige Bewegung, nicht zu viel Wasser, Ruhe … Nicht mehr im Januar, nicht im Februar, überhaupt ist das Ganze so viel als nur irgend *möglich* abzugewöhnen … Keine nutzlosen, kalten Waschungen mehr … Weihwasser … Hände *kein einziges* Mal mehr hinab, bei schwerer Strafe …«, vertraute er seinem Tagebuch an. Und am 29. Juni schloß er seine Eintragungen mit einem Postskriptum:
»Feierlicher Schwur vor dem Bilde des großen Königs während 3 Mona-

ten Enthaltung jeglicher Aufregung ... Es ist nicht gestattet Sich mehr, als auf 1½ Schritte zu nähern.«
Um diese Vorsätze auch durchhalten zu können, leistete der König manchmal sogar einen heiligen Eid, da er seine schwache menschliche Natur kannte und fürchtete. Denn der Freund war jederzeit erreichbar und willens, wenn den König die Begierde überkam.
Am 6. März 1872 unterschrieb auch Richard Hornig die vorübergehende Verzichtserklärung des Königs: »Bei unserer Freundschaft sei es geschworen, *auf gar keinen Fall mehr* vor dem 3ten Juni ... Gerade 2 Monate bevor es 5 Jahre sind, daß wir uns an jenem seligen 6ten Maitag 1867 kennenlernten, um uns nie mehr zu trennen, und nie von einander zu lassen bis zum Tode.«
Trotz der langjährigen Beziehung des Königs zu seinem Stallmeister fiel das begehrliche Auge Ludwigs auch auf andere Männer. Es waren vor allem Reitburschen, aber auch etablierte Herren der Gesellschaft, die die Gunst der Stunde nutzten, um auf gewisse Weise Karriere zu machen. Freilich waren dies oft sehr zielstrebige junge Leute, die, hatten sie erreicht, was sie wollten, den König von heute auf morgen brüskierten und verletzten, indem sie sich kurzerhand verheirateten und eine junge schöne Frau dem immer dicker werdenden Ludwig vorzogen.
In seinem Schloß Berg wähnte sich der König vor Spähern und Lauschern sicher, aber auch seine Schlösser Neuschwanstein und Herrenchiemsee, die er jahrelang von verschiedenen Architekten nach französischem Muster hatte planen lassen, boten ihm Ruhe und Abgeschiedenheit. Schon als junger Mann hatte Ludwig das Gebaren eines Lebensüberdrüssigen an den Tag gelegt, genauso wie seine schöne »Cousine« in Wien, die in ihrer Melancholie, in ihrem Weltschmerz, sich nichts sehnlicher wünschte als den Tod. Ludwig II. ging den Problemen, die sich beinahe tagtäglich für ihn als König von Bayern auftaten, geflissentlich aus dem Wege, und wenn er nicht anders konnte, dann schützte er eine Krankheit vor, damit er nicht handeln mußte. Leutselig zeigte er sich eigentlich nur auf dem Lande. Den einfachen Leuten gegenüber erschien er immer noch wie ein Märchenkönig und wenn er irgendwo überraschenderweise auftauchte, wurde er von den Bauern begeistert umjubelt. Luise von Kobell, die Frau des bayerischen Dichters, erzählt, wie Ludwig manchmal, wenn es ihm gerade einfiel, Politik zu machen pflegte:
»Ein paar Mal wickelten sich zur Sommerzeit die Staatsgeschäfte vor dem Forsthaus in Altach am Walchensee ab. Der Förster hatte Haus und Flur von oben bis unten scheuern lassen, Stühle und Tisch in eine Wiese

gestellt, eine rote Wolldecke darüber gedeckt, einen riesigen Blumenstrauß darauf postiert, seine Dachshunde in die Hundshütte verbannt … Da sprengte der König mit seinem Pferd- und Wagentroß daher. Eisenhart erschien mit seinem Portefeuille, und der Vortrag fand im Freien statt.
Die Szenerie war eigentümlich. Im Hintergrunde der Wiese lagerten die Reitknechte und reihten sich die Fahrzeuge aneinander. Der König setzte sich, die schottische Mütze auf dem Kopf, im Reisekostüm an den Tisch, rückwärts von ihm, stramm aufrecht, zwei Lakaien, vor ihm stand sein Kabinettschef im schwarzen Frack, den Claquehut unter dem Arm, und berichtete mit lauter Stimme über die von den verschiedenen Ministern eingesandten Anträge und Vorschläge; dann und wann mischte sich das Tönen einer Kuhglocke darein oder das Gekläffe der über ihre Haft erbosten Hunde.
Nachdem der König die letzte Entschließung getroffen und die Unterschriften gefertigt hatte, verabschiedete er leutselig seinen Sekretär, gab ein Zeichen, und wie durch eine Zauberformel verschwand die ganze Gesellschaft.«
Vielleicht war diese überraschende Leutseligkeit der Grund für den Mythos, der sich bis heute um die Person des seltsamen Bayernkönigs rankt. Er war eben ganz anders als alle bisherigen Herrscher in Bayern. Er war der schöne König mit dem geheimnisvollen Blick, den spontanen Reaktionen, den überraschenden Handlungen und dem Hang zur Einsamkeit, der in seinen verträumten Märchenschlössern Zuflucht suchte. Alles Außergewöhnliche reizt die Phantasie und bleibt im Gedächtnis. So verfolgten die Menschen in Bayern die Taten ihres Königs mit großem Interesse. Wenn Ludwig II. in seiner Arena wieder einmal fast die ganze Nacht im Kreis geritten war, nur um eine Strecke auf dem Rücken seines Pferdes zurückzulegen, wie sie einem Weg nach Innsbruck entsprach, dann wurde dies nicht etwa als Spleen oder als Verrücktheit angesehen, sondern man bewunderte den sportlichen König zutiefst. Eine solche Leistung konnte schließlich nicht jeder vollbringen.
Körperliche Strapazen scheute Ludwig niemals, genausowenig wie Elisabeth, die, wenn ihr der Sinn danach stand, sich auch bei strömendem Regen aufmachte, um zu Fuß von Possenhofen nach München zu gehen, immerhin mehr als 30 Kilometer. Ihre sogenannten Spaziergänge waren der Schrecken ihrer Hofdamen, denn keine hatte nur annähernd die Kondition und die Lust am Wandern und Bergsteigen wie die Kaiserin.
Ludwig II. bewunderte jedesmal aufs neue Elisabeths grazilen Gang, denn er selbst bewegte sich ungemein seltsam mit seiner schon sehr bald

immer plumper werdenden Gestalt. Wenn Elisabeth und er am Starnberger See entlangspazierten, konnte man die beiden schon von weitem erkennen, den riesengroßen Ludwig, schwerfällig wie ein Roßkutscher, und die grazile, hochgewachsene, leichtfüßige Kaiserin.

Die Besuche des bayerischen Königs bedeuteten für Elisabeth jedesmal aufs neue eine Strapaze, denn entweder er stellte sich mitten in der Nacht ein und saß ihr dann stundenlang stumm gegenüber, oder er verlangte, wenn er sein Kommen avisierte, daß er die Kaiserin allein anzutreffen wünsche. Dies aber vermied Elisabeth, wo sie nur konnte, und richtete es so ein, daß ihre Hofdamen stets in ihrer Nähe weilten. Daß Ludwig darüber in keiner Weise erfreut war und den Damen der Kaiserin beinahe unhöflich begegnete, schien sie geflissentlich zu übersehen.

Obwohl Elisabeth zeit ihres Lebens Sinn für alle möglichen ausgefallenen Charaktere hatte, stimmten sie einige Reaktionen des Königs von Bayern doch nachdenklich. So hatte sich Ludwig vor der Kriegserklärung des Jahres 1866 einige Tage auf die Roseninsel im Starnberger See zurückgezogen und war für niemanden, auch nicht für seine Minister, zu sprechen. Die politische Situation hatte sich bedenklich zugespitzt, und jeden Augenblick mußte man mit dem Ausbruch des Krieges zwischen Österreich und Preußen rechnen, wobei Bayern auf der Seite Österreichs kämpfen sollte. In dieser nervösen Spannung wurde die Bevölkerung am Starnberger See plötzlich von einem riesigen Feuerwerk mitten in der Nacht überrascht. Was ging in Ludwig II. vor? Wie weit trieb ihn sein exzentrisches Wesen?

Manchmal ertappte sich die Kaiserin dabei, Parallelen zwischen sich und Ludwig zu ziehen. Würde sie sich auch einmal so seltsam gebärden? Sie fühlte sich zwar nach wie vor zu dem schönen Cousin hingezogen und war von seiner Bewunderung geschmeichelt, wurde aber gleichzeitig von seinem manchmal absonderlichen Benehmen abgestoßen. War er wirklich der König, den Bayern nach der verlorenen Schlacht von Königgrätz dringend benötigte, als es darum ging, das so spät gewonnene bayerische Königtum gegen die Übermacht der Preußen zu behaupten? War ein König, der sich lieber in die Einsamkeit zurückzog, der imaginären Stimmen lauschte und ihnen folgte, der in einer Traumwelt lebte und die Realität verabscheute, überhaupt noch fähig, die Interessen seines Landes wahrzunehmen?

Elisabeth konnte es nicht verhehlen: Zwei Seelen wohnten in ihrer Brust, auf der einen Seite war sie gezwungenermaßen Kaiserin von Österreich, auf der anderen aber liebte sie ihr Bayernland aus ganzem Herzen. Und obzwar sie keinerlei politische Ambitionen hatte, sah sie doch mit großer

Sorge der Zukunft ihrer Heimat entgegen, wurde doch der Einfluß des preußischen Kanzlers Bismarck von Tag zu Tag spürbarer. Ludwig hingegen ließ sich treiben, so als ginge ihn alles nichts an.
Für Bismarck stand es nach dem gewonnenen Krieg gegen Österreich fest, daß es zu einem einheitlichen deutschen Kaiserreich kommen würde, natürlich unter der Führung Preußens. Daß damit die kleinen Königreiche innerhalb Deutschlands aufhören würden, eine Rolle zu spielen, war für den Kanzler eine unumstößliche Forderung. Allerdings war er Diplomat genug, um nicht die Karten aufzudecken, bevor noch das Spiel begonnen hatte. Unter seiner Ägide war der Norddeutsche Bund entstanden, mit dem Bayern ein Schutz-und-Trutz-Bündnis geschlossen hatte. Dies alles aber genügte Bismarck noch lange nicht, er lud den bayerischen König ein, bei der Neuerrichtung des Zollvereins mitzuwirken. Natürlich hatte Bismarck in seinem politischen Weitblick längst erkannt, welch Träumer in Bayern auf dem Königsthron saß und wie er Ludwig behandeln mußte, damit er alles tat, was dem preußischen Kanzler vorschwebte. Obwohl dem König das Kabinett zur Seite stand, fand Bismarck auch hier wenig Widerstand, denn die Minister zeigten sich in ihrer Einstellung eher preußenfreundlich. Als es in Ems wegen der Anwartschaft eines Angehörigen des Hauses Hohenzollern auf den spanischen Thron zum Eklat kam, der zum Krieg mit Napoleon III. von Frankreich führte, da brach für Ludwig beinahe eine Welt zusammen. Es gab für ihn keinen Ausweg. Auf Grund verschiedener Abmachungen mußte er seine bayerischen Truppen gegen ein Land schicken, zu dem er sich schon von Jugend auf hingezogen gefühlt hatte, dessen Sprache er fließend sprach und dessen Schlösser er durch seine Baumeister zu kopieren versuchte! Einer der traurigsten Tage in seinem Leben, so äußerte sich König Ludwig II., war der Sieg der preußisch-bayerischen Heere über die von ihm so verehrten Franzosen bei Sedan!
Die Fronten waren geklärt, und nichts stand einer Kaiserkrönung Wilhelms mehr im Wege, außer vielleicht die Könige in den Kleinstaaten. Auch hier fand Bismarck eine zumindest für Ludwig II. befriedigende Lösung: Er bot ihm Geld an, angeblich als Wiedergutmachung für die hohen Reparationszahlungen, die Bayern nach dem verlorenen Krieg von 1866 hatte zahlen müssen. Jetzt wanderten große Summen beinahe heimlich still und leise in die Taschen bzw. in die Schlösser Ludwigs II. Das bayerische Volk bekam keinen roten Heller von Bismarcks Geldern, die aus dem Welfenfonds stammten, zu Gesicht. Der König aber konnte seiner großen Leidenschaft noch ausgiebiger frönen als zuvor, er ließ Pläne für weitere, noch prunkvollere Schlösser entwerfen.

König Ludwig II. war bei den Verträgen, die am 23. November 1870 in Versailles geschlossen wurden, nicht anwesend. Er hatte seinen Ministern alle Vollmachten eingeräumt und mußte nachträglich die Konsequenzen tragen. Denn Bismarck verlangte neben vielen Sonderrechten auch noch das oberste Inspektionsrecht über die bayerischen Truppen durch preußische Generäle. Das war selbst für den an kriegerischen Dingen völlig uninteressierten Ludwig zu viel! Zu allen Zeiten war der König der Oberbefehlshaber seiner Truppen gewesen. Sollte er als König von Bayern auch dieses Recht noch verlieren, so würde er buchstäblich zum Marionettenkönig degradiert.

Natürlich hatte Bismarck für den weltfremden Bayernkönig noch einen Trumpf in der Tasche: Ludwig sollte vor den anderen deutschen Territorialfürsten ausgezeichnet werden, indem er König Wilhelm durch einen Brief die deutsche Kaiserkrone antrug! Der Schwanenritter sollte Geschichte spielen, ihm wurde die Rolle des »Kaisermachers« übertragen …

Obwohl Ludwig trotz seiner Lethargie in politischen Dingen die Absicht Bismarcks durchschaute, blieb ihm gar nichts anderes übrig, als auf alle Vorschläge des Preußen einzugehen. Die kleinen Territorialstaaten hatten längst ihre Handlungsfähigkeit eingebüßt und waren in absolute Abhängigkeit von dem großen preußischen Bruder geraten. Wie oft es der bayerische König schon bereut hatte, daß er nicht längst seinen Plan wahrgemacht hatte und dem jungen Rudolf, dem österreichischen Kronprinzen und Sohn der angebeteten Elisabeth, Bayern zu vermachen und dann einfach abzudanken, wußte er selbst nicht. Immer wieder hatte er davon gesprochen, denn er liebte und verehrte den ungewöhnlich frühreifen, hochintelligenten Thronfolger wie einen Bruder. In einem Brief an Rudolf schrieb er, daß der österreichische Kronprinz auf Grund seiner Ahnen – in seinen Adern rollte das Blut der politisch hochbegabten Maria Theresia und ihres Sohnes, des genialen Joseph II. – sein idealer Nachfolger auf dem bayerischen Thron wäre, da es ihm sicherlich gelingen würde, Bayern im Verband der riesigen Donaumonarchie einen hervorragenden Platz einzuräumen.

Aber entschlußlos, wie er ein Leben lang gewesen war, konnte sich Ludwig nicht zum entscheidenden Handeln aufraffen. In seinen einsamen Nächten auf Hohenschwangau, wo ihm tausend Gedanken durch den Kopf gingen, die er am Ende immer wieder verwarf, schrieb er lange Briefe an Rudolf: »Küsse der Kaiserin die Hand. Du Beneidenswerter! Der Du so viel in ihrer Nähe weilen darfst! Die Augenblicke, in welchen mir dies Glück vergönnt war, zähle ich stets zu den seligsten meines Lebens … o bitte, lege mich ihr zu Füßen, und flehe sie in meinem Namen an, gnädig ihres getreuen, Sie von jeher und für immer verehrenden Sklaven zu gedenken.«

Dabei hatte Ludwig natürlich wenig Ahnung davon, daß gerade der Kronprinz seine Mutter nur ganz selten zu Gesicht bekam und wenig Kontakt mit ihr hatte. Ludwig aber fragte nicht lange nach, wie sich das Verhältnis von Mutter und Sohn gestaltete, er sah in Elisabeth ein Leben lang das Idealbild einer Frau, das er sich selbst gemalt hatte. Und vom Glanz der Mutter fiel ein heller Schein auf den jungen Rudolf, dem der Bayernkönig versicherte: »Niemand auf Erden ist mir so teuer als Du und Sie.«

Als sich aber der österreichische Kronprinz zu einem kritischen Geist entwickelte, als er sehr konkrete Vorstellungen von einer zukünftigen Politik in der Presse, freilich unter einem Pseudonym, veröffentlichte, hinter dem man jedoch schon sehr bald den Thronfolger vermutete, da rückte Ludwig II. von ihm ab. Für seine Begriffe beschäftigte sich Rudolf viel zu viel mit Politik und den Naturwissenschaften und hatte zu wenig für die schönen Künste übrig.

Es war die eigentliche Tragik Ludwigs, daß er König von Bayern werden mußte, so wie es die Tragik Elisabeths war, Kaiserin von Österreichs sein zu müssen. Die Realität stand den beiden Königskindern auf Schritt und Tritt im Wege, und wenn Elisabeth vor allem in späteren Jahren immer mehr auf ihre Weise dem Leben in Wien, dem Leben als Kaiserin zu entfliehen suchte, so holte Ludwig, der die gleichen Ziele verfolgte, stets aufs neue die Wirklichkeit ein. Auch er lebte sein Leben ohne Rücksicht auf andere, ohne Rücksicht auf sein Volk, ohne Rücksicht auf den Staat. Und Elisabeth schien ihm den Schlüssel dazu geliefert zu haben. Ludwig von Bürkel schrieb über ihren Einfluß auf den Bayernkönig: »...dieses Gefühl der Machtfülle wurde bis ins Unermeßliche erweitert durch eine ihm verwandte, sehr befreundete Herrscherin [Kaiserin Elisabeth von Österreich], die zeitlebens einen gewaltigen, vielleicht den einzigen Einfluß auf ihn ausübte. Wie oft hat er mir, als ich mich seinen Plänen widersetzen mußte, deren tief aus ihrer Anschauung geschöpfte gefährliche Worte wiederholt: ›Du und ich: wir beide können uns alles erlauben!‹

Dieses unselige ›Ich kann mir alles erlauben!‹ wurde sein Motto, seine Richtschnur, seine fixe Idee, sein Untergang!«

Doch die Politik kannte keine Gnade für diesen schwärmerischen, aber schon sehr bald unberechenbaren Herrscher. Er plante Schlösser wie Neuschwanstein, das er sich als Gralsburg vorstellte, und Herrenchiemsee, wo er wie einst Ludwig XIV. residieren wollte, Bauten die Unsum-

men verschlangen. Aber um Geld kümmerte sich der König wenig, er fragte nicht nach den Reserven in der Staatskasse, sondern erteilte Auftrag um Auftrag. Die besten Handwerker im ganzen Land waren ihm gerade gut genug, was aber nicht bedeutete, daß er sie gebührend behandelte. Wenn es Ludwig einfiel, verlangte er von einem Meister seines Faches, daß er seine Wünsche knieend entgegenzunehmen hatte, so wie viele seiner Diener, denen es bei strengsten Strafen verboten war, dem König ins Gesicht zu sehen. War er mit verschiedenen Arbeiten nicht zufrieden, dann kam es nicht nur einmal vor, daß er höchstpersönlich die Arbeiter ohrfeigte oder ihnen voller Zorn ins Gesicht spuckte.
In den Diensten des Bayernkönigs zu stehen war ein ständiges Auf und Ab, niemand wußte, was der König, wenn er in den Abendstunden aufstand und sein Tagewerk begann, im Schilde führen würde. Stundenlang lief Ludwig nur mit einem Hemd bekleidet planlos herum, verlangte aber trotzdem, daß seine Diener immer und überall stramm zu stehen hatten, um ihm die gebührende Achtung zu erweisen. Nach einem frugalen Mahl, mit reichlich Wein und Champagner, das zugleich Frühstück und Abendessen hätte sein können, empfing der König die Abgesandten der Minister, die ihm politische Vorschläge unterbreiteten. Währenddessen blätterte der König desinteressiert wahllos in den Akten. Plötzlich aber sprang er auf und hielt den Politikern stundenlange Vorträge, wobei er ruhelos in seinen Räumen hin und her ging. Keiner der Anwesenden durfte sich auch nur für eine Minute hinsetzen, und es galt gleichsam als Staatsverbrechen, wenn die Männer gegen Mitternacht, meistens nach einem anstrengenden Tag, ein verstecktes Gähnen überfiel. Dann schreckte der König nicht davor zurück, sie persönlich zu züchtigen und die strengsten Strafen über sie zu verhängen. Er war ohne Maß und Ziel und befahl nicht nur einmal, einen treuen Diener zu töten oder ihn in den tiefsten Kerker zu werfen, nur weil er in seiner Gegenwart geniest oder Schluckauf bekommen hatte.
Doch allmählich begann man den König nicht mehr ernst zu nehmen und setzte sich in aller Heimlichkeit über seine Befehle hinweg. Nur wenn ein Diener Ludwig persönlich zu betreuen hatte, dann mußte er sich an das halten, was der König beschlossen hatte. So gab sein Kammerdiener Lorenz Mayr folgendes zu Protokoll: »Im Jahre 1882, nach meiner Rechnung um die Zeit des Fronleichnamsfestes, zog ich mir durch ein kleines Versehen das Mißfallen Seiner Majestät des Königs zu. Ich hatte es nämlich gewagt, als Seine Majestät mit der Fußbekleidung in der Hand auf mich zuzukommen geruhten, den Kopf zu erheben und Allerhöchstdieselben scharf ins Auge zu fassen. Daraufhin mußte ich so-

fort das Zimmer verlassen, nachdem Seine Majestät bemerkt hatten, Sie wollten mein Verbrecherantlitz nicht mehr sehen. Da niemand da war, um die Toilette Seiner Majestät zu vollenden, wurde ich wieder hineinberufen unter dem Befehle, eine Maske vorzunehmen. Da eine solche augenblicklich nicht vorhanden war, mußte ich ein schwarzes Tuch vor das Gesicht binden, welches provisorisch durch Ausschneiden von Löchern zu einer Maske gestaltet wurde.
Von da an hatte ich meinen Dienst über ein Jahr lang maskiert zu versehen, das heißt, ich mußte bei jedmaligem Betreten der Ah. Appartements oder beim Servieren im Freien pp. eine Maske mit langherunterhängendem schwarzseidenem Larvenbart tragen.«
Natürlich wurden diese Marotten des Königs allmählich publik, und man begann ernsthaft am Geisteszustand des Bayernkönigs zu zweifeln. Auch Elisabeth zerbrach sich nach so manchem Besuch in Possenhofen oder auf Schloß Berg den Kopf, ob das Verhalten ihres »Cousins« tatsächlich noch als normal zu bezeichnen sei. Denn Ludwig fand kein Maß und Ziel, ob er ihr nun Hunderte von Rosen schicken ließ oder ihre Hand minutenlang küßte. Dabei war die Kaiserin Ludwig gegenüber ambivalent, sie fühlte sich wesensverwandt mit ihm, aber zugleich abgestoßen. Und dennoch suchte jeder die Nähe des anderen, wenn es möglich war, freilich nicht, um sich gegenseitig zu inspirieren, sondern einfach, um sich in Sympathie nahe zu sein.
Sie hatten sich selber zum Schweigen verurteilt, obwohl es Themen gab, die sie beide interessierten, wie beispielsweise Religion. Denn sowohl die Kaiserin als auch der König hatten sich im Laufe der Jahre eine Ersatzreligion geschaffen, beide hatten sich von den Normen der katholischen Lehre entfernt. Elisabeth verfiel immer mehr spiritistischen Ideen und betete zum großen Jehova, während Ludwig sein Heil in den alten Vorstellungen vom Gral suchte. Seine Verbindung zum Schicksal eines Amfortas oder Lohengrin in seiner ganzen Reinheit bewegte das Gemüt des Bayernkönigs zutiefst. Je mehr er selbst in die Abgründe des irdischen Daseins glitt, umso mehr sehnte er sich nach dieser mystischen Welt. Denn immer mehr ergriff seine homosexuelle Neigung von ihm Besitz. Hatte er bis dahin Beziehungen zu halbwegs kultivierten Männern unterhalten – einer seiner letzten intimen Freunde war der begnadete Schauspieler Josef Kainz gewesen –, so wurde er in der Auswahl seiner Freunde immer anspruchsloser. Nicht nur einmal kam es vor, daß er bei einer seiner nächtlichen Ausfahrten im Mondlicht ein paar ranke, schlanke Burschen erblickte, die durch ihr Äußeres seine Begierde reizten. Dann schickte der König seine Diener aus, um die Jünglinge ins

Schloß zu bitten. Ludwig empfing einen nach dem anderen, soupierte mit ihnen und überhäufte sie mit Geschenken. Aus seinen Tagebuchaufzeichnungen geht hervor, daß es den jungen Männern schwer möglich war, die Nacht nicht mit dem König zu verbringen. Meist wurden sie in den Hofdienst übernommen und erhielten bevorzugte Aufgaben.

Hatte der König sein exaltiertes Liebesleben lange Zeit geheimhalten können, so sickerten nun doch Details durch. In der Öffentlichkeit schenkte man all diesen Berichten zunächst keinen Glauben, und auch Elisabeth schien nichts Konkretes von des Vetters Gelüsten zu wissen. Ludwig erschien ihr in seiner dunklen Größe wie ein riesiger Adler, der unermüdlich um die Berggipfel seine Kreise zog, und sie selbst fühlte sich als Möwe, die frei und ungebunden in den Himmel fliegen wollte.

Sie hatten einander wieder einmal auf Schloß Berg getroffen und nach stundenlangem Beisammensein eine gemeinsame Kahnfahrt auf dem Starnberger See unternommen. Der König und die Kaiserin genossen die Ruhe und die friedliche Stimmung, die den See beinahe verzauberte, als plötzlich der Mohr Elisabeths, der die Ruder bediente, mit seltsam fremder, gutturaler Stimme Lieder seiner fernen Heimat zu singen begann. Von diesen Gesängen inspiriert, griff Elisabeth zur Feder und brachte folgende Zeilen zu Papier:

»Der Gruß von der Nordsee
Du Adler, dort hoch auf den Bergen,
Dir schickt die Möve der See
Einen Gruß von schäumenden Wogen
Hinauf zum ewigen Schnee.

Einst sind wir einander begegnet
Vor urgrauer Ewigkeit
Am Spiegel des lieblichsten Sees,
Zur blühenden Rosenzeit.

Stumm flogen wir nebeneinander
Versunken in tiefer Ruh …
Ein Schwarzer nur sang seine Lieder
Im kleinen Kahne dazu.«

Dieses Gedicht, das 1881 entstanden war, hinterlegte die Kaiserin erst im Juni 1885 auf der Roseninsel. Zufällig fand es Ludwig einige Monate später und dichtete als Antwort folgende Verse:

»Der Möve Gruss von fernem Strand
Zu Adlers Horst den Weg wohl fand.
Er trug auf leisem Fittich-Schwung
Der alten Zeit Erinnerung,
Da Rosenduft umwehte Buchten
Möve und Adler zugleich besuchten
Und sich begegnend in stolzem Bogen
Grüßend aneinander vorüberzogen.
Zu Bergeshöh zurückgewandt,
Dankt Aar der Möve am Dänenstrand
Und rauschend entsenden seine Flügel
Fröhlichen Gruss zum Meeresspiegel.«

Wie Möwe und Adler nie zusammenkommen können, so lebte Elisabeth für Ludwig am Dänenstrand und er am Alpenrand.

Beide waren, als sie diese Verse schrieben, reife Menschen, die ihre schwärmerische Zuneigung zueinander immer noch nicht verloren hatten. In zunehmendem Alter begann jedoch eine seltsame Wendung in der Beziehung zwischen beiden einzutreten: Man ging sich aus dem Wege, vielleicht, weil einer vor dem Geistes- und Gemütszustand des anderen zurückschreckte und die Veränderungen, die das Alter mit sich brachte, nicht wahrhaben wollte. So wie Elisabeth Entsetzen empfand, wenn sie in das aufgedunsene Gesicht des Bayernkönigs schaute, aus dem die einstmals so faszinierenden Augen wie Irrlichter blitzten und im nächsten Moment den starren Ausdruck eines Toten annahmen, so erfaßte Ludwig jedesmal aufs neue eine große Traurigkeit, wenn er sehen mußte, wie die einstmals so bezaubernd schöne Frau immer mehr abmagerte und ihr Gesicht zusehends von tiefen Falten zerfurcht wurde.

So begann man einander zu meiden, die seltenen Zusammenkünfte am Starnberger See wurden für Elisabeth immer bedrückender, denn sie erkannte mit aller Deutlichkeit, daß Ludwig längst den Weg des Normalen verlassen hatte. Es war nur die Frage, wie lange der Ministerrat und vor allem Bismarck im Hintergrund dem Treiben des Königs zusehen würden. Was würde in der nächsten Zukunft geschehen, wie sollte alles weitergehen?

Von Monat zu Monat munkelte man mehr über eine Geisteskrankheit des Königs. Was man bisher als Exaltiertheit hingenommen und schweigend akzeptiert hatte, das wurde nun von den Ministern des Königs mit großer Sorge diskutiert. Ging Ludwig II. den Weg seines Bruders Otto, der schon geraume Zeit in Schloß Nymphenburg gleichsam

unter Kuratel gestellt und Tag und Nacht bewacht wurde, in die geistige Umnachtung?
Aber nicht nur psychisch war Ludwig II. ein kranker Mann. Sein mächtiger Körper wurde von allen möglichen Krankheiten geplagt. Wie die meisten Wittelsbacher, vor allem auch wie seine kaiserliche Verwandte, hatte er schlechte Zähne und litt unter häufigen Zahnschmerzen. Gicht und starke Kopfschmerzen beeinträchtigten sein Wohlbefinden. Er aß übermäßig und trank unvorstellbare Mengen Alkohol. Sein ehemals schlanker schöner Körper war aufgeschwemmt, plump und unbeweglich geworden.
Nur mit den schwersten Schlafmitteln, die er meist in den frühen Morgenstunden zu sich nahm, konnte er überhaupt ein Auge zutun.
Es ging bergab mit dem Bayernkönig. Was ihm normal vorkam, das erschien seiner Umgebung schon lange als pervers. Er hatte Mitte der achtziger Jahre jeden Blick für die Realität verloren. Als man ihm erklärte, daß die Staatskassen absolut leer wären, daß die Schulden, die durch den Bau seiner Schlösser entstanden waren, schon astronomische Summen erreicht hätten, daß niemand mehr gewillt war, ihm etwas zu leihen, da erging sich der König nicht nur in wildesten Schimpftiraden, sondern ließ durch seinen Friseur den Ministern mitteilen, daß sie abgesetzt wären und daß er eine neue Regierung einsetzen wolle. Daß der Arzt, der ihn für wahnsinnig erklären sollte, schon im Vorzimmer wartete, entging seinem leeren Blick.
Fast alle, die mit dem König Kontakt gehabt hatten, wandten sich nun von ihm ab, bis auf die Kaiserin von Österreich und den deutschen Reichskanzler Fürst Otto von Bismarck. Er spielte im Zusammenhang mit Ludwig II. eine seltsame Rolle, die auch heute noch nicht ganz geklärt ist. Denn für Bismarck war der Bayernkönig höchstens äußerst seltsam, überdreht und exaltiert, aber als verrückt sah er ihn niemals an. Und wenn man den Briefwechsel beider verfolgt, gewinnt man auch nicht den Eindruck einer schweren geistigen Störung Ludwigs, denn die Briefe des Bayernkönigs, die er noch in den achtziger Jahren dem deutschen Kanzler schickte, zeigen politisches Interesse und überraschende Sachkenntnis. Deshalb hörte Bismarck auch nicht auf, den merkwürdigen König zu unterstützen, was für die Entscheidung des bayerischen Kabinetts jedoch ohne große Bedeutung war.
Das Ende Ludwigs II. war tragisch. Ein Ärztegremium erklärte den König in Abwesenheit für geisteskrank und verfaßte ein Bulletin, das folgendermaßen endete:
»Hiermit schließen die unterzeichneten Ärzte ihre Schilderung, und ver-

weisend auf die im Texte schon an verschiedenen Stellen gezogenen Schlußfolgerungen erklären sie nun, dieselben zusammenfassend und ergänzend, einstimmig:

1. Seine Majestät sind in sehr weit vorgeschrittenem Grade seelengestört, und zwar leiden Allerhöchstdieselben an jener Form von Geisteskrankheit, die, den Irrenärzten aus Erfahrung wohlbekannt, mit dem Namen Paranoia (Verrücktheit) bezeichnet wird.

2. Bei dieser Form der Krankheit, ihrer allmählichen und fortschreitenden Entwicklung und schon sehr langen, über eine größere Reihe von Jahren sich erstreckenden Dauer ist Seine Majestät für unheilbar zu erklären und ein noch weiterer Verfall der geistigen Kräfte mit Sicherheit in Aussicht.

3. Durch die Krankheit ist die freie Willensbestimmung Seiner Majestät vollständig ausgeschlossen, sind Allerhöchstdieselben als verhindert an der Ausübung der Regierung zu betrachten und wird diese Verhinderung nicht nur länger als ein Jahr, sondern für die ganze Lebenszeit andauern.

München, den 8. Juni 1886

von Gudden, k. Obermedizinalrat
Dr. Hagen, k. Hofrat
Dr. Grashey, k. Universitätsprofessor
Dr. Hubrich, k. Direktor

Der König wurde offiziell entmündigt, und zwei Kuratoren übernahmen die Vormundschaft. Eine Kommission machte sich bei Nacht und Nebel auf den Weg nach Neuschwanstein, um Ludwig über die Ereignisse in München zu informieren, eine Vorgangsweise, die eigentlich einen gewissen Grad von geistiger Normalität vorausgesetzt hätte. Denn entweder war der Bayernkönig geisteskrank, dann konnte er mit dieser Information nichts anfangen, oder er war es nicht, dann war die Entmündigung fehl am Platze.

In der Bevölkerung von Füssen hatte sich das Gerücht von der bevorstehenden Gefangennahme »ihres guten Königs« verbreitet, und man unternahm einen rührenden Versuch, Ludwig II. zu retten. Aber er selbst stand der Befreiungsaktion im Wege.

Ohne lange Diskussionen bemächtigten sich zwei Wärter des Königs, der keinen Widerstand leistete, und brachten ihn in einem geschlossenen Wagen nicht nach Hohenschwangau, wie man ursprünglich beabsichtigt hatte, sondern nach Schloß Berg. Hier hielt man den Bayernkönig wirklich wie einen Irren gefangen, bewachte ihn Tag und Nacht, so daß Ludwig nicht einen Moment allein gelassen wurde, eine Tatsache, die ihn, der die Einsamkeit ein Leben lang geliebt hatte, besonders zermürbte. Man hatte in den Wänden Gucklöcher angebracht, um den Patienten ständig zu kontrollieren. Die ihn ununterbrochen beobachtenden Augen erschreckten und beunruhigten den König zutiefst. Sein persönlicher Arzt, Dr. Gudden, ließ es nicht zu, daß Ludwig irgendwelche Privilegien eingeräumt wurden. Der abgesetzte Bayernkönig war ein Patient wie jeder andere und sollte auch so behandelt werden. Aber die Tage Ludwigs waren ohnedies gezählt.

Wie immer der bayerische König Ludwig II. ums Leben kam, ob er wirklich ertrank oder gewaltsam unter Wasser gehalten wurde, das Rätsel seines Todes beschäftigte nicht nur die Kaiserin in Wien. Es dauerte lange, bis Elisabeth sich nach dem Hinscheiden ihres einstmals so schönen Vetters, dieses glühenden Verehrers, nur einigermaßen beruhigte. Am Sarge Ludwigs brach sie ohnmächtig zusammen, und noch Monate später schrieb sie Klagegedichte auf den unglücklichen König. Sie steigerte sich in eine tiefe Melancholie, die manchmal bedrohliche Formen annahm und ihre Umgebung aufs äußerste beunruhigte. Vor allem ihre Tochter Valerie konnte die Mutter kaum verstehen, wenn sie in einem Anfall von Depressionen den Prinzregenten Ludwig, der die Regierungsgeschäfte von Ludwig II. übernommen hatte, beschuldigte, den Mord an dem König geplant zu haben.

So als wollte sie dem toten »Vetter« postum eine Freude bereiten, entschloß sich die Kaiserin 1888 zu einer Reise nach Bayreuth, um sich dort zusammen mit Valerie den »Parsifal« anzuhören. Es war das erste und letzte Mal, daß Elisabeth in der nordbayerischen Stadt weilte, obwohl sie von der Wagnerschen Musik ungewöhnlich beeindruckt war. In einem Gespräch mit Cosima Wagner wurde die alte Zeit wieder lebendig, und Elisabeth war es, als würde Ludwig beim »Lied an den Abendstern« aus »Tannhäuser« leibhaftig auferstehen.

Die Kaiserin, die sich in geheimen Séancen in die Geheimnisse des Okkulten hatte einweihen lassen, versuchte in spiritistischen Sitzungen den Toten zu beschwören und mit ihm Kontakt aufzunehmen. Aber je mehr sie sich in diese Sphäre des Seltsam-Geheimnisvollen begab, umso argwöhnischer wurde sie von ihrer Umgebung betrachtet. Der Kaiser freilich nahm die Spintisierereien seiner Frau nicht allzu ernst, er war viel zu sehr Realist, als daß er sich ernsthaft mit diesen Dingen beschäftigen konnte und wollte. Kronprinz Rudolf jedoch lehnte vehement die Vorstellungen seiner Mutter ab und versuchte, sie von diesem für sie gefährlichen Weg abzubringen. Wie leicht konnte sich auch in Wien die Meinung verbreiten, das verhängnisvolle wittelsbacherische Erbe wäre

durchgeschlagen und Elisabeth gehe – wie einst Ludwig – dem Wahnsinn entgegen.
König Ludwig II. hatte einen gewaltsamen Tod im Starnberger See gefunden, auf Kaiserin Elisabeth sollte in Genf ihr Mörder lauern. War dies reiner Zufall, oder tönte der Gleichklang der Seelen beider in ihrem Schicksal wider?

Sein Glück lag nicht nur auf dem Rücken der Pferde

Captain Bay Middleton

Was bedeutet mir schon eine Kaiserin? Sie wird mich nur behindern. Sie wissen doch, daß ich meinen eigenen Weg reiten muß!«
Der Mann, der diese Worte dem ehemaligen Vizekönig von Irland, Lord Spencer, gegenüber gebrauchte, meinte, was er sagte. Er haßte zickige, launenhafte Frauen, konnte aber dennoch, wenn er wollte, ein aufmerksamer, vollendeter Kavalier sein, lachte laut und ungeniert auch in der feinsten Gesellschaft, kleidete sich aber elegant, beinahe etwas übertrieben stutzerhaft, liebte derbe Späße, um im nächsten Moment mit umwerfendem Lächeln ein charmantes Kompliment anzubringen, scheute kein noch so gefährliches Abenteuer und galt weit und breit als einer der kühnsten Reiter Englands: Bay Middleton.
Ein interessanter Mann? Auf alle Fälle reizte er mit seiner Widersprüchlichkeit nicht nur so manche Dame der High-Society, auch bei deren Männern fand der verwegene Draufgänger mit dem leuchtend roten Haar und dem sommersprossigen Gesicht viel Sympathien. Man hatte sich an seine geradlinige Art gewöhnt, sie schien geradezu ein Markenzeichen Bay Middletons zu sein. Freilich stieß er mit seinen manchmal nicht sehr feinfühligen Aussagen, die er niemals zurücknahm, selbst wenn ihm seine Sprüche von Nachteil waren, den einen oder anderen vor den Kopf, aber was er gesagt hatte, galt, ohne Wenn und Aber. Auch den Damen gegenüber nahm er sich keinesfalls ein Blatt vor den Mund und erklärte jeder noch so feinen Lady rundheraus, daß sie lieber spazierengehen sollte, als sich zu Pferd das Genick zu brechen.
Die Königin von Neapel, die Schwester Kaiserin Elisabeths, die, um sich ihre Langeweile zu vertreiben, für längere Zeit in England Aufenthalt nahm, wo sie eine nach der Abdankung ihres Gemahles als König von Neapel nicht unumstrittene Rolle in der englischen Gesellschaft spielte, sah mit gemischten Gefühlen auf diesen »Sportsman«, denn Bay Middleton hatte es schlichtweg abgelehnt, sie auf den Parforcejagden zu pilotieren, wie sie es gewünscht hatte. Er hatte der Königin ohne zu zögern in nicht sehr charmanter Art und Weise einen Korb gegeben – shocking! Und dennoch reizte die vitale Männlichkeit Bays die Sinne und die Phantasie Maries.
Bay Middleton hatte sich geweigert, die Königin von Neapel zu führen, denn er stand der Reitkunst der Damen äußerst skeptisch gegenüber. Er hatte bisher keine Reiterin kennengelernt, die es an Schnelligkeit und Geschicklichkeit mit den Männern aufnehmen konnte und kühn und beherzt genug war, die hohen Hecken und tiefen Gräben zu überspringen. Seiner Ansicht nach fehlte den Ladies nicht nur der Mut, sondern auch das Können dazu.

Vielleicht hatte Bay Middleton tatsächlich nicht ganz unrecht, wenn man die Frauen des vorigen Jahrhunderts betrachtet, in ihrer oft zimperlichen Art, die durch die puritanische Geisteshaltung in weiten Kreisen der Bevölkerung noch forciert wurde. Es war eben nicht »ladylike«, es den Männern gleichtun zu wollen, Sport zu betreiben und sich nach außen hin zu präsentieren. Die Königin selbst, Queen Victoria, galt als Vorbild für alle Frauen und Mädchen im weiten Commonwealth. Ihre matronenhafte Muttergestalt wurde allgemein als Verkörperung des Weiblichen angesehen.

Nein, es war wirklich nicht schicklich, übers Land zu sprengen, um der Meute nachzuhetzen. Und deshalb verfügten die meisten Frauen auch nicht annähernd über die Reitkenntnisse, die dazu nötig gewesen wären. Somit hatte Bay Middleton mit seiner vorgefaßten Meinung recht, wenn er von Frauen auf Pferden nicht viel hielt.

Er hatte keine Ahnung, als er – 1846 geboren – seine ersten Reitkunststücke auf dem Besitz seiner schottischen Familie erlernte, daß fast sein ganzes Leben von einer Frau, die die Reitkunst in höchstem Ausmaß beherrschte, bestimmt sein würde. Bay Middleton konnte nicht ahnen, daß er einmal an der Seite der Kaiserin von Österreich über die englischen und irischen Hindernisse preschen, ihr ständiger Begleiter Tag für Tag sein würde und daß sein Herz diese Frau nie vergessen konnte.

Sein Vater war jahrelang Sekretär der Glasgower Jagd gewesen und hatte eine eigene Meute besessen. Seine Mutter, eine geborene Hamilton, stammte aus einer angesehen Familie, ihr Neffe General Sir Ian Hamilton, sollte sich im Burenkrieg einen zweifelhaften Namen machen. Sein Onkel war als Master der Fuchsmeute im weiten Umkreis bekannt.

Die Familie hätte auf ihren Ländereien sorglos ihren Hobbies nachgehen können, wären damals nicht die Bergwerke und Industriebetriebe überall aus dem Boden geschossen. So waren die Middletons gezwungen, ihr Land Stück für Stück an eine Familie namens Baird zu verkaufen. Eine Laune des Schicksals wollte es aber einige Jahre später, daß ausgerechnet eine Tochter dieser aufgestiegenen Neureichen Bay Middleton nach langem Hin und Her heiratete.

Bay war der typische Vertreter seiner Gesellschaftsschicht und seiner Zeit, ein junger Mann, strotzend vor Lebenslust und Tatendrang. Seine Eltern hatten ihn nicht in eine public school gegeben, er war nach Wimbledon geschickt und von Privatlehrern unterrichtet worden. Hier fand er auch die richtige Gemeinschaft von gleichgesinnten jungen Leuten, man überbot sich bei sportlichen Leistungen, Ausdauer und Mut waren die Grundvoraussetzungen, die man nachweisen mußte, um in der Clique

anerkannt zu werden. So als wüßte man mit der überschüssigen Energie nichts anzufangen, trachtete jeder danach, freiwillig in irgendeinen Teil der Welt in den Krieg ziehen zu können, um sein Mütchen zu kühlen und der britischen Krone und der Königin mit dem Bajonett in der Hand einen Dienst zu erweisen. Aber die Armee hatte nur halb so viele Posten als Anwärter, und so mußten sich die tatendurstigen Leute damit abfinden, in der Heimat zu bleiben und sich hier irgendwie abzureagieren.
Bay Middleton hatte auch schon in Wimbledon eine Vorstellung, wie er sein künftiges Leben gestalten würde, sein erklärtes Ziel war es, Jagdreiter zu werden. Und alle, die ihn kannten, wußten, daß er der geeignete Mann dafür war, eine Jagdgesellschaft an der Spitze einer Meute durch dick und dünn zu führen. So manchen derben Witz genoß er im Kreise der Freunde, so mancher Ulk wurde ihm gespielt, denn die jungen Männer dieser Zeit liebten es, ihre Kameraden an der Nase herumzuführen. Spielverderber durfte man keiner sein. Und William George Middleton, der im Freundeskreis schon sehr bald den seltsamen Spitznamen »Bay« erhalten hatte, war auch keiner. Über all die skurrilen Scherze und so manchen gefährlichen Unfug, worauf er hereingefallen war, lachte aus vollem Halse und schlug sich auf die Schenkel.
Bay Middleton war stets dort zu finden, wo es am turbulentesten, am wildesten zuging. Er hätte wahrscheinlich in der Armee eine glänzende Karriere vor sich gehabt, hätte nicht der damalige Vizekönig von Irland, Lord Spencer, ein Auge auf den jungen Mann geworfen. Ihm war immer wieder zu Ohren gekommen, welch glänzender Reiter und kühner Kämpfer dieser junge Middleton war, und er sah in ihm den geeigneten Mann, der ihn als außerordentlicher Adjutant auf seinen wilden Jagden querfeldein in Irland begleiten und beschützen sollte.
Lord Spencer war 1868 mit nur 36 Jahren von Premierminister Gladstone zum Vizekönig von Irland ernannt worden. Der Premier hatte keine gute Hand gehabt, dem arroganten Lord diese Position zu bieten, denn Spencer verscherzte sich schon sehr bald alle Sympathien des irischen Volkes. Und dies war für England doppelt bitter, da die Grüne Insel auch in dieser Zeit ein explosives Pflaster hatte. Verschiedene Gruppierungen, unter anderem die berüchtigten »Fens«, bekämpften einander bis aufs Messer, und es hätte einer politisch sehr erfahrenen, ausgleichenden Persönlichkeit bedurft, um die hochgehenden Wogen etwas zu glätten. Tauchte aber der neuernannte englische Vizekönig irgendwo auf, dann reizte er durch sein hochnäsiges Wesen die sensiblen Iren noch mehr, und es kam zu Ausschreitungen im ganzen Land, Überfälle häuften sich, Viehherden wurden über Nacht abgeschlachtet und niemand schien in

der Lage zu sein, dem gefährlichen Treiben wirklich Einhalt zu bieten. Lord Spencer ahnte erst mit der Zeit, in welche Gefahr er sich selbst durch sein Auftreten gebracht hatte. Aber er war ein wilder Haudegen und fürchtete wie Bay Middleton weder Tod noch Teufel. Allmählich machten ihm aber seine Berater klar, daß persönlicher Schutz notwendig sei. Zuverlässige Leute sollten als Adjutanten Spencer Tag und Nacht zur Verfügung stehen.

Der Vizekönig stellte ganz bestimmte Anforderungen an seine »bodyguards«. Sie mußten in erster Linie aus einer angesehenen Familie stammen, hatten eine vorzügliche Schulbildung nachzuweisen und sollten ausgezeichnete, furchtlose Reiter sein. In Bay Middleton hatte Lord Spencer den geeigneten Mann gefunden!

Die beiden Männer verstanden sich vom ersten Augenblick an, und es dauerte nicht lange, da konnte Spencer auf die Gesellschaft Bays nicht mehr verzichten. Er richtete sich ganz nach den Vorschlägen seines Adjutanten, akzeptierte alle Pläne, die Middleton vorschlug, und sah über einiges hinweg, was in der irischen Gesellschaft beinahe als Skandal gewertet wurde. Denn Bay Middleton war durch seinen rauhen Charme bei den Damen sehr beliebt, und wenn er auch von den Reitkünsten der Ladies wenig hielt, war er doch kein Kostverächter und suchte sein Vergnügen, wo immer es sich bot. Und da er nicht besonders auf die Eheringe an den Fingern achtete, war er da und dort in eine heftige Affäre mit einer verheirateten Dame der Gesellschaft verwickelt. Er war ein Macho des 19. Jahrhunderts, der die Frauen in seinen Bann zog, ohne daß er auch nur mit einem Finger zu schnippen brauchte. Und dieser Mann war nun dazu ausersehen worden, die Kaiserin von Österreich auf ihren Ritten in England und Irland zu pilotieren. Er sollte nicht nur ihr treuer Begleiter werden, sondern auch einer ihrer heftigsten Verehrer und Anbeter, und er war auch Elisabeth nicht gleichgültig.

Es war wahrscheinlich das Naturburschenhafte und dennoch Herzliche, das die Kaiserin am Wiener Hof nirgends finden konnte und das sie deshalb an Bay Middleton faszinierte. Ihre ungarischen Anbeter Niki Esterházy und Elemer Batthyány oder gar Gyula Andrássy waren feinfühlige Edelmänner und verharrten trotz ihrer glühenden Bewunderung in respektvoller Verehrung, während sich der schottische Edelmann beinahe grobschlächtig inmitten des etikettebewußten kaiserlichen Gefolges bewegte. Er war kein Höfling, er kam der Kaiserin von Österreich natürlich und offen entgegen, ganz wie es seinem Wesen entsprach. Bay Middleton war ein Mann, der am besten in die immergrüne Landschaft der Britischen Inseln paßte, der für die Kaiserin in ihrer Erinnerung und

in ihren Träumen immer ein Teil dieses Landes war. Mit ihm konnte Elisabeth unvergeßliche Tage und Wochen verleben, bei ihm vergaß sie ihre Stellung als Kaiserin von Österreich und Königin von Ungarn, an seiner Seite sprang sie auf dem Rücken ihrer Pferde in die große Freiheit.
Als sich Bay Middleton weigerte, die Kaiserin von Österreich zu pilotieren, konnte er freilich nicht ahnen, daß diese Frau sein weiteres Leben schicksalhaft bestimmen würde, auch dann noch, als er sich nach langem Zögern zur Heirat mit seiner Verlobten Charlotte Baird entschlossen hatte.
Zunächst aber waren ihm die Kaiserin und ihre Reitkunst äußerst suspekt. Er kannte ihre Schwester, und das genügte ihm. Obwohl die Exkönigin von Neapel eine schöne Frau war, ging sie Bay Middleton durch ihr strapaziöses, leicht intrigantes Wesen auf die Nerven, und er konnte sich nicht vorstellen, daß Elisabeth, die noch dazu Kaiserin war, sympathischer auf ihn wirken würde. Wahrscheinlich war alles, was über sie in den Gazetten berichtet wurde, reichlich übertrieben, ihre sprichwörtliche Schönheit und vor allem auch ihre stets lobend hervorgehobenen außerordentlichen Reitkünste. Reiten gehörte nun einmal zum Tagesablauf der gelangweilten Damen der High-Society. Auch die Tatsache, daß die Kaiserin von Österreich unter Anleitung der Tochter des Zirkusdirektors Renz stundenlang Dressur der Hohen Schule in einer Manege ritt, die sie auf Schloß Gödöllö in Ungarn hatte anlegen lassen, beeindruckte ihn nicht. Wahrscheinlich war es eine Marotte der gelangweilten Kaiserin. Was sollte er mit so einer Lady bei einer englischen Parforcejagd anfangen?
Bay Middleton hatte bei seinen Recherchen viel, aber nicht alles erfahren: Er wußte nicht, daß die Kaiserin von Österreich neben ihrer legendären Schönheit auch einen – wenn sie wollte –umwerfenden Charme besaß, dem keiner widerstehen konnte. Er konnte nicht ahnen, daß er in den Bann Elisabeths geraten würde, aus dem es auch für ihn kein Entrinnen gab. Obwohl er sie hatte verlassen müssen, obwohl sie längst nicht mehr in seiner Nähe war – er konnte ihre Gestalt und ihr Gesicht, ihr Lächeln und ihre sanfte, melodiöse Stimme, er konnte sie ein Leben lang nicht vergessen.
Es hatte lange gedauert, bis Elisabeth sich entschlossen hatte, nach England zu reisen. Vielleicht waren es die Erzählungen des Prinzen von Wales, der anläßlich seines Besuches der Weltausstellung in Wien im Jahr 1873 als Gast in der Hofburg empfangen worden war, die Elisabeth den Floh ins Ohr setzten, England als Paradies der Reiter kennenlernen zu wollen. Der Prinz selbst saß leidenschaftlich gern im Sattel, und mit

beredter Zunge malte er der Kaiserin beim Souper ein buntes, verheißungsvolles Bild von den berühmten Parforcejagden in seiner Heimat. Und plötzlich war der Funke übergesprungen, der in nur ganz kurzer Zeit ein Feuer in Elisabeth entfachen sollte. Sie mußte, koste es, was es wolle, hinüber nach England. Auch ihre Schwester Marie bestärkte sie in dem Wunsche, indem sie ihr immer wieder Einladungen schickte und ihr in vielen Briefen von der Schönheit und dem Charme dieses Landes und seiner Bewohner vorschwärmte. Vielleicht erwähnte sie wie nebenbei in dem einen oder anderen Schreiben auch den »Tapfersten der Tapferen«, Bay Middleton, den die Exkönigin von Neapel trotz seiner Ablehnung ihr gegenüber wegen seiner Rauhbeinigkeit grenzenlos bewunderte.
Es war für Elisabeth nicht ganz leicht gewesen, ihren Mann von der Notwendigkeit einer Reise nach England zu überzeugen. Sie war in den Augen Kaiser Franz Josephs ohnedies viel zu viel unterwegs, und alle Reisen kosteten Geld. Auch die Wiener nahmen es der Kaiserin ausgesprochen übel, daß sie so selten in der Hauptstadt anwesend war und sich kaum um ihre Pflichten als Herrscherin kümmerte. Aber an diese Kritik war Elisabeth gewöhnt. Was das Volk dachte und meinte, das hatte sie nie sonderlich interessiert, an der Liebe und Verehrung ihrer Untertanen lag ihr nichts. Nur ihren Mann galt es zu überreden. Natürlich wäre es unklug gewesen, das eigene Vergnügen, die Lust an der Jagd als Grund für die Reise übers Meer anzugeben, es war viel diplomatischer, Franz Joseph gegenüber zu erwähnen, wie gesund und heilsam das feuchte Klima auf der Isle of Wight wäre und wie bekömmlich sich die reine Seeluft vor allem für die kleine Valerie auswirken würde. Elisabeth kannte Franz Joseph, er war nicht der Mann, der seiner Engelssisi einen Herzenswunsch abschlagen konnte. Seufzend machte der Kaiser eine beträchtliche Summe aus seiner Privatschatulle locker.
Elisabeth wollte kein überflüssiges Aufsehen erregen, sie wußte nämlich noch nicht, ob sie Lust und Laune haben würde, der englischen Königin Victoria einen Besuch abzustatten. Sie liebte nun einmal keine alten spießigen Frauen, die tagaus, tagein in ihrer schwarzen Witwentracht herumliefen und alles Junge, Schöne mißmutig mit scheelen Augen betrachteten. Außerdem waren ihr offizielle Auftritte in tiefster Seele zuwider, und oft hatte sie lange mit dem Kaiser darüber diskutiert, der manchmal von seiner Frau geradezu unerwartet hartnäckig forderte, gewisse Missionen im Ausland zu erfüllen.
Nun, Elisabeth wollte unter dem Pseudonym einer Gräfin von Hohenembs reisen, dann würde sie hoffentlich ihre Ruhe haben und tun und lassen können, wonach ihr gerade der Sinn stand. Eine Gräfin von Hohen-

embs würde nicht unbedingt ihre Aufwartung bei der Königin des britischen Commonwealth machen müssen!
Am 2. August 1874 traf Elisabeth zusammen mit ihrer Tochter und den beiden Hofdamen Marie Festetics und Ida Ferenczy auf der Isle of Wight ein. Und was sie nicht erwartet hatte, traf überraschend schnell ein: Königin Victoria hatte es sich nicht nehmen lassen, die Kaiserin zu besuchen. Sie war von der Schönheit Elisabeths derart hingerissen, daß sie sogar eine Notiz in ihrem Tagebuch machte:
»Mit ihrem herrlichen kastanienbraun schimmernden Haar, das sie wie ein Diadem in Zöpfen um den Kopf geflochten trägt, sieht sie wirklich reizend aus – ein wunderschönes Bild … Ihre Taille ist schmäler, als man sich vorstellen kann, und ihr Gang ist von großer Anmut.«
Wahrscheinlich gab es kaum einen größeren Gegensatz als jenen, den die beiden Frauen bildeten: Die 37jährige Kaiserin wirkte in ihrer grazilen Schlankheit immer noch jungmädchenhaft, trotz der vier Kinder, denen sie das Leben geschenkt hatte. Daneben stand – erdverbunden, lebenserfahren – die kleine rundliche Victoria, ganz in Schwarz gekleidet und mit der unförmigen Witwenhaube auf dem ergrauten Haar, eine puritanische Matrone, eine Frau jener Epoche, die von ihr geprägt worden war. Die Gespräche müssen kurz gewesen sein, denn Elisabeth hatte in ihrer spontanen Art auf den ersten Eindruck, den die schwerfällige Königin auf sie gemacht hatte, reagiert: Victoria war ihr unsympathisch! Und hatte die Kaiserin einmal ein Urteil gefällt, so führte keine Brücke mehr zu der vorverurteilten Person.
Zwei Einladungen schickte die Königin an Elisabeth, doch Elisabeth gebrauchte nicht einmal höflicherweise eine Ausrede, sie lehnte die Einladungen rundweg ab und brüskierte Victoria zutiefst.
Die Isle of Wight entzückte Elisabeth mit ihren saftig grünen Wiesen, den sanften Hügeln, den dichten Hecken und kleinen Baumgruppen, dem blaugrünen Meer und den leuchtend bunten Sandsteinfelsen, die steil auf der Südseite aus der See aufragen. Sooft sie konnte, ritt sie mit kleinem Gefolge quer über die Insel, die Brüder Hector und Alexander Baltazzi waren mit von der Partie, zwei exzellente Reiter, die sich, je nach Jahreszeit entweder auf ihren Gütern in England, Österreich oder Ungarn aufhielten. Sie umschwärmten damals die Königin von Neapel, weil sie sich durch die Exmonarchin den Eingang in die englische High-Society erhofften. Beide waren gutaussehende junge Männer, denen sich die Türen beinahe von alleine öffneten. Nur der Gräfin Festetics, einer ewig skeptischen Frau, waren die beiden Draufgänger nicht ganz geheuer. Ihrem Tagebuch vertraute sie folgende Zeilen an: »Man muß sehr

achtgeben … Die Brüder gehen im Sport auf, reiten famos, drängen sich überall hin, sind für uns gefährlich, weil sie ganz englisch sind, und wegen der Pferde!«

Die Gräfin sollte recht behalten, denn die Rolle, die die Baltazzis in der Nacht von Mayerling spielten, als der Kronprinz seinem Leben ein Ende bereitete, ist bis heute nicht geklärt.

Bevor Elisabeth von der Isle of Wight abreiste, wurde vom Vorstand des Castle-Clubs der Kaiserin zu Ehren ein Rennen veranstaltet, für das Elisabeth selber bei einem Londoner Juwelier einen reichverzierten, kostbaren Siegerpokal anfertigen ließ.

Kurz nach dieser Veranstaltung, der auch die Exkönige von Neapel beiwohnten, verließ sie England mit der festen Absicht, so bald wie möglich wiederzukehren. Captain Bay Middleton hatte sie noch nicht kennengelernt!

Geraume Zeit sollte ins Land ziehen, bevor Elisabeth wieder den Boden der Britischen Inseln betrat. In der Zwischenzeit saß sie mehr denn je im Sattel und setzte ihre ganze Energie dazu ein, ihr Können als Reiterin zu verbessern und zu vervollkommnen. Dabei mußte ihr eigentlich vieles hinderlich gewesen sein, die langen engen Röcke, die damals die Reitmode der Frauen bestimmten, ebenso wie die Haltung im Damensitz, in der es wesentlich schwieriger war, ein Hindernis zu überwinden, als im Herrensitz. Allerdings hatte ihr Vater seinerzeit schon darauf gedrungen, daß seine Töchter die Technik des Damensitzes wenigstens beidseitig erlernten, so daß die Kaiserin, je nach Bedarf, die Seiten des Pferdes wechseln konnte.

Elisabeth war in allen Dingen des Lebens eine Individualistin, sie fügte sich weder dem Zeitgeschmack noch den Etikettevorschriften. So hatte sie für sich selbst eine eigene Reitunterkleidung entwerfen lassen, die aus feinstem Rehleder bestand und in die sie sich täglich von ihren Damen einnähen ließ, damit ihre blendende Figur besonders zur Geltung kam. Über diesem »Lederbody« trug sie keinen der vorgeschriebenen Unterröcke, sondern gleich den langen engen Reitrock. Als es publik wurde, daß die Kaiserin von Österreich gleichsam »nackt« unter dem Reitkostüm war, ging ein empörtes Raunen durch die puritanische Damenwelt, es war »shocking«, wie sich die Monarchin kleidete.

Die Kaiserin hatte bei ihrem Aufenthalt auf der Isle of Wight einen Vorgeschmack von der englischen Hecken- und Hügellandschaft bekommen und dabei erkannt, wie wichtig es für sie in Zukunft war, sich im Springen zu trainieren, wollte sie auf den langen schwierigen Parforcejagden bestehen. So ließ sie nahe des Schlosses Gödöllö Hindernisse in allen

Varianten aufstellen, über die sie dann unter Anleitung ihres Stallmeisters versuchte, die beste Passage zu finden.
Für die Kaiserin gab es in diesen Jahren kein anderes Thema als Pferde, Reiten und Jagden. Höchst selten erinnerte sie sich, daß sie auch einen Mann und Kinder hatte. Ihre ältere Tochter Gisela war ohnedies nicht mehr im Hause, sie hatte mit 16 Jahren nach München geheiratet und die Kaiserin mit 36 Jahren zur Großmutter gemacht, eine Tatsache, die ihr Elisabeth nicht so leicht verzeihen konnte. Und Rudolf? Der ging ohnehin schon längst seine eigenen Wege. Nur um ihren Liebling, Valerie, kümmerte sich Elisabeth beinahe mit übertriebener Liebe und Sorge.
Die Atmosphäre in der Hofburg war eisig geworden, vor allem da der Kaiser die ständige Abwesenheit seiner Frau mehr und mehr kritisierte. Ihre Pflichten als Kaiserin hatte sie ohnedies kaum wahrgenommen und dabei nicht bemerkt, daß aus der ehemaligen Verehrung des Volkes Ablehnung, ja Antipathie geworden war, die sich dahingehend steigerte, daß man Protestkundgebungen abhalten wollte, als bekannt wurde, daß die Kaiserin 1876 wieder nach England fahren wollte. Im letzten Moment war es den wachsamen Sicherheitsbehörden gelungen, die aufgebrachte Wiener Bevölkerung, die zum Westbahnhof gezogen war, zu zerstreuen.
Im Laufe der Jahre hatte das Volk begonnen, eine gewisse Sympathie dem ständig allein gelassenen Mann entgegenzubringen, von dem man wußte, daß er von früh bis spät an seinem Schreibtisch saß und, wie er glaubte, zum Wohle des Volkes arbeitete. Die Kaiserin hingegen hatte einzig und allein ihr Vergnügen im Kopf, und das kostete Unsummen, während die sozialen Unterschiede im Staat immer krasser wurden. Die Oberschicht lebte in unwahrscheinlichem Luxus, während die Ziegelarbeiter in den Wiener Vorstädten nicht wußten, wovon sie am nächsten Tag ihre Kinder ernähren sollten.
Elisabeth aber sah von all dem Elend nichts, da sie sich kaum für andere interessierte und es nicht der Mühe wert fand, sich über die Lage der Bevölkung zu informieren.
Es war Franz Joseph wahrlich nicht leichtgefallen, seiner Frau die Erlaubnis zu erteilen, wieder hinüber nach England zu fahren. Als sie ihm die Absicht vortrug, an den Parforcejagden teilnehmen zu wollen, stand er dem Vorhaben äußerst skeptisch bis ablehnend gegenüber. Mußte er doch tagtäglich an den Unfall in Frankreich denken, der ein böses Ende hätte nehmen können. Es war für ihn denkbar beunruhigend zu wissen, daß die englischen Jagden zu den schwierigsten und gefährlichsten in Europa zählten, und er konnte sich nur allzugut vorstellen, wie seine

Frau in ihrem sportlichen Reiterehrgeiz sich allen anderen gegenüber besonders hervortun würde. Aber endlich gab er doch sein Einverständnis, bestand jedoch darauf, daß Elisabeths Leibarzt, Dr. Langyi, sie ständig begleitete und daß der Doktor auch auf jeder Jagd in ihrer Nähe weilte. Elisabeth versprach, daß sie nicht allzu mutig sein würde, und verließ Wien mit kleinem Gefolge und kleinem Gepäck, das immerhin 40 Tonnen wog.

Als Domizil für die Kaiserin und ihre Begleiter hatte man Easton Neston ausgesucht, ein Haus, das der englischen Adelsfamilie der Hawksmoor gehörte. Es war für alle, die die Ansprüche der österreichischen Monarchin kannten, selbstverständlich, daß dieses großzügige Landhaus entsprechend adaptiert werden mußte, damit Elisabeth auch nur jeglichen Komfort genießen konnte. Geld spielte bei diesen Überlegungen die geringste Rolle, der Kaiser von Österreich war überall in Europa kreditwürdig.

Obwohl Elisabeth es kaum erwarten konnte, in England, dem Paradies der Reiter, im Sattel zu sitzen, kam sie in London auf die Idee, sich bei Königin Victoria zu einem Kurzbesuch anzumelden. Und was die Kaiserin nie für möglich gehalten hatte, trat ein: Die englische Königin ließ ihr mitteilen, sie sei zu beschäftigt, um einen ausländischen Gast zu empfangen. Durch diese ungeheuerliche Brüskierung fühlte sich Elisabeth wie vor den Kopf geschlagen. In weinerlichem Ton schrieb sie postwendend an Franz Joseph: »Stell dir nur einmal vor, *ich* wäre so ungezogen!« und vergaß dabei, daß sie bei ihrem letzten Aufenthalt in England die wesentlich ältere Queen in ganz ähnlicher Weise dupiert hatte.

Doch schon am nächsten Tag traf die erste Einladung zu einer eigens zu ihren Ehren angesagten Jagd ein. Seit Tagen gab es in der ganzen Gegend kein anderes Thema mehr als der Besuch der Kaiserin von Österreich. Obwohl Elisabeth wiederum inkognito gereist war, hatte es eine Lücke im Sicherheitsnetz gegeben, und durch eine Indiskretion war bekannt worden, wer die fremde Dame eigentlich sei. Wie ein Lauffeuer hatte es sich herumgesprochen, daß die legendäre Kaiserin von Österreich in England weilte, und von überall her strömten die Menschen herbei, um die berühmte Frau leibhaftig in Augenschein zu nehmen. Man wollte sich selbst überzeugen, ob sie wirklich so schön war, wie die Gazetten überall im Land berichteten.

Elisabeth hatte es geahnt, daß man sie bei ihrer Ankunft in Althorp genau betrachten würde, und hatte sehr sorgfältig Toilette gemacht. Als Reitkleidung hatte sie ein bezauberndes blaues Kostüm ausgewählt, an dem die goldenen Knöpfe weithin in der Sonne blinkten. Ein kesser klei-

ner Hut mit einer Feder saß leicht schief auf ihrem prachtvollen Haar und vervollständigte den eleganten Anblick.
Diener in Livree öffneten den Wagenschlag der Kalesche, und die Kaiserin entstieg leichten Fußes der Kutsche, während ein reizendes Lächeln über ihr erwartungsfrohes Gesicht huschte, als sie die wartende Menschenmenge sah. Sie hob leicht die Hand zum Gruße, dann schwebte sie an der Seite Lord Spencers davon. Die Männer und Frauen waren vorerst stumm vor Staunen. Die Kaiserin war wirklich schön! Spontan brach der Beifall der sonst äußerst zurückhaltenden Engländer los. Elisabeth hatte, wie immer, wenn sie wollte, durch ein Lächeln und durch kleine Gesten die Menschen zu bezaubern vermocht. Die Gastgeber hatten alles mögliche aufgeboten, um den hohen Gast zu erfreuen. So sollte sich die Kaiserin, bevor sie sich auf die Strecke begab, noch nach guter englischer Manier kräftig stärken. Die Köstlichkeiten, die zum geschmackvollen englischen Tee serviert wurden, weckten auch den Appetit der Kaiserin, und ganz gegen ihre sonstige Gewohnheit ließ sie es sich sichtlich schmecken. Und während die Jagdgäste fröhlich plaudernd sich um Elisabeth scharten, traf auch der lang erwartete Captain Middleton ein, der sich nach langem Hin und Her letztlich doch bereit erklärt hatte, die Kaiserin auf ihren Jagden zu pilotieren. Wahrscheinlich waren beide aufeinander neugierig, der abweisende Captain genauso wie die österreichische Kaiserin.
Bay Middleton betrat den Raum als ein echter schottischer Kavalier. Wie es die Etikette vorschrieb, war er äußerst sorgfältig gekleidet, der leuchtend rote Rock, der wie ein Frack geschnitten war, paßte perfekt zu den blendend weißen Lederhosen, und braune Stulpenstiefel, die mit langen Sporen versehen waren, vervollständigten den absolut korrekten Anblick. So wie er waren auch die übrigen Mitglieder der Jagdgesellschaft farbenprächtig-elegant adjustiert.
Die Kaiserin zeigte ein reserviertes, beinahe verschlossenes Gesicht, als der Captain ihr vorgestellt wurde, sicherlich waren ihr seine Äußerungen zu Ohren gekommen. Dieser Middleton sollte beileibe nicht glauben, daß sie ihn wegen seiner im ganzen Lande gerühmten tollkühnen Jagdabenteuer bewundern würde! – Aber auch Bay Middleton verhielt sich zugeknöpft, erstens, weil er ohnedies Frauen im Sattel gegenüber skeptisch war, und zweitens, weil die Kaiserin die Schwester der Königin von Neapel war. Und da hatte der Captain seine vorgefaßte Meinung.
Elisabeth fühlte die Ressentiments, die ihr Bay Middleton entgegenbrachte, und wahrscheinlich war es gerade diese Zurückhaltung des schottischen Reiterkönigs, die sie besonders an ihm reizte. Er sollte se-

hen, wie Frauen reiten konnten! Aber sie wollte noch mehr, mit ihrem ganzen Charme wollte sie ihn bezaubern. Und Elisabeth wußte, daß jeder, den sie becircen wollte, ihr verfallen war. Auch Bay Middleton!
Schon der erste Ausritt, der eine Probe des Könnens der Kaiserin darstellen sollte, entwickelte sich zu einem Abenteuer. Wie eine Amazone übersprang Elisabeth die breitesten Gräben und die höchsten Hecken, so daß Bay Middleton aus dem Staunen nicht herauskam. War es möglich, daß eine Frau die Reitkunst in einer derartigen Perfektion beherrschte? Eine Lady, die noch dazu eine Kaiserin war und außerdem eine Dame vom Kontinent! Was aber beide nicht bedacht hatten, war, daß wohl die exzellente Reiterin den Anforderungen des englischen Geländes gewachsen war, nicht aber das Pferd. Nachdem es die vielen Hindernisse in hohem Bogen übersprungen hatte, trieb Elisabeth das völlig ermüdete Pferd in gestrecktem Galopp noch weiter an. Das Pferd nahm – erschöpft wie es war – einen Graben zu kurz, und mit Entsetzen mußte Bay Middleton zusehen, wie die ihm anvertraute Kaiserin mit dem Pferd schwer stürzte. Elisabeth hatte Glück im Unglück, der Sturz hatte zwar spektakulär ausgesehen, aber die Kaiserin war wie durch ein Wunder unverletzt geblieben.
Nach diesem wilden Ritt über Stock und Stein war das Eis gebrochen. In den folgenden Tagen und Wochen wich Bay Middleton nicht mehr von Elisabeths Seite, und die Kaiserin vertraute sich ihm voll und ganz an. Sie hatte das sichere Gefühl, daß sie sich auf diesen Mann in jeder Situation verlassen konnte, er war nicht nur ein blendender Reiter, er war auch charmant und liebenswürdig und darüber hinaus völlig unkompliziert. In seiner Nähe dachte sie nicht mehr daran, daß sie eigentlich Kaiserin von Österreich war, sie genoß das unkonventionelle Leben in vollen Zügen. Dabei vergaß sie ihre nervösen Kopfschmerzen, die sie in Wien ständig geplagt hatten, vergoß keine Tränen und hörte weder Stimmen, noch sah sie Gespenster. Sie war zu einer völlig normalen Frau geworden, die scherzen und lachen konnte, die bei den ausgedehnten Soupers mit großem Appetit den köstlich zubereiteten Speisen zusprach und auch den funkelnden Wein in den Kristallgläsern genoß.
Die Jagdgesellschaft, allen voran Lord Spencer, schätzte sich überglücklich, daß der hohe Gast das Leben in England augenscheinlich besonders behagte. Schließlich hatte man alles aufgeboten, um die Kaiserin, von deren komplizierten Wesen man ausgiebig gehört hatte, bei Laune zu halten. Wenn man in das schöne, schelmisch lachende Gesicht Elisabeths schaute, konnte man sich nicht vorstellen, daß sie zu Hause oft tagelang mit Leidensbittermiene herumging und durch ihr unbe-

herrschtes Wesen ihre Umgebung an den Rand eines Nervenzusammenbruchs brachte.
Tagtäglich ließ sie sich, wenn zum Halali geblasen wurde, von Bay Middleton galant in den Sattel helfen, die Meute wartete schon unruhig kläffend, bis die Reiter sich gesammelt hatten, dann begann die wilde Jagd wie an den Tagen vorher, denn Elisabeth wollte keinen Tag missen. Sie kostete jede Stunde aus, in der sie die große Freiheit spürte.
Die Beziehung der Kaiserin zu Bay Middleton war geprägt von besonderer Herzlichkeit und Vertraulichkeit. Er war immer um sie, und es war für die Jagdgesellschaft unschwer zu erkennen, wie sehr sie seine Gesellschaft schätzte. Er genoß Privilegien, die sonst kaum einem Jagd-Piloten eingeräumt wurden, und auch am Abend, bei den späten Soupers, nahm er seinen Platz neben der Kaiserin von Österreich ein, was am etikette- und traditionsbehafteten Kaiserhof in Wien absolut undenkbar gewesen wäre. Aber hier in England war eben alles anders, auch wenn sich Elisabeth auf Verlangen des Kaisers von Zeit zu Zeit zu offiziellen Aufgaben aufraffen mußte. Dann aber setzte sie ihr starres undiplomatisches Gesicht auf und erschien zum Beispiel bei der Queen zu einem Kurzbesuch am Sonntag, obwohl sie wußte, daß die Königin von England an einem Sonntag niemals Besuche empfing! Nach einer dreiviertel Stunde nichtssagender gelangweilter Konversation entschuldigte sich die Kaiserin mit einem banalen Grund und verließ die aufs neue schockierte Victoria. Am nächsten Tag nahm Elisabeth gut gelaunt eine Einladung der Rothschilds an, wobei sie in diesem Hause nicht nur mehrere Stunden in angeregtester Konversation verweilte, sondern auch noch mit den Gastgebern ausgiebig ausritt.
Der Kaiser konnte wahrhaft keine Freude mit seiner Frau als Diplomatin haben. Die ohnedies kühlen Beziehungen zu England erkalteten durch das Verhalten der Kaiserin beinahe vollständig. Aber Elisabeth kümmerte sich nicht um das, was ihren Mann betraf. Es scherte sie wenig, daß Franz Joseph nicht nur ihr Verhalten der Queen gegenüber äußerst unpassend fand, sondern sich auch noch tagtäglich um seine Frau sorgte und ständig in der Furcht lebte, es könnte ihr auf den Jagden etwas zustoßen. Sie schrieb ihm zwar begeisterte Briefe, aber ihre Sehnsucht nach ihm hielt sich in Grenzen. Es genügte, wenn er das nötige Geld zur Verfügung stellte, und das war immerhin die Unsumme von 106 516 Gulden und 93 Kronen.
Allmählich gingen freilich die schönen Wochen in den Midlands zu Ende und Elisabeth konnte den Kaiser nicht zu einer Verlängerung ihres Aufenthaltes überreden. Sie mußte von England und dem Captain Ab-

schied nehmen, und dies war für sie ein doppelter Schmerz. In den wenigen Wochen, die sie einander kannten, waren sich Bay Middleton und Elisabeth innerlich näher gekommen, die Kaiserin fühlte sich in seltsamer Weise zu dem 30jährigen fürsorglichen, fröhlichen Schotten hingezogen. Es war mehr als Sympathie, was sie für ihn empfand. Vielleicht hatte sie sich in ihn wie ein junges Mädchen verliebt, ohne dabei an irgendwelche Konsequenzen zu denken. Als Frau, die in der körperlichen Liebe wenig empfand, kam ihr ein sexuelles Abenteuer wahrscheinlich gar nicht in den Sinn. Die extremen Ritte, die sie täglich unternahm, erstickten vielleicht auch jede körperliche Begierde im Keim. Es genügte ihr zu sehen und zu fühlen, wie sehr sie von Bay Middleton bewundert, geliebt und begehrt wurde. Der Captain erfüllte, was sie sich in ihrer nie verlorengegangenen Mädchenromantik ersehnte.
Für Bay Middleton war die Kaiserin von Österreich unerreichbar, und er war sich dessen, so schwer es ihm wurde, bewußt. Er ahnte auch, daß jeder Schritt zu viel das Ende ihres vertrauten Beisammenseins bedeuten konnte. Deshalb vermied er alles, was Elisabeth zur Zielscheibe des internationalen Klatsches hätte machen können. Trotzdem begann die Gerüchteküche zu brodeln, vor allem als bekannt wurde, daß er als Gast der österreichischen Kaiserin nach Schloß Gödöllö zur Jagd eingeladen worden war.
Elisabeth hatte sich fest vorgenommen, auch in Ungarn an der Seite Bays zu reiten, obwohl sie natürlich die Animositäten ihrer magyarischen Jagdbegleiter vorhersehen konnte.
Und wie es die Kaiserin geahnt hatte, kam es auch. Ihre Freunde fühlten sich beinahe persönlich beleidigt, als Bay Middleton, ein Affront für die standesbewußten ungarischen Magnaten, eintraf und von Elisabeth überschwenglich begrüßt wurde. Auch die eigene Familie stand dem schottischen Captain eher ablehnend gegenüber, Franz Joseph wußte überhaupt nicht, was er mit ihm anfangen sollte, in den Augen des Kaisers war er ein gewöhnlicher Stallmeister. Was wollte also seine Frau mit ihm in der hocharistokratischen Gesellschaft? Auch Rudolf, der sich seiner Mutter gegenüber zeit seines Lebens ambivalent verhalten hatte – einerseits bewunderte er ihre Schönheit, andererseits lehnte er sie wegen ihrer Untätigkeit ab –, fand den Schotten völlig fehl am Platz.
Bay Middleton spürte die Spannung, die sich um seine Person aufbaute, von Tag zu Tag mehr. Es fehlte ihm in der heißen ungarischen Tiefebene nicht nur das saftige Grün der englischen Wiesen, er vermißte auch die Hecken und Gräben, die eine Jagd für ihn erst interessant machten. Aber er war ein Mann, der es gewohnt war, sich den Gegebenheiten anzupas-

sen, außerdem fühlte er die Zuneigung der Kaiserin auf Schritt und Tritt Er war glücklich, in ihrer Nähe sein zu können, wenn er auch bei dem Rennen, das Elisabeth seinetwegen hatte ausrichten lassen, nicht den Sieg davontrug. Karl Kinsky, ein junger Mann, der sich noch oft im Leben mit Bay Middleton auf den internationalen Rennstrecken messen sollte, gewann den Pokal, der von der ungarischen Königin gestiftet worden war.

Während der Anwesenheit des Kaisers in Gödöllö hatte man streng auf das Zeremoniell und das Protokoll zu achten. Auch hier machte Franz Joseph keine Konzessionen, alles hatte im traditionell gewohnten Stil abzulaufen. Kaum aber hatte der Monarch Ungarn den Rücken gekehrt, lud die Kaiserin zu intimen Soupers zu später Stunde, und die ungarischen Freunde bemerkten indigniert, daß sie ihre bevorzugten Plätze einem Bay Middleton räumen mußten. Aber Elisabeth versprühte so viel Charme und war in so heiterer Stimmung, daß ihr die stolzen Magnaten verziehen. Vom frühen Morgen bis in die späte Nacht war der schottische Captain an der Seite der Kaiserin, sie führte ihm in ihrer Privatmanege ihre Reitkünste vor oder zeigte ihm, daß sie beinahe wie ein Musketier fechten konnte. Dabei trug sie nur einen Hauch von einem kurzen Kleid, der durchsichtige Stoff enthüllte mehr, als er verbarg. Es schien, als spielte die Kaiserin bewußt mit dem Feuer, das sie aber zu löschen nie die Absicht hatte.

Daher überkam sie ein ungewöhnlich heftiger Zorn, als sie erfuhr, daß Bay Middleton in Budapest bestimmte Etablissements mit zweifelhaftem Ruf aufsuchte und sich intensiv vergnügte. Bei einem dieser Besuche war er allzu vertrauensselig gewesen und nach diesem amourösen Abenteuer bis zum letzten Heller ausgeraubt worden. In seiner verzweifelten Lage – ohne Geld und ohne die geringste Kenntnis der ungarischen Sprache – hatte er sich auf das Polizeipräsidium geflüchtet, von wo aus die Kaiserin in Gödöllö verständigt wurde.

Als Bay nach Gödöllö zurückgekehrt war und allen, die es hören wollten, über das ganze Gesicht lachend von seinen Abenteuern in der Hauptstadt erzählte, verrauchte Elisabeths Wut schnell. Er hatte nun einmal eine Art, sich über sich selbst lustig zu machen, der die Kaiserin nicht widerstehen konnte. Als der Captain schließlich doch die Koffer packen mußte, vergoß Elisabeth bittere Tränen, wußte sie doch nicht, wann sie ihn wiedersehen würde. Es war nicht Eifersucht, die Franz Joseph veranlaßte, seiner Frau mitzuteilen, daß an eine baldige Reise nach England nicht zu denken sei. Immer mehr zeigten sich politische Gegensätze im Verhältnis zum Königreich, und es war keineswegs oppor-

tun, wenn die Frau des Kaisers von Österreich in Großbritannien zur Jagd ging.
Aber überraschenderweise besserte sich das politische Klima schneller als gedacht, und Elisabeth begann wieder zu hoffen. Sie fiel aber ihrem Mann gegenüber nicht mit der Tür ins Haus, sondern machte den Kaiser darauf aufmerksam, daß es an der Zeit wäre, Rudolf, der als Thronfolger verschiedene Länder und Systeme studieren sollte, eine Reise nach England zu ermöglichen. Sie als Mutter würde ihren Sohn begleiten. Am 31. Januar 1878 trafen beide, Mutter und Sohn, mit ihrem Gefolge in London ein. Diesmal war die Kaiserin nicht inkognito gereist, es wäre ohnehin überflüssig gewesen, da die Zeitungen schon lange vorher von der Ankunft der Monarchin berichteten. Elisabeth stieg in dem kleinen intimen Hotel Claridge in London ab, wo sie schon von ihrer Schwester, der Königin von Neapel, und ihrer Nichte Marie erwartet wurde, die kurz vorher mit dem ungeliebten Georg Larisch verheiratet worden war. Sosehr die Schwestern einander zugetan waren, so verspürte Marie zeit ihres Lebens einen Hauch von Eifersucht auf Elisabeth, vor allem im Hinblick auf Bay Middleton. Denn noch einmal hatte es die Königin von Neapel versucht, Bay als Pilot anzuheuern, und erneut hatte ihr der Captain höchst uncharmant eine Abfuhr erteilt, indem er bemerkte: »Der Teufel soll mich holen, wenn ich mit jeder Königin herumgaloppiere, die uns besuchen kommt!« Diese Äußerung war der Schwester der Kaiserin schnellstens zu Ohren gekommen, und sie verzieh diese deutlichen Worte Bay Middleton niemals. Im Gegenteil, durch ihren Haß auf ihn wurden Gerüchte geschürt, die zu einer peinlichen Situation zwischen Middleton und dem österreichischen Kronprinzen führen sollten.
Bay Middleton hatte die Anordnung bekommen, aus seinen Ställen die besten Pferde auszuwählen, um sie für die Jagdsaison der Kaiserin zur Verfügung zu stellen. Er hatte die Tiere selbst ausgesucht und mit großer Könnerschaft geschult, oft auch mit brutaler Härte. So verfügte er über die besten Rennpferde auf der Insel.
Auch Elisabeth hatte sich eingehend auf die bevorstehenden Reitabenteuer in Mittelengland vorbereitet. Da ihr die Umgebung von Gödöllö zu wenig Anreize bot, war sie im Jahr 1876 mit kleinem Gefolge in die Normandie gereist und auf Schloß Sassetot abgestiegen. Zusammen mit ihrem Stallmeister trainierte sie Tag für Tag und ließ sich die schwierigsten Hindernisse aufbauen. Wenn man das Reittraining der Kaiserin betrachtet und ihre Gymnastik sowie die Turnübungen dazurechnet, denen sich Elisabeth regelmäßig unterzog, so kann man mit Fug und Recht behaupten, daß diese Frau damals wie heute hochbezahlte Spitzensportler

trainierte. Sie ritt exzellent, lag bei jeder noch so gefährlichen und langwierigen Jagd jedesmal im Spitzenfeld und saß im Sattel, wenn rundherum Reiter und Pferde sich in den Gräben oder hinter den Hecken wälzten.
Ihre Sicherheit und ihr Können erstaunten die Herrenreiter aus ganz Europa, und die Mär von der kaiserlichen Amazone wurde voll Bewunderung erzählt. Die erstaunten Beobachter konnten die Kaiserin von Österreich manchmal hoch zu Roß im Herrensitz über die hohen breiten Hecken fliegen sehen, mit einer grauen weichen Rehlederhose und einem schwarzen engen Spencer bekleidet. Allerdings trug die Monarchin diese revolutionäre Sportkleidung wahrscheinlich nur in sehr intimem Rahmen, denn nirgendwo ist diese Art von Mode im ausgehenden letzten Jahrhundert dokumentiert. Vielleicht war nicht einmal der Kaiser darüber informiert, wie sich seine Frau auf ihren Reitabenteuern zu kleiden pflegte.
In der Normandie allerdings hatte sich die Kaiserin zunächst die Sympathien der Bevölkerung, vor allem der Bauern, gründlich verscherzt, da sie die Grundgrenzen, so wie sie es gewohnt war, einfach ignorierte und mitten hinein in die bestellten Felder ritt. Die Empörung war so groß, daß die Bürgermeister im Schloß vorstellig wurden und Schadenersatz forderten. Sie konnten den Besitzern der verwüsteten Felder als Beruhigung mitteilen, daß die Schäden großzügigst ersetzt und finanziell abgegolten werden sollten. Der Kaiser von Österreich war immerhin für die Betroffenen ein sicherer Garant! Er griff wie so oft in die Tasche und zahlte. Dabei stand Elisabeth jedes Jahr ein persönlicher Etat von 200000 Gulden zur Verfügung, eine immense Summe, mit der sie jedoch niemals auskam! Die Kaiserin verschwendete nun einmal keinen Gedanken an Geld, es war für sie eine Selbstverständlichkeit, daß ihr finanzielle Mittel in Hülle und Fülle zur Verfügung gestellt wurden, und sie hatte keine Ahnung davon, wie das einfache Volk Tag für Tag sein Leben fristen mußte. So kümmerte es sie auch wenig, daß die hinterbliebene Familie eines Treibers, den Kronprinz Rudolf auf einer Jagd aus ignoranter Unachtsamkeit erschossen hatte, mit einem Bettel abgefunden wurde. 50 Gulden wurden dafür bezahlt, daß eine Familie ihren Ernährer verloren hatte.
Elisabeth war in ihrer Reitleidenschaft ohne Maß und Ziel, sie trainierte auch in der Normandie täglich mehrere Stunden. Einmal versuchte sie die Hindernisse, die extra für sie aufgebaut worden waren, in umgekehrter Reihenfolge zu überspringen. Aber das, was sie selber von sich forderte,war für ihr Pferd entschieden zu viel. Bei einem Sprung über ein

Hindernis stürzte ihr Pferd Zouave schwer, und Elisabeth schlug mit dem Kopf auf. Sie blieb bewußtlos liegen, Diener eilten herbei, riefen nach einem Arzt und brachten die ohnmächtige Kaiserin ins Schloß, wo sich allmählich auf der Stirn ein großes Hämatom bildete. Elisabeth hätte sich das Genick brechen können, denn ihr Kopf war, so wie es damals üblich war, durch nichts geschützt. Man trug entweder seidene Kappen oder wie die Kaiserin bei diesem Unfall einen schicken Hut, einen kleinen Strohhut mit einer kessen Feder.

Die Nachricht von dem Reitunfall seiner Frau erreichte den Kaiser auf einem Jagdausflug in Ischl, und er wollte, als er hörte, wie ernst die ganze Angelegenheit war, spontan nach Frankreich reisen. Aber die Beziehungen zu Frankreich waren nicht die allerbesten, und so wollte es Franz Joseph nicht riskieren, inkognito zu seiner Frau nach Sassetot zu fahren. Elisabeth selbst versuchte ihren Mann zu beruhigen, ob aber ihr Vorsatz, noch mehr zu trainieren, damit so etwas nicht mehr passieren könne, ihrem zutiefst erschrockenen Mann die Angst nahm, bleibt dahingestellt.

Auf die Wochen in Mittelengland hatte sich die Kaiserin über alle Maßen gefreut, doch wie es meist so ist, wenn man mit großen Erwartungen einem Ereignis entgegensieht – sie wurde enttäuscht. Zu ihrer Mißstimmung trugen nicht nur das miserable Wetter und die geringen Jagdmöglichkeiten bei, sondern auch ihr Sohn. Nicht nur, daß er die englische Queen mit seinem Charme bezauberte, etwas, was ihm seine Mutter niemals verzeihen konnte, da er ihr dadurch in den Rücken fiel – er benahm sich geradezu brüskierend Bay Middleton gegenüber. Eines Abends besuchte der österreichische Kronprinz einen Ball, den der deutsche Botschafter in Carton House Terrace gab. Auch Bay war unter den Gästen, und ein Freund fühlte sich bemüßigt, die beiden Männer miteinander bekannt zu machen. Als Bay Middleton auf Rudolf zutrat, starrte ihn der Kronprinz wortlos an, erhob sich, drehte sich auf dem Absatz um und zeigte dadurch allen Anwesenden, daß er den Mann, den seine Mutter so bevorzugte, aus tiefstem Herzen ablehnte.

Das Verhältnis zwischen Elisabeth und ihrem Sohn war immer gespannt gewesen, durch diesen Vorfall trat es in eine Phase eisigen Schweigens. Die Kaiserin verzieh Rudolf dieses Benehmen niemals.

Die Sympathie, die Elisabeth offen dem Captain gegenüber bekundete, hatte zu Gerüchten Anlaß gegeben. Die Kaiserin war ihm gegenüber von einer seltenen Vertrautheit, nannte ihn auch vor versammelter Jagdgesellschaft mit seinem Spitznamen »Bay« und ließ sich wie ein Kind von ihm, der immerhin acht Jahre jünger war als sie, führen. Was sonst keinem widerfuhr, erlebte Bay an der Seite der Kaiserin: Er wurde zu ihren privaten, aber auch öffentlichen Dinners geladen und hatte meistens seinen Platz an ihrer Seite. All dies war natürlich Rudolf zu Ohren gekommen, und selbst Elisabeths Schwester, die Königin von Neapel, hatte mit großem Genuß die Fama verbreitet, Bay Middleton wäre der Liebhaber der Kaiserin von Österreich.

Auch ihre Nichte, Marie Larisch, der die Kaiserin absolutes Vertrauen schenkte und die, auch weil sie perfekt im Sattel saß, auf vielen Ritten sowohl in Ungarn als auch in England an der Seite ihrer Tante war. bauschte in ihrer blühenden Phantasie Episoden aus, die dann für bare Münze genommen wurden. Marie schrieb viel später, als sie längst die Gunst des Kaiserhauses eingebüßt hatte, ihre Memoiren, in denen sie von einer intimen Beziehung ihrer Tante zu Bay Middleton wissen wollte. Ob und wie sich alles zugetragen hatte, bleibt wahrscheinlich für immer ein Geheimnis. Fest steht allerdings, daß Elisabeth sehr viel für Bay Middleton empfunden hat. Er war nicht nur ein brillanter Sportsmann, der immer dann zur Stelle war, wenn sie ihn brauchte, er war in seiner Natürlichkeit und unkonventionellen Art auch so ganz anders als ihr eigener Mann und mit ihren anderen Anbetern nicht zu vergleichen. Daß er sie über alles liebte, darüber bestehen keine Zweifel, denn solange es irgendwie möglich war, schob er die geplante Heirat mit Charlotte Baird hinaus.

Die Brüskierung Bays durch Rudolf hatte der Kaiserin den Aufenthalt in England gründlich verleidet. Dennoch hatte Elisabeth nicht vor, für alle Zukunft auf den Genuß des unbeschwerten Reitens und Jagens auf den Britischen Inseln zu verzichten. Es mußte ein Ausweg gefunden werden, auch wollte sie der Queen nicht ihre offizielle Aufwartung machen müssen. Der Ausweg führte nach Irland.

Und schon ein Jahr später, 1879, saß die Kaiserin wieder mit ihrem Gefolge im Salonzug, um diesmal nach Irland zu reisen. Wahrscheinlich hatte ihr Lord Spencer, den sie mit seiner Gemahlin nach Ischl eingeladen hatte, von den unendlichen Möglichkeiten, die die Grüne Insel hervorragenden Reitern bot, erzählt, und von dieser Stunde an hatte Elisabeth nur noch einen Gedanken, nämlich an der Seite Bay Middletons auch dieses Abenteuer zu versuchen. Was die Kaiserin allerdings überhaupt nicht bedachte, weil es sie einfach nicht interessierte, war die Tatsache, daß sich aus ihrem Aufenthalt, wenn dieser auch inkognito stattfand, politische Komplikationen, ja sogar Schwierigkeiten für den Kaiser von Österreich ergeben würden.

Die politische Situation in Irland war gespannt und für England und die

Königin wenig erfreulich. Die sozialen Gegensätze schienen auf Grund der Uneinsichtigkeit der englischen Landbesitzer unüberbrückbar, die Kluft zwischen Steinreich und Bettelarm klaffte breiter auf als irgendwo sonst auf den Britischen Inseln. Dazu kamen die religiösen Gegensätze, die auch damals zu blutigen Unruhen führten. Die Unabhängigkeitsbestrebungen wurden vor allem von dem demagogischen Politiker Parnell genährt; ihm war es gelungen, die einzelnen mit der englischen Regierung unzufriedenen Volksgruppen zu einem Block zu vereinigen. Das Motto, das er sich auf seine Fahnen geschrieben hatte, hieß: »Gegen das Grundherrentum und für eine grundsätzliche Neuordnung des Landbesitzes.« Damit warf er der britischen Königin und dem sie auf der grünen Insel vertretenden Vizekönig gleichsam den Fehdehandschuh hin.
Die Stimmung war explosiv, jeden Tag konnte ein bewaffneter Konflikt losbrechen.
Und in dieser Atmosphäre traf im Februar 1879 die österreichische Kaiserin mit ihrem Gefolge ein, mit dem Ziel, ein paar unbeschwerte Wochen in Irland zu verbringen. Schon ihre Ankunft warf die allergrößten Probleme auf, denn der Vizekönig und seine Gemahlin wußten nicht, wie sie sich »der Gräfin von Hohenembs« gegenüber verhalten sollten. Sollte man sie offiziell, wie es ihr als Kaiserin von Österreich gebührte, am Bahnsteig begrüßen, oder sollte man ihren Wunsch nach Anonymität respektieren. Es war auf alle Fälle falsch, was auch immer der Herzog von Marlborough und seine Gemahlin beschlossen hatten, denn irgendwo mußten sie anecken, ob sie wollten oder nicht.
Elisabeth war froh, möglichst wenig offizielle Begrüßungen über sich ergehen lassen zu müssen, sie war glücklich, Bay Middleton wiederzusehen, und sie genoß die begeisterten Jubelrufe der Iren. Ihr Wohnsitz Schloß Summerhill war schon Monate vorher nach ihren Vorstellungen adaptiert und umgebaut worden. So wie stets war eine Hauskapelle eingerichtet worden, außerdem durfte ein Turnsaal unter gar keinen Umständen fehlen. Daneben wurde ein Telegraphenapparat, der eine direkte Verbindung zum Festland gewährleistete, installiert. Für Kaiser Franz Joseph kamen diese Baumaßnahmen zwar teuer zu stehen, doch war der Kaiser nach dem Tod seines Onkels, des abgedankten Kaisers Ferdinand, zum Erben eines Millionenvermögens geworden. Daher konnte er alle Wünsche der Kaiserin erfüllen, auch wenn sie noch so aufwendig waren. In einem kleinen Bahnhof mußte eigens ein privater Wartesaal dazugebaut werden, damit Elisabeth ungestört und vom Volk ungesehen auf den Zug warten konnte, der sie und ihre Jagdgesellschaft zum ausgewählten Gelände brachte. Und da ja nicht die fahrplanmäßigen Züge die Kaiserin

von Österreich befördern sollten, wurde ein eigenes Gleis verlegt, über das der Salonzug geführt wurde.
Auch in Irland gewann Elisabeth durch ihre exzellente Reitkunst die Herzen und die Bewunderung ihrer Umgebung. Nur die Gräfin Festetics, die als Hofdame die Kaiserin auf allen ihren Fahrten nach England und Irland begleitete, starb tausend Tode, wenn sie hörte, welch tollkühne Sprünge Elisabeth tagaus, tagein wagte.
Aber nicht nur die adelige Jagdgesellschaft bewunderte die Kaiserin, das irische Volk sah in der katholischen Monarchin gleichsam eine Mitstreiterin im Kampf gegen das verhaßte England. Durch irgendwelche Quellen war durchgesickert, daß Elisabeth der englischen Queen keine allzu großen Sympathien entgegenbrachte, und jedermann wußte, wie sehr sich die Kaiserin in Irland wohl fühlte. Daß sich Elisabeth allerdings mit keinem Funken für die irische Politik interessierte, konnte man nicht ahnen. Sie suchte ihr Vergnügen und hatte wahrhaft keine anderen Ambitionen! Daß sie dabei in so manche seltsame Situation geriet, schien sie nicht zu stören. Eines Tages galoppierte sie an der Seite Middletons querfeldein und kümmerte sich – so wie in Sassetot – nicht um die Grundgrenzen. Mit einem riesigen Satz setzte ihr Pferd über eine hohe Mauer, und die Kaiserin stand mitten im Hof eines katholischen Klosters. Beinahe wäre sie auf den Abt gesprungen, der zu Tode erschrak und nicht wußte, wie ihm geschah. Als er aber erfuhr, wer die tollkühne elegante Dame war, lud er sie zu einem Rundgang durch das Kloster ein, und Elisabeth versprach, wiederzukommen, diesmal aber zu Fuß und durch die offizielle Pforte. Als Wiedergutmachung ließ sie für die Klosterkirche eigens ein Geschenk anfertigen; dieses ließ allerdings die Herzen der Iren keineswegs höher schlagen. Ein von ihr beauftragter Künstler hatte eine Statue des heiligen Georg geschnitzt, der dabei den Drachen tötet. Die Kaiserin von Österreich schenkte einem irischen katholischen Kloster ein Standbild des Schutzheiligen von England! Hätte sich die Kaiserin informiert, so hätte sie erfahren, daß St. Patrick als Schutzheiliger Irlands verehrt wird. Erst als sie die süßsauere Miene des Abtes und der Klosterbrüder sah, bemerkte sie, daß sie einen Fauxpas begangen hatte, und erkundigte sich umgehend. Als Versöhnungsgeschenk ließ sie ein kostbares Meßgewand sticken.
Der Besuch in dem katholischen Kloster wurde von der englischen Presse genüßlich breitgetreten und war wahrscheinlich nur eines der Themen, über die man sich den Mund zerriß. Denn mehr noch als alles andere interessierte den Mann auf der Straße, wie weit die Beziehung der österreichischen Kaiserin zu ihrem Piloten gediehen war. Elisabeth wur-

de kaum irgendwo ohne Bay Middleton gesehen, und so mancher hatte das vertrauliche, beinahe zärtlich ausgesprochene »Bay« vernommen. War es möglich, daß dieser kühne Reiter nicht nur ihr Herz gewonnen hatte?
Sicherlich spielte Bay im Leben der Kaiserin in diesen Jahren eine besondere Rolle, die ganz anders geartet war als die ihrer gewohnten Begleiter. Sogar in den Briefen an den fernen Ehemann erwähnte die Kaiserin immer wieder den Namen Bay Middleton und berichtete Franz Joseph genau über seine kühnen Reitattacken und Stürze. Es lag ihr sicherlich viel am Schicksal und Wohlergehen des Captains, und jede normale Frau hätte wahrscheinlich irgendwann und irgendwo dem Werben Bays nicht widerstehen können. Gelegenheiten boten sich wahrlich mehr als genug. Aber für die Kaiserin von Österreich gab es nun einmal Standesschranken, die kaum zu überwinden waren. Vielleicht aber war Elisabeth gar nicht fähig, so leidenschaftlich-sinnlich zu empfinden, daß sie über den Schatten der Habsburgerkonvention hätte springen können und sich ganz ihren Gefühlen hingegeben hätte.
Die Gerüchteküche brodelte, vor allem, als man erfuhr, daß die Kaiserin, nur von Bay und ihrer Hofdame begleitet, für einige Zeit in einem abgelegenen Landhaus abgestiegen war. Marie Larisch, die Nichte Elisabeths, die ihre Tante des öfteren auf Jagdausflügen begleitete, wollte in ihren Memoiren wissen, daß es mehr als eine innige Freundschaft war, die die Kaiserin mit Bay Middleton verband. Und in ihrer Klatschsucht ging die Larisch sogar so weit zu behaupten, die Kaiserin habe in aller Heimlichkeit in Sassetot eine Tochter von Bay Middleton geboren. Allerdings weilte die Kaiserin zu dem von Marie Larisch angegebenen Zeitpunkt gar nicht in der Normandie, von allen anderen Unterstellungen abgesehen.
Auch der Aufenthalt in Irland ging eines Tages zu Ende, und so war ein Abschied von der Grünen Insel und von Bay Middleton unausweichlich. Wie immer und überall beschenkte die Kaiserin die Menschen, die für sie gearbeitet hatten, mit kleinen persönlichen Aufmerksamkeiten, überreichte dem einen eine kostbare Brillantnadel und übergab jenem einen riesigen Windhund. Außerdem spendete sie eine größere Summe für die Armen, so daß man sie wie eine gute Fee als echte Wohltäterin im Gedächtnis behielt. Als die Kaiserin das Schiff bestieg, das gegen alle offiziellen Verbote die Fahne der österreich-ungarischen Monarchie gehißt hatte, begleitete sie der begeisterte Jubel der Menschen, die zu ihrem Abschied gekommen waren, bis hinaus aufs Meer.
Kaum hatte die Kaiserin der Grünen Insel den Rücken gekehrt, als die

ersten Aufstände gegen die Krone Englands losbrachen. Mit Entsetzen vernahm Elisabeth die Berichte in Wien, bedeutete dies doch, daß sie ihren Plan, bald wieder nach Irland zurückzukehren, endgültig aufgeben mußte. Aber mit Macht zog es sie wieder nach Westen, sie konnte die Atmosphäre der saftig grünen Landschaft mit ihren Nebelschwaden und der wohltuenden Feuchtigkeit nicht mehr missen. Durch Zufall hatte die Kaiserin erfahren, daß die Abbey Combermere in der englischen Grafschaft Cheshire leerstünde, da der Besitzer, ein Weltenbummler, eine Reise nach Westindien unternehmen wollte.
Kaiser Franz Joseph war in keiner Weise beglückt, als er von den neuerlichen Jagdplänen seiner Frau erfuhr. Bereitete ihre Abwesenheit in Wien ihm zunehmend Schwierigkeiten, so waren auch die Gerüchte, die in der österreichischen Hauptstadt kolportiert wurden, für den Kaiser nicht gerade dazu angetan, bereitwillig einer nächsten Reise Elisabeths zuzustimmen. Die Wiener schienen genau zu wissen, warum es die Kaiserin immer wieder hinüber über den Kanal zog. Denn auch diesmal war Bay Middleton dazu ausersehen, Elisabeth zu pilotieren. Dazu kam, daß die politische Situation immer kritischer wurde, denn Königin Victoria und ihr Premierminister konnten der Kaiserin nicht verzeihen, daß sie gegen alle englischen Interessen ihren Aufenthalt in Irland genommen hatte.
Aber trotz aller Unannehmlichkeiten, die sich am Horizont für Franz Joseph abzeichneten, konnte er den Bitten seiner Gemahlin nicht widerstehen, und so wurde die Combermere Abbey für die zweite Hälfte Februar und den ganzen März für 600 Pfund angemietet und eilends modernisiert. Die Kaiserin benötigte zu ihrem persönlichen Wohlbefinden ein Wohnzimmer und ein Schlafzimmer, neben dem selbstverständlich ein Badezimmer installiert werden mußte, daneben richtete man ein Turnzimmer ein, an das sich das Ankleidezimmer und ein Warteraum für die Dienerschaft anschlossen. Eine Wendeltreppe führte in eine kleine Küche, damit sich Elisabeth zu jeder Tages- und Nachtzeit ihre – kärglichen – Mahlzeiten servieren lassen konnte. Natürlich durften elektrische Klingeln in keinem der Räume fehlen, da man die Wünsche der Kaiserin jederzeit entgegennehmen mußte. Alles in allem zahlte Franz Joseph an die 10000 Pfund an Veränderungen für diese sechs Wochen! Ausgesuchte Reitpferde wurden nach Cheshire überstellt, denn diesmal sollte das Gefolge der Kaiserin aus der Elite der österreichischen Reiterschaft bestehen.
Der Aufenthalt auf englischem Boden stand unter keinem guten Stern. Bay Middleton hatte in seiner Uneigennützigkeit der Kaiserin die besten Pferde überlassen und sich mit weniger gut trainierten auf die schwieri-

gen Strecken begeben. Die weiten hohen Sprünge über die Hindernisse und die beinahe brutale Art, in der Middleton sie behandelte, war für die Tiere zu viel, sie strauchelten und begruben den Reiter unter sich. Bestürzt mußte die Kaiserin zusehen, wie Bay auf einer Tragbahre bewußtlos weggetragen wurde. Aber der Captain war ein ausgesprochen zäher Bursche, er erholte sich rasch und saß schon nach ein paar Tagen wieder im Sattel. Es schien, als würde er jede Stunde, jede Minute bis zuletzt ausnützen, um in der Nähe Elisabeths sein zu können. Er wußte, daß die gemeinsamen Zeiten unaufhaltsam einem Ende entgegengingen. Der große Abschied stand im Raum.

Charlotte Baird war lange genug geduldig gewesen und hatte sechs Jahre lang von ferne mit ansehen müssen, wie es für ihren Verlobten nur eine einzige Frau gab, eine Frau, um deren Wohlergehen er sich Tag und Nacht sorgte, die er bewunderte und begehrte und die ihm mehr bedeutete als seine junge Braut. Auch die Familie Charlottes wollte endlich eine Entscheidung.

Wann und wo Bay Middleton den Mut gefunden hatte, über dieses unabänderliche, für beide so betrübliche Thema mit Elisabeth zu sprechen, wurde nicht bekannt. Aber geahnt hatte es die Kaiserin seit langem, daß Bay sein Versprechen, das er vor Jahren Charlotte und ihrer Familie gegeben hatte, in nächster Zeit einlösen mußte. Vielleicht hatte Elisabeth insgeheim gehofft, auch Bay Middleton würde so in ihren Bann geschlagen sein wie ihre Hofdamen, denen sie jede Heirat auszureden vermochte.

Zuversicht und Hoffnungslosigkeit wechselten einander ab, die Kaiserin versank von einem Moment auf den anderen in tiefe Depressionen, um dann ganz plötzlich mit bezauberndem Lächeln auf den Lippen vor ihren Reiterfreunden zu erscheinen.

Aber die glücklichen Stunden, die sie in Irland verlebt hatte, wiederholten sich nicht. Ihre wechselhafte Stimmung beeinflußte nicht nur ihr Jagdgefolge, auch die Bevölkerung der umliegenden Dörfer war ihr keineswegs so zugetan, wie sie dies in Irland erlebt hatte. Hier in Combermere sah man noch streng auf Konventionen, hier war es nicht möglich, sich so ungezwungen wie auf der Grünen Insel zu bewegen. Und Elisabeth haßte nichts weniger als festgefahrene Traditionen und Althergebrachtes, dies hatte sie zur Genüge am Kaiserhof in Wien! Deshalb kümmerte sie sich auch nicht im mindesten um die landesüblichen Vorschriften. So vergnügte sie sich am Sonntag mit ihren Schlepphunden im Park von Combermere, was für die einfachen Menschen eine Mißachtung der Sonntagsruhe darstellte. Auch die sensationslüsterne Presse griff die Ge-

schichte auf, sie machte die Runde durch die Zeitungen und wurde zur Affäre, die den Unmut der diplomatischen Vertreter des Kaisers hervorrief.
Obwohl der Abschied von Combermere und vor allem von Bay Middleton für Elisabeth schmerzlich war, so beflügelte sie doch die Hoffnung, nach der Hochzeit des Kronprinzen, die im Mai 1881 unter nicht allzu günstigen Vorzeichen stattfand, nach England zurückzukehren. Die Stunden an Bays Seite zählten zu den glücklichsten in ihrem Leben, sie wollte diesen Mann nicht verlieren!
Als Elisabeth in England eintraf, da erwartete sie jedoch nicht Bay als ihr Pilot und Jagdführer. Lord Combermere hatte Major Rivers-Bulkeley, einen hervorragenden Parforcejäger, als ihren Begleiter ausgewählt. Die Kaiserin war zutiefst enttäuscht. Vor allem, als sie noch erfahren mußte, daß Middleton ausgerechnet einen Tag vor ihrer Ankunft den Hochzeitstermin festgesetzt hatte. Welch eine Begrüßung!
Nur halb so enthusiastisch wie sonst begann Elisabeth die Jagden und entschuldigte sich immer wieder wegen plötzlich auftauchender Müdigkeit. Ob es nun Ausreden waren oder nicht, sie hatte die Freude an den ausgedehnten Ritten verloren! Nur Bay Middleton konnte sie auf andere Gedanken bringen. Und wie so manches Mal vorher wurde Marie Larisch, die mit ihrem ungeliebten Mann mit von der Partie war, beauftragt, Middleton eine Botschaft der Kaiserin zu überbringen. Und tatsächlich – der Captain erschien, so schnell er konnte, in Combermere. Doch wußten beide, daß dies nur eine vorübergehende Illusion war, daß es absolut das letzte Mal war, daß sie zusammen reiten und jagen konnten, daß sie beide keine Chance hatten.
Elisabeth wurde reizbar und nervös, wirkte lange nicht mehr so perfekt auf dem Rücken ihrer Pferde, alles schien sie übermäßig anzustrengen und zu belasten. Ihr Gefolge gewann den Eindruck, daß die Kaiserin, die schönste Frau Europas, allmählich alt wurde. Und wenn man richtig hinsah, so konnte man tatsächlich kleine Fältchen um Mund und Augen wahrnehmen, die auch durch die täglichen Kalbfleischmasken nicht mehr geglättet werden konnten. Das ständige Fasten, verbunden mit den sportlichen Strapazen, und die bevorstehende endgültige Trennung von Bay hatten schlagartig etwas vom Zauber der Kaiserin genommen. So umwerfend schön wie vor etlichen Jahren war Elisabeth nicht mehr.
Auch dieser Aufenthalt in England neigte sich seinem Ende zu und der letzte Abend mit Bay Middleton war angebrochen. Die Kaiserin hatte zu einem intimen Souper zu fünft geladen. Sie war in einem enganliegenden lila Crêpe-de-Chine-Kleid erschienen, so als sollte schon die Farbe

des Kleides ihre Entsagung ausdrücken. Es wurde ein trauriger Abend. Bay Middleton, der an ihrer Seite Platz genommen hatte, brachte kaum ein Wort heraus, und Marie Larisch unterstrich mit der melancholischen Melodie des Liedes »Des Sommers letzte Rose« noch die trübe Stimmung. Elisabeth erhob sich nach dem letzten Ton abrupt und eilte in ihre Gemächer. Dort warf sie sich auf ihr Bett und brach in Schluchzen aus. Weder die Gräfin Festetics noch Marie Larisch fand die richtigen Worte, um die todunglückliche Kaiserin zu beruhigen. Die Todessehnsucht, die sie fast ein Leben lang begleitete, brach sich in Elisabeth wieder Bahn. Ihr Weinen war nur von den Worten unterbrochen: »Warum kann ich mir bei einem Hindernis nicht das Genick brechen und ein für allemal Schluß machen?«

Am nächsten Tag nahm die Kaiserin endgültig Abschied von ihrem Piloten. Heinrich Larisch brachte Middleton in die Gemächer der Kaiserin, wo sich beide unter vier Augen Lebewohl sagen konnten. Während die Bediensteten und das Gefolge Elisabeths schon unruhig wurden, da die Abfahrt des Zuges unmittelbar bevorstand, erschien Middleton auf der Treppe, sein Gesicht verriet heftige Bewegung und tiefe Trauer.

Dann trat plötzlich Elisabeth in einem eleganten pelzbesetzten Reisekostüm aus ihren Räumen, blieb einen Moment regungslos stehen, um sich dann freundlich von jedem einzelnen mit einem kleinen Geschenk zu verabschieden. Als letztes gab sie den Auftrag, ihre Pferde möglichst bald zu verkaufen. Ihre so glücklichen Reit- und Jagdabenteuer auf den Britischen Inseln waren zu Ende.

Der Captain heiratete am 26. Oktober 1882 das Mädchen, dem er schon so lange versprochen war und das eine halbe Ewigkeit auf ihn gewartet hatte. Charlotte Baird, die 20000 Pfund mit in die Ehe brachte, war ein Leben lang auf die Kaiserin eifersüchtig. Sie vernichtete nach dem Tod ihres Mannes alles, was an Elisabeth erinnerte, sämtliche Briefe und Geschenke. Nur die diamantenbesetzte Krawattennadel mit dem großen E, die Manschettenknöpfe und ein Medaillon sind erhalten geblieben. Den Ring, den Elisabeth Bay geschenkt hatte und den er immer trug, hatte er vor seinem letzten Rennen verloren.

Bay Middleton verunglückte im Alter von nur 46 Jahren beim letzten Wettkampf, den er reiten wollte. Sein Pferd strauchelte, Bay verlor kurz das Gleichgewicht. In diesem Moment schlug das Tier mit dem Kopf zurück und brach dem Captain das Genick. Er war sofort tot.

Man begrub ihn in voller Reitdreß, einen Mann, der nicht nur wegen seiner hohen Reitkunst zur Jagdreiterlegende in ganz Europa geworden war. Die Worte Harry Bentleys sprachen seinen Feunden aus der Seele:

»Dort wo das Wild sich lagert, werden wir dich missen,
Dort wo die Meute schottisches Gehölz durchbricht,
Der starken Witterung nachfolgend. Ja, missen wird man
Die schneidig stattliche Gestalt, die uns geführt …«

Die Kaiserin von Österreich vermißte Bay Middleton schon lange.

VOM GLÜHENDEN VEREHRER ZUM AUFRICHTIGEN FREUND

GYULA GRAF ANDRÁSSY

Bleiern lag der Herbstmorgen über der Donau, Nebelschwaden hüllten den Burgberg von Budapest ein, wogten hin und her und tauchten die Stadt in ein diffuses Licht. Unwirklich war auch das, was sich an diesem 22. September 1851 vor dem Neugebäude, einem viereckigen Verwaltungskomplex, in diesen frühen Stunden des Tages abspielte: Weithin hallten die kurzen barschen Kommandorufe, die einer Abteilung Infantrie galten, und rissen so manchen Bürger aus dem Schlaf. Dazwischen klapperten Pferdehufe über das holprige Pflaster, denn Gendarmen – hoch zu Roß – begleiteten die drei Militärauditoren – Richter des Militärgerichts –, die hier ihres Amtes walten sollten. Als letzter erschien ein Mann, dem man seinen grausigen Beruf nicht ansah: Es war der Henker.

Die wenigen Frühaufsteher wunderten sich über den seltsamen Zug, aber man war in diesen politisch so unruhigen Zeiten an manches gewöhnt, man registrierte zwar ungewöhnliche Dinge, bemühte sich aber, selbst nicht aufzufallen, um nicht in irgendeinen Verdacht zu geraten.

Vor dem Neugebäude waren schon flinke Hände tätig gewesen und hatten in aller Eile einen Galgen aufgerichtet, so daß der bevorstehenden Exekution, denn nach einer solchen sah alles mittlerweile aus, bald nichts mehr im Wege stehen würde. Aber wo waren die Angeklagten, die bemitleidenswerten Delinquenten? Die Militärauditoren zogen in aller Ruhe einen langen Zettel heraus, auf dem die Namen der zum Tode Verurteilten standen. Mit lauter Stimme wurden 36 ungarische Rebellen aufgerufen, von denen weit und breit keiner zu sehen war. Dann wandte sich einer der Richter an den Henker mit den Worten: »Scharfrichter, tun Sie Ihre Pflicht!«

Der Henker schritt würdig, sich der Schwere des Augenblicks bewußt, zum Galgen und brachte – in Ermangelung der echten Revolutionäre – schwarze Täfelchen am Galgen an, auf denen mit weißen Buchstaben die Namen der zu Hängenden standen. Als er die letzte Tafel befestigt hatte, machten die Gendarmen, die Infantrie und die Richter mit dem Scharfrichter kehrt und verließen, so wie sie gekommen waren, den Richtplatz. Die Hinrichtung war offiziell vollzogen, der Platz wurde den Neugierigen überlassen, die in Scharen herbeiströmten, um die Namen der gerichteten Revolutionshelden zu lesen: Andrássy, Kossuth usw., die Gott sei Dank nur »in effigie« gehenkt worden waren.

Wie ein Lauffeuer hatte sich die Nachricht von der »Hinrichtung« des schönen Grafen in Paris verbreitet, und überall, wo Andrássy auftauchte, in den eleganten Salons und bei den oppulenten Soupers, scharten sich die Damen noch mehr als sonst um ihn. Sie wollten einen Blick, ein

Wort oder eine kurze Berührung von einem Gehenkten. Der »beau pendu de 1848«, »der schöne Gehenkte von 1848«, war der absolute Star der Pariser Gesellschaft, und es spielte dabei keine Rolle, daß er eigentlich erst Ende September 1851 »hingerichtet« worden war.

Gyula Graf Andrássy war ein Ungar wie aus dem Bilderbuch, mit wallendem Haar, pechschwarzem Bart und glühenden Augen, etwas mehr als mittelgroß, ein fescher Mann mit überschäumendem Temperament, ein exellenter Reiter und Tänzer, charmant und unterhaltsam, ein vollendeter Kavalier.

Eines Morgens, als Graf Andrássy in seiner Suite im Herzen von Paris die »Wiener Zeitung« aufschlug, glaubte er seinen Augen nicht zu trauen. Er war offiziell in Budapest gehenkt worden. Ein amüsiertes Lächeln flog über sein Gesicht, das aber im nächsten Moment erstarrte. Denn man hatte in Wien ganze Arbeit geleistet, man hatte nicht nur seinen Namen an den Galgen gehängt, man hatte auch all sein Vermögen konfisziert. Nach einer Schrecksekunde lehnte sich der Graf gelassen zurück. Alles war halb so schlimm, denn seine Mutter war nach wie vor begütert, und in ihrem diplomatischen Geschick würde sie sicher Mittel und Wege finden, um ihm die nötige Barschaft für ein sorgenfreies und standesgemäßes Leben zukommen zu lassen.

Sosehr ihn die Pariser Atmosphäre mit ihrem Charme faszinierte, so sehr war sich Andrássy auch bewußt, daß er hier auf die Dauer nicht bleiben konnte, daß sein Platz in Ungarn war. Mit allen Fasern seines Wesens war er Politiker, der Politik hatte er seine persönliche Sicherheit geopfert, hatte sich gegen die restauratorischen Vorstellungen der Österreicher gestellt, von denen er immer noch hoffte, daß sie nicht wirklich die Ideen des jungen Kaisers Franz Joseph waren, der 1848 gekrönt worden war. Zu sehr stand der 18jährige Monarch unter dem Einfluß seiner Mutter und stockkonservativer Berater und hatte bis jetzt kaum die Möglichkeit gehabt, einen eigenständigen Willen zu äußern. Die große blutige Auseinandersetzung mit Ungarn, die den in Bedrängnis geratenen Kaiser den russischen Zaren um Hilfe rufen ließ, war letztlich nur der verzweifelte Ausdruck einer bedauernswerten Handlungsunfähigkeit, einer politischen Schwäche des jungen Monarchen. Alles, was in Ungarn geschehen war, vor allem die zahlreichen tatsächlichen Hinrichtungen, ging für Andrássy auf das Konto der reaktionären Kräfte, wie sie zur Zeit Metternichs die Politik bestimmt hatten. Ihre Hauptvertreterin war die Mutter des Kaisers, Erzherzogin Sophie, die wie ihre engsten Ratgeber, bigotte und engstirnige Männer, alles Ungarische in Grund und Boden haßte.

Ausgerechnet die Russen hatte man als »Gendarmen« zu Hilfe geholt, eine Aktion, die an Kurzsichtigkeit kaum mehr zu überbieten war. Wie leicht konnte es sein, daß man die Geister, die man gerufen hatte, nicht mehr loswerden konnte.

Graf Andrássy war seit seiner Jugend überzeugt, daß sich in den Staaten Europas etwas ändern mußte, daß liberale Ideen die starren Formen der alten Epoche aufbrechen mußten. Wozu hatte schließlich der gewaltige Umsturz der Französischen Revolution stattgefunden, wenn diese so blutig erkämpften Freiheiten des Individuums für immer in Vergessenheit geraten sollten.

Schon damals, als die Ungarn sich gegen Österreich und den Kaiser mit Waffengewalt erhoben, inspiriert und angefeuert vom lauten Ruf nach Freiheit, hatten den jungen Andrássy berechtigte Zweifel überfallen, ob man wirklich den richtigen Weg gewählt hatte. Die Habsburger waren zwar in ihrem System erstarrt, aber die traditionelle Rolle, die sie in Europa bis jetzt gespielt hatten, würden sie auch weiterhin beibehalten, dafür würden schon die anderen Staaten Sorge tragen. Und damit war die Sache der Ungarn zum Scheitern verurteilt. Wer würde von den Herrschern Europas einem Volk Unterstützung zusagen, das sich gegen die monarchische Führung auflehnte? Würden nicht alle Könige das gleiche Schicksal in ihren Ländern fürchten müssen, würden sie nicht zu ihren eigenen Totengräbern werden, wenn sie den Ungarn Hilfe gewährten? Es gab außerhalb Ungarns keine Vertreter seiner Heimat, die in der Lage gewesen wären, durch ihre Argumentation Frankreich oder England von der Berechtigung zu überzeugen, mit der die Ungarn das österreichische Joch endlich abschütteln wollten. Einzig und allein die osmanischen Paschas hätten ein Interesse haben können, dem Land Hilfe zu gewähren, das jahrhundertelang unter ihrer Herrschaft gelitten hatte. Es war natürlich ein zweischneidiges Schwert, wenn man sich ausgerechnet an die Türken wandte, aber man griff nach jedem Strohhalm in dieser verzweifelten Situation, in der österreichische und russische Heere überall im Land standen, um mit blanker Gewalt gegen die Aufständischen vorzugehen.

Gyula Andrássy war zum Botschafter bei der Hohen Pforte in der Türkei ernannt worden. Man kannte seine Beredtsamkeit und Überzeugungskraft, man wußte, daß ihm kaum jemand Paroli bieten konnte. Wenn es einen Menschen gab, dem es gelingen würde, den Sultan auf die Seite Ungarns zu ziehen, dann war es der junge Graf.

Am 22. Mai 1849 warteten im Schutz der Nacht die besten Pferde, die man auftreiben konnte, auf Andrássy und seine Begleitung. Es war aller-

höchste Zeit, denn vor zwei Tagen war es den kaiserlichen Truppen gelungen, Buda zurückzuerobern. Es war fünf Minuten vor zwölf, es mußte so rasch wie möglich gehandelt werden, wollte man noch von irgendwoher Unterstützung für Ungarn bekommen.
Reichlich mit Geld ausgestattet, 3000 Golddukaten in bar führte in Andrássys mit sich, brachen die Reiter nach Osten auf und trafen nach etlichen Abenteuern in Belgrad ein, das damals noch unter türkischer Oberhoheit stand. Der Pascha empfing Andrássy und seine zwei Begleiter äußerst liebenswürdig und versicherte der kleinen Delegation das Wohlwollen der Hohen Pforte. Gleichzeitig kam aber zum Ausderuck, daß die Osmanen die Ideen der freiheitsliebenden Ungarn nicht offen unterstützen konnten, wollten sie nicht die Gefahr einer kriegerischen Auseinandersetzung mit den angrenzenden Staaten vom Zaun brechen. Andrássy erkannte sehr rasch, daß nur einige kleinere Länder, die ebenfalls die Freiheit suchten, sich mit den Ungarn verbünden würden, wie Sardinien-Piemont oder die Serben, die die jahrhundertelange Tyrannei der Osmanen abschütteln wollten.
Mit dänischen Pässen, als Kaufleute verkleidet, setzten Andrássy und seine Begleiter die Reise durch Südosteuropa fort. Als kleines »Dankeschön« hatte der Graf dem Pascha einen Korb Tokaier Wein versprochen, ohne freilich zu bedenken, daß der Pascha als gläubiger Moslem keinen Alkohol zu sich nehmen durfte. Der Pascha bedankte sich überschwenglich für das zu erwartende Geschenk und erklärte, Tokaier sei schon immer eine gute und bewährte Medizin gegen Cholera gewesen.
Je weiter Andrássy und seine Begleiter nach Osten kamen, umso unwegsamer und gefährlicher wurde das Land. Sie waren auf gute ausdauernde Pferde angewiesen, der Weg durch das wilde Bulgarien über das schroffe Balkangebirge war nicht nur anstrengend, er barg auch viele unvorhergesehene Gefahren in sich. Nach schier endlosen Ritten erreichte die kleine Reitergruppe endlich völlig erschöpft die Küste des Schwarzen Meeres. Hier wollte man ein Schiff besteigen und gemächlich nach Istanbul reisen. Aber beinahe hätte sich auch dieser Plan zerschlagen, denn alle Dampfer, die diese Strecke befuhren, hatten strengste Order, keinen ungarischen Exilanten an Bord zu nehmen. Nur einem glücklichen Zufall war es zu verdanken, daß sich der Kapitän eines Schiffes, der in dem Sekretär Andrássys einen alten Bekannten begrüßte, bereit erklärte, die Ungarn mit nach Istanbul zu nehmen.
Wie immer sich die Gerüchte fernab von Ungarn verbreitet hatten, wußte wahrscheinlich niemand ganz genau. Lange bevor Andrássy den Boden der Stadt am Bosporus betreten hatte, wußte man nämlich in unterrichte-

ten Kreisen genau Bescheid, wer die Fremden waren, die das Schiff übers Meer brachte. Beinahe steckbrieflich hatte man Andrássy überall angekündigt, und als der Graf voller Hoffnung beim Pascha vorsprechen wollte, empfing man ihn mit äußerster Zurückhaltung. Denn was der Graf nicht wußte: Die österreichischen Truppen hatten mit Hilfe der Russen auf allen Linien gesiegt, den Ungarn war nicht die geringste Chance auf Freiheit geblieben und der osmanische Herrscher wollte nach reiflicher Überlegung sich weder mit den Habsburgern noch mit dem Zaren verfeinden.

In Wien war man unterdessen intensiv bemüht gewesen, von den Osmanen eine Auslieferung Andrássys zu erreichen, auch die anderen ungarischen Asylanten in der Türkei sollten nach Österreich überstellt werden. Die Lage für Andrássy wurde von Tag zu Tag gefährlicher, und es war einzig und allein seinem persönlichen Charme und seinem Mut zuzuschreiben, daß er die Paschas doch überreden konnte, die Forderungen Wiens nicht zu erfüllen. Ein unbekannter Bote hatte ihn nämlich eines Tages gebeten mitzukommen. Obwohl der Graf keine Ahnung hatte, was man von ihm wollte, zögerte er nicht. Er ließ sich auch die Augen verbinden, steckte aber vorsichtshalber eine Pistole ein. Als ihm die Binde von den Augen genommen wurde, stand er vor dem Pascha, der ihn huldvoll bat, Platz zu nehmen. In beredten Worten schilderte Andrássy die Lage der ungarischen Exilanten und legte dem Pascha dar, welches Schicksal sie in der Heimat erwartete. Er konnte den islamischen Herrscher überzeugen. Man schickte ein Anwortschreiben an die österreichischen Behörden, in denen es hieß, daß das moslemische Gastrecht heilig und unverletzlich sei, ein Argument, das dem beredten Grafen im letzten Moment eingefallen war. Trotzdem wußte Gyula Andrássy, daß am Goldenen Horn kein Bleiben für ihn war.

Es war schon spät im Jahr 1849, als er das geheimnisumwitterte Istanbul verließ und nach einer abenteuerlich aufregenden Seefahrt über das Mittelmeer im Januar 1850 in Marseille eintraf. Die Stadt in Südfrankreich sollte für ihn nur eine Zwischenstation sein, denn seine Absicht war, möglichst schnell nach England zu gelangen, wo er sich Sympathien für die ungarische Sache erhoffte.

Elisabeth, Herzogin in Bayern, war, als man den vermeintlichen Revolutionär »in effigie« an den Galgen hing, 14 Jahre alt und ahnte damals noch nicht, daß das Schicksal in kurzer Zeit sie dazu ausersehen würde, Kaiserin von Österreich und später – durch die Mithilfe Graf Andrássys – auch Königin von Ungarn zu werden. Die Tochter des unkonventionellen Herzogs in Bayern führte zu dieser Zeit noch das unbeschwerte Le-

ben eines unbedeutenden, nicht einmal besonders attraktiven Mädchens und hatte den Namen Andrássy mit Sicherheit noch nie gehört. Denn in Possenhofen redete man nicht viel von der großen Politik. Elisabeths Mutter, Ludovika, interessierte einzig und allein, wo es in den europäischen Fürstenhäusern passende Prinzen für ihre heranwachsenden Töchter gab. Und man mußte es Ludovika lassen, daß sie ihre Fäden überall hin spann, und es war nur natürlich, daß einer der jungen Männer, die ihre ganze Aufmerksamkeit erregten, ihr Neffe Franz Joseph war, der junge Kaiser von Österreich, einer der begehrtesten Junggesellen.
Auch Andrássy ging in Paris zu dieser Zeit auf Freiersfüßen. Er lebte recht gut im Exil, hatte alles, was das Herz begehrte, und war zudem noch ein äußerst umschwärmter junger Mann, in den sich sowohl die Mütter wie auch ihre Töchter verliebten.
In den eleganten Salons flüsterte man ungeniert über den feurigen Herzensbrecher und erzählte sich von seinen Eskapaden. Er war ganz der Sohn seines Vaters, dessen Abenteuer auch einem Casanova alle Ehre gemacht hätten. Graf Carl Andrássy war ein schöner Mann gewesen und hatte seine Jugend intensiv und in vollen Zügen genossen, bis er seine Frau, die Comtesse Etelka Szapáry auf dem Ball des Jahres in Mad kennenlernte. Diese glanzvolle Veranstaltung wurde jedes Jahr im Herbst abgehalten, die reichsten Kavaliere und die schönsten Frauen gaben sich hier ein Stelldichein. Beim Anblick so vieler reizender Damen fiel dem charmanten Grafen die Wahl schwer, welche er zum Tanz führen sollte. Da fiel ihm plötzlich ein ungewöhnlich bezauberndes Mädchen auf, das von seiner Mutter, einer eher griesgrämigen Matrone, begleitet wurde. Schon nach den ersten Tänzen fanden die beiden jungen Leute Gefallen aneinander, aber beinahe hätte Graf Andrássy alles zerstört, noch ehe etwas begonnen hatte: Denn der junge Mann hatte Etelka zu einem Spaziergang in den weitläufigen Park eingeladen, und das Mädchen fragte die Mutter, ganz wie es sich zu der damaligen Zeit gehörte, um Erlaubnis. Der Mutter aber waren der romantische Mondschein und die Einsamkeit des Parkes für ihr unschuldiges Kind zu gefährlich, und daher ging sie einfach mit. Man kann sich die Enttäuschung des Grafen vorstellen, als Etelka im Schlepptau ihrer Mutter wieder zurückkehrte. Verwirrt und einsilbig schlenderte er neben den beiden Damen her, riß gedankenlos eine Pflaume von einem Baum und warf sie in hohem Bogen zu Seite. Empört blieb die Gräfin Szapáry stehen, sah verächtlich auf den jungen Mann und rügte ihn schärfstens: »...wer eine Pflaume abreisst, um sie zu essen, kann sparsam sein; wer sie aber nur abreißt, um sie wegzuwerfen, ist ein Verschwender.«

Trotz alledem erklärte Etelka der Mutter rundheraus, sie wäre nicht abgeneigt, dem Grafen die Hand fürs Leben zu reichen. Durch Zufall hörte Carl Andrássy diese Worte, und sein Glück war gemacht. Obwohl die reiche Schwiegermutter mit finanziellen Unterstützungen sehr zurückhaltend war, würde er doch einstens ein wohlhabender Mann sein.
Solange die alte Gräfin Szapáry lebte, mußten sich auch ihre Enkelsöhne höchst bescheiden geben, denn jede Art von Luxus war der alten Dame in tiefster Seele zuwider. Wenn die drei ausnehmend hübschen jungen Burschen auch darüber murrten und Gesichter schnitten, so mußten sie doch Jahr für Jahr die gleichen Einheitsanzüge aus dunkelblauem Tuch tragen, obwohl sie etwas darum gegeben hätten, sich wie die anderen Freunde der »jeunesse dorée« modisch kleiden zu können. Aber die alte Gräfin drehte nun einmal jeden Dukaten mindestens dreimal um. Erst nach ihrem Tod öffneten sich die Türen der eleganten Gesellschaft für die jungen Grafen, und plötzlich konnten sie sich alles, was das Herz begehrte, leisten.
Die Jugendjahre im Zempliner Komitat prägten Gyula Andrássy von Grund auf. Hier konnte er sich mit den Gleichaltrigen messen, hier schärfte er seinen Witz und entwickelte seine Redegabe. Er war bald der beste Redner unter allen Freunden, und bewundernd wurden seine Eleganz und sein Geist allseits anerkannt. Aber vielleicht fehlte ihm durch die allgemeine Akzeptanz die Möglichkeit, sich im Gegensätzlichen zu reiben, sich abzuschleifen in der Diskussion, denn er bestimmte die Themen und ihr Ergebnis. Und schon bald zeigte es sich, daß er auf allen Linien zu siegen verstand, ohne besonders große Anstrengungen zu unternehmen. Er mußte nicht kämpfen, um sich durchzusetzen, die Führung in vielen Dingen fiel ihm geradezu in den Schoß. Seine Eloquenz war beeindruckend, dazu kam, daß er außer der ungarischen Muttersprache seine Ideen auch in Deutsch, Französisch und Englisch brillant zu formulieren verstand.
Später, lange nachdem er sich in der internationalen Politik einen Namen gemacht hatte, als er ein besonderer Protegé der Kaiserin von Österreich war, erzählte man sich im heimatlichen Komitat die wildesten Abenteuer, die der junge Graf hier bestanden hatte. In der nachträglichen Verehrung vergaß man allerdings, daß er im großen und ganzen kein heldenmütiger Charakter war. Die Kohlen sollten andere aus dem Feuer holen, er sah lieber zu, wie die Glut langsam verlosch.
Vielleicht war es gerade diese Eigenschaft, sich nicht tollkühn in bestimmte Abenteuer zu stürzen, sondern sich zuerst mit der Situation gründlich vertraut zu machen, die ihn zu seinen Erfolgen führte. Nur

reifliche Überlegungen, das kühle Abwägen aller Für und Wider können den Menschen zu Entschlüssen führen, die allgemein vertretbar sind. Andrássy war kein Hitzkopf wie sein Landsmann Kossuth, der den Eindruck erweckte, als wolle er unter allen Umständen mit dem Kopf durch die Wand, auch wenn er erkennen mußte, daß er sich dabei blutig schlug. Andrássy verbrachte seine Jahre in Paris nicht nur in den Salons der eleganten Welt, er arbeitete auch, wo er nur konnte, für die Sache Ungarns. Dabei ging er nicht wie die anderen ungarischen Exilanten vor, die sich manchmal sogar gegenseitig bekämpften und einander im Wege standen, da jeder glaubte, er habe den Stein der Weisen entdeckt – Gyula Andrássy hatte seine eigenen Theorien entwickelt, und die suchte er zunächst durch die Presse der Öffentlichkeit mitzuteilen. Er hatte gute Verbindungen zu England aufgebaut, und es stellte für ihn keine allzu große Schwierigkeit dar, ein ausführliches Memorandum, in dem er die Rolle Ungarns für die Habsburgermonarchie klar darlegte, im November 1850 in der »Eclectic Review« in London zu veröffentlichen. In seinem in englischer Sprache abgefaßten Artikel mit dem Titel »The Present Position and Policy of Austria« wandte er sich eindeutig von den revolutionären Theorien eines Ludwig Kossuth ab und stimmte mit den Engländern darin überein, daß ein starkes Österreich in seiner Gesamtheit als Vielvölkerstaat, wobei den Ungarn eine besonders wichtige Position zukam, für ein europäisches Gleichgewicht unerläßlich wäre. Nur so könne sich Österreich aus den Fesseln der gefährlichen Bevormundung durch Rußland befreien, in die der Habsburgerstaat durch die unglücklichen Ereignisse von 1848 geschlittert war.
Der Artikel erregte bei Freund und Feind großes Aufsehen, denn in all seinen Passagen tat Andrássy seine gemäßigte, aber dennoch entschiedene politische Haltung kund. Er war ganz offensichtlich nicht der Revolutinär, für den ihn die österreichische Geheimpolizei gehalten hatte und der sein Leben auf dem Galgen verwirkt hätte, wäre er nicht rechtzeitig ins Ausland gegangen. Welch einen verhängnisvollen Irrtum man seinerzeit in Budapest begangen hätte, konnte man beim Lesen seiner Zeilen schon damals ahnen. Dieser Mann würde noch viel von sich reden machen!
Andrássy genoß in Paris, in einer Stadt, die für junge begüterte Leute eine Metropole des Amüsements, der Geselligkeit, des Luxus und der Liebe war, das Leben, brillierte in der ersten Gesellschaft durch seinen spontanen Witz und seine charmante Schlagfertigkeit, und so manche Mutter mit einer heiratsfähigen Tochter wäre über ihn als Schwiegersohn beglückt gewesen.

Der umschwärmte Graf zog es aber vor, jahrelang lieber der geheimnisumwitterte Junggeselle zu sein als sich unter das Ehejoch zu beugen. Doch dann führte der Zufall Regie, und er verliebte sich in Katinka Kendeffy. Die Mutter Katinkas, die in zweiter Ehe mit dem österreichischen Grafen Abensberg-Traun verheiratet war, hatte sich in der französischen Hauptstadt das Bein gebrochen. Die Familie war auf der Durchreise an die Riviera, wo man in Nizza ein paar unbeschwerte Wochen verbringen wollte, jetzt aber war man an das winterlich kalte Paris gefesselt. Um sich die Zeit zu vertreiben, unternahm man alles, um in die elegante Pariser Gesellschaft eingeführt und dem französischen Kaiserpaar vorgestellt zu werden.
Zwei Tage später, am 29. Januar, fand der große Ball in den Tuilerien statt, zu dem auch Katinka eine Einladung erhalten hatte. Es war ein Fest der Schönen und der Reichen, die Brillanten der Damen funkelten, und die Herren versuchten sich gegenseitig mit artigen Komplimenten auszustechen. Unter den vielen bezaubernden jungen Frauen erregte die schöne Katinka besondere Aufmerksamkeit, und der spanische Herzog von Ossuna konnte keinen Blick von dem entzückenden jungen Mädchen wenden. Immer wieder schrieb er sich in ihre Tanzkarte ein, und am Ende der Ballnacht wußte er, Katinka mußte seine Frau werden. Hätte er auf der Stelle um ihre Hand angehalten, vielleicht wäre alles ganz anders gekommen. Aber sosehr ihm dieses schöne fremde Mädchen auch gefiel, so mußte er doch in einem Punkt auf Nummer Sicher gehen. Er wollte wissen, wie es um ihr Vermögen stand. Darum glaubte er ganz diskret zu sein, wenn er sich an den Grafen Andrássy, von dem er annahm, daß er über die finanzielle Situation der Familie Bescheid wußte, wandte.
Der spanische Herzog hatte den Bock zum Gärtner gemacht und genau den Falschen um Informationen gebeten. Denn Gyula Andrássy war vom ersten Augenblick an, als er Katinka gesehen hatte, von ihr bezaubert. Er empfand die eher plumpe Anfrage des Spaniers geradezu als Beleidigung und reagierte deshalb entsprechend. Beinahe verletzend meinte er, daß man in Ungarn niemals nach den Vermögensverhältnissen eines Mädchens frage, das man heiraten wolle. Irgendwie mußte der Herzog durch diese Aussage erkannt haben, daß ihm in Andrássy ein Nebenbuhler erwachsen könnte, und ließ den Plan einer Heirat mit der schönen Katinka so schnell, wie er ihn gefaßt hatte, wieder fallen.
Und Andrássy? Er spürte, daß es hoch an der Zeit war zu handeln, sollte nicht wieder ein Bewerber Katinka den Hof machen. Das nächste Mal würde er aber sicherlich nicht um Rat gefragt werden.

Vielleicht hatte man auch in der Umgebung des Grafen bemerkt, daß die beiden jungen Leute ein schönes Paar abgeben würden, denn die Gräfin d'Osmond lud sowohl Katinka als auch Gyula Andrássy zu einer Landpartie in den Bois de Boulogne ein. Und hier konnte Gott Amor ungehindert seine Pfeile abschießen, so lange, bis er beide ins Herz traf. Denn dann ging alles überraschend schnell. Katinka übersah in den Armen Andrássys völlig die Zeit und kehrte erst spät nach Mitternacht heim, etwas völlig Unmögliches für ein junges Mädchen, das auf seinen Ruf achten sollte. Die Mutter sparte daher Katinka gegenüber auch nicht mit den heftigsten Vorwürfen, zu denen die Tochter zunächst hartnäckig schwieg. Dann aber erklärte sie zum allgemeinen Erstaunen rund heraus, daß Graf Andrássy am nächsten Tag kommen werde, um offiziell um ihre Hand anzuhalten.

Es war ein schönes Paar, das sich noch im selben Jahr in Paris das Jawort gab, und sich die Treue versprach – bis daß der Tod sie scheide. Der Bräutigam konnte damals noch nicht die »schöne Vorsehung« erahnen, die ihm viele schlaflose Nächte bereiten sollte.

Auch Elisabeth war zu dieser Zeit bereits verheiratet und in ihren Kaiser wie ein schwärmerisches junges Mädchen verliebt. Allerdings sicher nicht so unbeschwert wie Katinka, denn Franz Joseph war nun einmal Kaiser eines mächtigen Reiches, und seine Frau war am Kaiserhof in Wien in die – wie man glaubte – unvermeidlichen Zwänge der Tradition und des Protokolls eingezwängt. Vieles trug dazu bei, daß die junge Kaiserin sich nicht so entwickeln konnte, wie man dies angenommen hatte, vieles wurde von vornherein – auch von Franz Joseph selbst, der seine Sisi abgöttisch liebte –, falsch gemacht, vieles, was später geschah, hatte seinen Grund in den ersten Ehejahren.

Im Januar 1857 traf ein Gesuch bei Erzherzog Albrecht, dem Generalgouverneur ein, das die Mutter von Gyula Andrássy abgesandt hatte. Und nach reiflicher Überlegung schickte der Erzherzog eine Notiz an den österreichischen Innenminister, wonach der Name Andrássy in die Liste derjenigen Emigranten aufgenommen werden sollte, die man aus bestimmten Gründen milder beurteilen wollte. Auch Graf Aladar Andrássy verwendete sich für seinen Bruder Gyula, und am 27. Juni 1857 erging an den Innenminister Freiherr von Bach folgender Spuch:

»Aus Gnade bewillige Ich dem wegen Hochverrates verurteilten Graf Gyula Andrássy über das hier mitfolgende Gesuch seines Bruders Aladar unter den vorgeschriebenen Bedingnissen und Förmlichkeiten die straffreie Rückkehr in die österreichischen Staaten sowie die Rückgabe seines in Verfall gesprochenen Vermögens.«

Damit war für die junge Familie Andrássy – am 10. Juli hatte Katinka einem Sohn das Leben geschenkt – der Weg frei in die Heimat. Als der Graf seinen Fuß wieder auf ungarische Erde setzte, war seine Bahn für die Zukunft vorgezeichnet. Denn mit einem nicht zu überhörenden Seufzer der Erleichterung hatte er den Loyalitätsrevers unterzeichnet, in dem es u. a. heißt:
»...verspreche ich mit gegenwärtigem Revers an Eides Statt, als getreuer Untertan Seiner Kaiserlich Königlichen Apostolischen Majestät Franz Joseph, Kaiser von Österreich und seinen rechtmäßigen Nachfolgern, fortan den in Österreich bestehenden Gesetzen Folge zu leisten und überhaupt durch loyale Erfüllung aller meiner Pflichten mich der mir erteilten Allerhöchsten Gnade würdig zu bezeigen.«
Als sich die Kutsche mit Gyula Andrássy und seiner kleinen Familie dem Gut Legenye näherte, sahen sie schon von weitem Scharen von Bauern, die in ihren malerischen bunten Trachten auf sie zukamen. Im Nu war die Kalesche von Männern und Frauen umringt, die nur einen Blick, ein Lächeln ihres guten Herrn, des tapferen Helden von 1848, erhaschen wollten, sie jubelten »ihrem Grafen« zu, auf den sie so lange gewartet hatten. Im Triumphzug rollte die Kutsche in den riesigen Hof – endlich war Andrássy mit Frau und Kind heimgekehrt!
Und noch ehe es sich der Graf versah, stand er im Mittelpunkt eines riesigen Freudenfestes. Hunderte Gänse und Enten brutzelten in den Pfannen, dazu brodelte in den Kupferkesseln die paprikarote feuerscharfe Fischsuppe, und ihr Duft mischte sich in den Geruch des frisch gemähten Grases, der über die Mauer zog. Der Klang der Gläser, in denen der schwere ungarische Wein funkelte, war wie eine Ouvertüre zu den melancholischen Weisen der Zigeuner, deren Geigen von Lust und Leid der ungarischen Seele erzählten. Es war ein Mulatschag wie in der guten alten Zeit, als es noch keine gravierenden politischen Probleme gab und wo man frank und frei sang, tanzte und feierte, wo jeder jedem alles anvertrauen konnte, ohne fürchten zu müssen, daß die Wände Ohren haben würden.
Und so sollte es wieder werden, schwor sich Graf Andrássy in dieser Nacht der Heimkehr, auch wenn der Weg zu einem vom österreichischen Spitzelsystem befreiten Ungarn noch steinig und beschwerlich war. Er wollte alles daran setzen, was in seiner Macht stand, um dem Vaterland wirkliche Dienste zu erweisen, und war überzeugt davon, daß man es – mit gutem Willen auf beiden Seiten – auch schaffen würde.
Er ging mit großem Mut und aufrechter Gesinnung an sein Werk und konnte nicht einmal in seinen kühnsten Träumen hoffen, daß ausgerech-

net die Kaiserin von Österreich ihm dabei entscheidende Hilfe leisten würde.
Elisabeth war in Bayern geboren und aufgewachsen, sie war an den Wiener Hof gekommen, und man hatte versucht, ihr die erzkonservative Haltung der Habsburger plausibel zu machen, und dabei nicht bedacht, daß ein freiheitsgewohntes junges Mädchen mit allem etwas anfangen konnte, nur nicht mit uralter Tradition und Reglements, in denen es keinen Sinn sah.
Die Ungarn wollten die Freiheit! Und wie sehr sehnte sich Elisabeth nach einem freizügigeren Leben, abseits von den düsteren Mauern der Hofburg und der modrigen Luft von Laxenburg! Sie hatte von Wien und den Wienern längst genug, wollte endlich andere Gesichter um sich sehen, wollte mit Gleichaltrigen frei sprechen können, nicht von Kaiserin zu Hofdame, sondern von jungem Menschen zu jungem Menschen.
Lange hatte es gedauert, bis ihr kaiserlicher Gemahl endlich zugestimmt hatte, daß sie eine unkomplizierte junge Vorleserin bekam, nicht aus einer der ersten Adelsfamilien, sondern beinahe ein einfaches Mädchen vom Lande, ohne große Bildung und Vermögen, aber mit einer Fröhlichkeit und Wärme, die das Herz der Kaiserin öffneten. Ida Ferenczy hieß die kleine Ungarin, die man nach Wien eingeladen hatte, um sie der Kaiserin als Vorleserin vorzuschlagen. Für ein Mädchen aus der ungarischen Tiefebene wirkte die Hofburg überwältigend – wie ein Schloß aus dem Märchen. Zutiefst verlegen und schüchtern betrat Ida die prunkvollen Räume, durch die sie livrierte Diener mit weißen Perücken führten, und wagte kaum zu atmen. Die riesigen Türen öffneten sich lautlos wie von selbst, um sie eintreten zu lassen in eine Pracht, die sich von Raum zu Raum noch steigerte. Ida wußte nicht, wie ihr geschah.Wieso war ausgerechnet sie dazu auserkoren, in den Dienst der Kaiserin von Österreich zu treten, sie, ein Mädchen ohne berühmte Familie und ohne große Schulbildung? Und dennoch war dieser Gang schicksalshaft, ein Weg in eine unbekannte Zukunft, von dem es kein Zurück mehr gab. Denn als Elisabeth das schüchterne Mädchen vor sich sah, das über und über errötete, als die junge schöne Kaiserin vor ihm stand, da war es für sie ausgemachte Sache, daß Ida ihre Vorleserin werden sollte und sonst keine. Obwohl sie die kleine Ungarin nicht kannte, fühlte Elisabeth instinktiv, daß sie in Ida einen Menschen gefunden hatte, der keine Beziehungen zur Hofkamarilla hatte, daß sie nicht fürchten mußte, jedes Wort auf die Goldwaage zu legen Sie würde Ida wie sonst keiner vertrauen können, endlich, nach so vielen Jahren der Einsamkeit würde sie eine echte Freundin gefunden haben!

Und Ida Ferenczy enttäuschte die Kaiserin nicht. Sie war vom ersten Moment an von Elisabeth fasziniert, war in ihren Zauberkreis geraten, aus dem sich keiner befreien konnte.
Auch die Kaiserin fühlte sich ungewöhnlich zu der Ungarin hingezogen, sie besprach alles mit Ida und vertraute ihr die geheimsten Wünsche an, denn sie wußte, daß ihre Geheimnisse bei Ida gut aufgehoben waren. Es dauerte gar nicht lange, da sah sie in Ida Ferenczy eine echte Freundin, so wie sie sich eine seit Jahren gewünscht hatte. Als einzige in ihrem Umkreis sprach sie Ida mit dem vertraulichen Du an.
Daß die Wahl auf Ida Ferenczy gefallen war, hatte weitreichende politische Konsequenzen. Wer immer auf die Idee gekommen war, die kleine Ungarin der Kaiserin vorzuschlagen, er hatte politischen Spürsinn und Weitblick. Wahrscheinlich waren sich die beiden Politiker Franz Deák und Gyula Andrássy darin einig, daß man Politik nicht nur an den Schreibtischen und im Parlament machen konnte. Viel zielführender war es manchmal, in den Privatsalons der Mächtigen gemütlich auf den weichen samtenen Diwans bei einer Tasse Tee zu sitzen und bei guter Stimmung verschiedene Themen beinahe zufällig aufs Tapet zu bringen. Es war eine Meisterleistung der Diplomatie Deáks und Andrássys, auf den Einfluß Ida Ferenczys zu bauen und das ungarische Schicksal gleichsam in die Hände dieser zierlichen Frau zu legen.
Sie hatten sich nicht getäuscht. Elisabeth wollte alles über die Vergangenheit Idas hören, und mit dieser unmittelbar verknüpft war das Schicksal Ungarns. Und je mehr Ida von dem Land an der Donau mit seinen weiten Ebenen und den riesigen Rinder- und Pferdeherden erzählte, umso mehr ging das Herz der Kaiserin auf. Wie war es gekommen, daß Österreich dieses Land in den letzten Jahrzehnten so unterdrückte, wie konnte es sein, daß man Ungarn nicht nur althergebrachte Rechte verweigerte, sondern daß man in ihm jeden Funken der Freiheit auszulöschen versuchte? Immer mehr wollte die Kaiserin wissen und dabei fielen die Namen Deák und Andrássy, und sie hörte zum ersten Mal von den Ideen dieser beiden Männer. Ida war nicht nur eine blendende Vorleserin, sie war auch eine glühende Patriotin mit überzeugender Redegabe. Wer immer von den beiden – Deák und Andrássy – die kleine Ungarin ausgewählt hatte, die Wahl war richtig gewesen. Denn die Kaiserin begnügte sich nicht mehr damit, von Ungarn zu hören, sie beschloß, ihre Ungarischkenntnisse zu erweitern, und las alles, was sie an Lektüre über dieses Land bekommen konnte. Ihren Ungarischlehrer Dr. Falk beauftragte sie schon nach kurzer Zeit, ihr alles an Büchern herbeizuschaffen, was über Land, Leute, Kunst, Kultur und Politik von Interesse war. Dr. Falk kam dabei in arge Schwie-

rigkeiten, denn die Kaiserin forderte ihn auf, auch die verbotenen Schriften des ungarischen Politikers István Széchenyi, der in Wien in einer Nervenklinik lebte, zu besorgen. Sie als Kaiserin konnte sich schließlich über jedes Verbot, das die Geheimpolizei auf Veranlassung der konservativen Kräfte des Hofes erlassen hatte, hinwegsetzen.

Allmählich wurde der Name Gyula Andrássy der Kaiserin vertraut, sie machte sich ein Bild von dem Grafen, den Ida beschrieb. Elisabeths Vorleserin sprach von seiner männlich aristokratischen Gestalt, von seinen feurigen Augen, von seinem Charme und von seiner unwahrscheinlichen Redegabe. Vielleicht war Ida selbst in den schönen Grafen leicht verliebt, denn so oft wie möglich hieß ihr Thema Gyula Andrássy. Und lange, bevor Andrássy und Elisabeth einander kennenlernten, hatten sie über Ida von Ferenczy so viel voneinander gehört, so daß sie sich beim ersten Zusammentreffen nicht wie Fremde gegenüberstanden, sondern wie Menschen, die sich schon lange kannten, die sich nahe waren.

Ida war eine wahre Meisterin in der Erzählkunst mit ihrer weichen dunklen Stimme und ihrem hinreißenden ungarischen Akzent. Während sich die Kaiserin Tag für Tag stundenlang ihr Haar frisieren ließ, hatte sie Zeit und Muße, mit Ida ungarische Konversation zu machen. Und obwohl es für Elisabeth sicherlich nicht leicht gewesen war, diese so ganz und gar nicht europäische Sprache zu erlernen, entwickelte sie mit der Zeit geradezu eine Perfektion. Es war nicht allein ihre Schönheit, ihr Charme und ihre Jugend, die ihr die Herzen des ungarischen Volkes zufliegen ließen, es waren die Sätze in akzentfreiem Ungarisch, die das »Eljen!« aus Tausenden von Kehlen aufbrausen ließ.

Als Graf Andrássy mit seiner Frau und dem kleinen Sohn in die Heimat zurückgekehrt war und er mit dem 63jährigen Franz Deák zusammentraf, mit dem er immer in Kontakt geblieben war, als beide ihre politischen Ideen austauschten, erkannten sie rasch, daß ihre Vorstellungen von einem zukünftigen Ungarn innerhalb des Verbandes der Habsburgermonarchie weitgehend übereinstimmten. Es war für beide von Anfang an klar, daß die Situation, wie sie seit den unglückseligen Jahren 1848/49 in Ungarn herrschte, so bald wie möglich geändert werden mußte. Sowohl Deák als auch Andrássy wußten, daß es keine leichte Sache werden würde, Franz Joseph von ihrer persönlichen Loyalität und ihren absolut positiven Absichten zu überzeugen. Aber vielleicht konnte die Kaiserin helfen? Zwar wußte man, daß sich Elisabeth bisher kaum für die Politik ihres Mannes interessiert hatte, wahrscheinlich war sie von den politischen Aktivitäten ihrer Schwiegermutter zu sehr abgestoßen, als daß sie selbst irgendwelche Initiativen ergreifen wollte.

Aber beide, Deák und Andrássy, erkannten sehr wohl, daß gerade in der Kontroverse zu Erzherzogin Sophie ihre Chancen günstig waren, daß sich Elisabeth für die ungarische Politik engagieren könnte. Denn die Mutter des Kaisers haßte alles Ungarische, sie war es auch, die seinerzeit gnadenlos für die Vollstreckung der Todesurteile plädiert hatte. Und weil die Schwiegermutter so antiungarisch eingestellt war, umso mehr Sympathie empfand daher Elisabeth diesem Volk gegenüber.
Bei einem Hoffest empfing Elisabeth voll neugieriger Erwartung vor allem die ungarische Delegation. Die Flügeltüren öffneten sich, der Zeremonienmeister kündigte mit lauter Stimme der Kaiserin Graf Andrássy an. Als der ungarische Magnat in seiner pelzbesetzten attraktiven Uniform sich in tiefer Ehrfurcht vor Elisabeth verneigte, als sich ihre Blicke trafen, da fühlten beide, daß ein Funke übergesprungen war. Es standen sich keine fremden Menschen gegenüber, sondern ein Mann und eine Frau, die durch die Vermittlung Ida von Ferenczys einander längst kannten, die aber das Schicksal bisher noch nicht zueinander geführt hatte. In dieser Stunde, mit den ersten Worten, die die Kaiserin an Gyula Andrássy richtete, hatte sie sein Innerstes berührt. Der Graf fühlte instinktiv, daß diese Frau es sein würde, die sein und das Schicksal Ungarns nachhaltig beeinflussen würde, sie würde die »schöne Vorsehung« für sein Land sein.
Aber auch Elisabeth war von dem charmanten, gutaussehenden Grafen ungewöhnlich beeindruckt. Sein sprühendes Temperament, seine Leidenschaftlichkeit, die sich in jedem seiner Blicke spiegelte, sein ungarischer Akzent mit den melodiös gedehnten Vokalen, all dies faszinierte die junge Frau, so daß ab und zu beinahe unmerklich ein Hauch von Erröten über ihr schönes Gesicht huschte, wenn sie sich an Andrássy wandte.
Mit großer Freude hatte man in Ungarn davon gehört, welch gnädige Aufnahme Graf Andrássy bei der Kaiserin gefunden hatte. Nicht nur Ida von Ferenczy würde nun noch offenere Ohren für die Probleme der Ungarn finden, auch der Graf selbst konnte der Kaiserin die Nöte und Sorgen seines Landes vortragen. Denn Schwierigkeiten gab es mehr als genug. Die Restriktionen, die auf die Jahre 1848 und 1849 zurückgingen, waren immer noch in Kraft, es war auch jetzt noch nicht erlaubt, offiziell sich der ungarischen Sprache zu bedienen, Deutsch sollte überall gesprochen werden, damit in ein bis zwei Generationen vielleicht kein Mensch mehr Ungarisch verstand. Spitzel wachten eifrig über die Einhaltung dieser unsinnigen Forderung, die in allem und jedem gegen die Natur ging. Aber das ungarische Volk wußte sich zu helfen. Man leistete, wo man konnte, passiven Widerstand. Auf den einst fruchtbaren Äckern wucherte meterhohes Gras, und wo früher riesige Viehherden weideten, er-

blickte man höchstens ein Dutzend Rinder. Immer auf der Suche nach neuen Geldquellen hatten die österreichischen Behörden eine Tabaksteuer eingeführt, worauf der Zigaretten- und Zigarrenkonsum erstaunlich zurückging. Auch die Wälder wurden nicht mehr gepflegt, das Wild wuchs ohne Hege und Kontrolle heran und verursachte, da man nicht mehr auf die Jagd ging, weil es jedem Ungarn verboten war, ein Gewehr zu besitzen, immense Schäden. Auf Schritt und Tritt war das einst so pulsierende Leben erlahmt, man demonstrierte sehr eindringlich, wie ein Land allmählich verkommen würde, wenn keine engagierte Bevölkerung es mit Leben erfüllte.
Jetzt aber schien es, als würde endlich die große Wende nach mehr als einem Jahrzehnt der Lethargie kommen. Andrássy war nicht müde geworden, zusammen mit Franz Deák, der die Kaiserin ebenfalls kennengelernt hatte, seinen ungarischen Landsleuten von der schönen jungen Frau vorzuschwärmen. Endlich hatte ein Mensch im verknöcherten Kaiserhaus Einzug gehalten, dessen Herz für Ungarn schlug! Begeistert vernahm man in Ungarn die Berichte Andrássys, wenn er von der gnädigen schönen Kaiserin sprach, lauschte fasziniert jedem seiner Worte, und es dauerte nicht lange, da beschloß man, anläßlich des Geburtstages der Kaiserin eine Delegation nach Wien zu entsenden, um der Monarchin zu huldigen.
Allerdings mußte der Termin verschoben werden, da Elisabeth plötzlich erkrankte. Aber im Januar war es dann soweit. In der so kleidsamen ungarischen Nationaltracht empfing die Kaiserin die Abordnung, und alle, die die schöne junge Frau zum ersten Male zu Gesicht bekamen, waren von ihrem Reiz und ihrem Zauber hingerissen. Elisabeth begrüßte ihre Gäste in ungarischer Sprache und ein vielstimmiges »Eljen!« war die Antwort auf diese freundliche Geste.
Eine junge Frau war dabei, Geschichte zu machen. Und was mit kühler Berechnung von seiten Deáks und Andrássys begonnen hatte, setzte sich nun emotional fort. In Ungarn wurde Politik in diesen Jahren nicht nur aus einer Notwendigkeit heraus gemacht und mit Verstand kalkuliert, hier änderten sich die Verhältnisse, weil eine junge Kaiserin von ihrem Gefühl geleitet wurde. Und da ihr Mann, Kaiser Franz Joseph, immer noch wie am ersten Tag in seine schöne Frau verliebt war, ergaben sich Möglichkeiten, ihn für die magyarische Sache einzunehmen, von denen die Ungarn vor zehn Jahren nicht einmal geträumt hatten. Das, was Deák und Andrássy dem Kaiser in stundenlangen Gesprächen mühsam auseinanderzusetzen versucht hatten, was sie ihm als beste Lösung für beide Länder plausibel machen wollten, den Ausgleich, der die Koppelung Un-

garns an die Monarchie beibehalten sollte, der aber dennoch beide Länder durch eine maßvolle Aufteilung der Einflußnahme zufriedenstellen sollte, dieser Ausgleich schien nun durch die Vermittlung der Kaiserin Wirklichkeit zu werden. Ein gütiges Schicksal hatte die »schöne Vorsehung« für Ungarn bereitgehalten!

So als hätte das Kaiserpaar die kommenden Ereignisse vorhergesehen, so als hätten Franz Joseph und Elisabeth geahnt, wie wichtig für sie beide und für den Weiterbestand der Monarchie die Sympathien der Ungarn werden würden, unternahmen sie eine Reise Ende Januar in die ungarische Hauptstadt. Es hatte sich wie ein Lauffeuer auch bei den einfachen Schichten der Bevölkerung herumgesprochen, wie sehr die Kaiserin nicht nur dem politischen Vertreter Ungarns, dem Grafen Andrássy, zugetan war, sondern wie sehr ihr Herz auch für das Land und seine Menschen schlug. Man lauschte mit Andacht jedem einzelnen Wort, das über die Lippen der schönen Kaiserin kam. Und weil sie sich dabei noch der ungarischen Sprache bediente, die sie schon fast akzentfrei beherrschte, konnte sie die leicht entflammbaren Ungarn zu wahren Begeisterungsstürmen hinreißen. Hatte man sich dem Kaiser gegenüber eher abweisend verhalten, so fing man nun an, die Zurückhaltung allmählich aufzugeben. Franz Joseph war zwar ein Habsburger und der Sohn seiner ungarnfeindlichen stockkonservativen Mutter, aber immerhin liebte er Elisabeth oder Erzebet, wie man sie beinahe zärtlich nannte, so wie am ersten Tag – dies war allgemein bekannt. Er konnte kein so harter Mensch sein, wenn er nach wie vor seiner Frau jeglichen Wunsch von den Augen ablas. Und er würde auch ihren Bitten gegenüber, die Ungarn betrafen, seine Ohren nicht verschließen. Denn aus jedem Satz, aus jeder noch so kleinen Bemerkung Elisabeths ging klar hervor, daß sie nichts anderes im Sinn hatte, als endlich eine befriedigende Lösung für dieses Land herbeizuführen. Natürlich ganz im Sinne eines Deák und Andrássy. Die beiden Männer waren die Initiatoren, Elisabeth war die Wegbereiterin.

Natürlich durchschauten die antiungarischen Kräfte am Wiener Hof die Pläne der Ungarn und die Rolle der Kaiserin. Aber sowohl die Mutter des Kaisers, Erzherzogin Sophie, als auch Erzherzog Albrecht – beide waren zeit ihres Lebens gegen Ungarn eingestellt –, sahen sich allmählich ins Abseits gedrängt, ihre Argumente fanden kein Gehör, und resignierend erkannten sie, daß ihre Zeit endgültig vorbei war. Auch Franz Joseph selbst war von der Herzlichkeit, die er überall in Budapest erfahren hatte, beeindruckt, und seine vorgefaßten Meinungen bekamen Risse. Die ungarische Lebensart in ihrer Leichtigkeit und Fröhlichkeit war so ganz anders als die traditionsgebundene Starrheit des Wiener Hofs.

Die schwungvollen Bälle, wo sich alles im Rhythmus der überschäumenden Csárdás-Musik drehte, mit den temperamentvollen schönen Frauen, die in einer Nacht die Schuhe durchtanzten, verfehlten nicht ihre Wirkung auf den nüchternen Mann. Die Lebensfreude steckte ihn an. Er stand nicht wie in Wien auf seinem erhabenen Podest abseits, seine bezaubernde Frau zog ihn mit sich fort, mitten hinein ins volle Menschenleben.

Es konnte dabei natürlich nicht ausbleiben, daß man von Wien mit scheelen Augen nach Ofen blickte und sich über die große Freiheit mokkierte, die sich die Magyaren dem Kaiserpaar gegenüber herausnahmen. Was man dabei geflissentlich vergaß oder einfach nicht wahrhaben wollten, war, daß sich die Zeiten geändert hatten, daß ein Metternich endlich mitsamt seinem System zu Grabe getragen worden war, daß man anders denken und handeln mußte.

Die Kaiserin genoß diese Wochen in der Stadt an der Donau in vollen Zügen, sie war beglückt über die Sympathien, die man ihr, aber auch dem Kaiser entgegenbrachte. Dazu kam, daß sie mit dem Mann ihrer Träume, und als solchen sah sie wahrscheinlich Gyula Andrássy in dieser Zeit, beinahe zwanglos Tag für Tag ganz offiziell und ohne Klatsch zusammentreffen konnte. Aus jedem seiner Blicke las sie Bewunderung, Verehrung und Anbetung, aber wahrscheinlich auch die Leidenschaft, die er für sie empfand. Elisabeth war noch keine dreißig Jahre alt, von hinreißender Schönheit mit ihrer grazilen Gestalt, dem prachtvollen Haar, den geheimnisvollen leicht melancholischen Augen und ihrer melodiösen weichen Stimme. In Andrássy hätte nicht das feurige Blut seiner Vorfahren rollen müssen, um sich Hals über Kopf in die »schöne Vorsehung«, wie er die Kaiserin offiziell nannte, zu verlieben. Er suchte die Nähe Elisabeths, wo immer er konnte, führte mit ihr lange Gespräche, sie ritten zusammen auf den prächtigsten Pferden durch die Stadt und jeder, der die bezaubernde Kaiserin mit dem attraktiven Grafen sah, mußte zugeben: Sie waren ein ungewöhnlich schönes Paar. Die Liebe zu den Pferden verband beide noch mehr, denn Andrássy war ein Leben lang ein begeisterter Reiter, der es sich auch in späteren Zeiten, als er als Außenminister an den Schalthebeln der europäischen Politik saß, nicht nehmen ließ, tagtäglich Geist und Körper durch ausgedehnte Ritte zu entspannen. Dabei konnte es manchmal vorkommen, daß einem ausländischen Diplomaten überraschend zum Audienztermin mitgeteilt wurde, er möge zu einem anderen Zeitpunkt erscheinen, da der Minister gerade seinen abendlichen Ritt absolviere.

Der Graf und die Kaiserin waren bald Tagesgespräch. Und was man in

Ungarn wohlwollend augenzwinkernd kommentierte, erregte und erhitzte die Gemüter in Wien. Man war über das Verhalten der Kaiserin empört, hatte sich Elisabeth durch ihre oft monatelange Abwesenheit die Sympathien der österreichischen Bevölkerung ohnedies verscherzt, so überstieg diese »Affäre« mit dem ungarischen »Revoluzzer« alles bisher Dagewesene. Ein »Gschpusi« mit einem Ungarn? Das war zu viel für die Moralvorstellungen der Wiener Gesellschaft!

Die Kaiserin, der diese Kommentare natürlich zu Ohren gekommen waren, ließ die Reaktion der Wiener eiskalt, im Gegenteil, sie unternahm alles, um diese Flamme des Unmutes noch weiter zu schüren. Sie stand seit Jahren mit der Bevölkerung Wiens auf Kriegsfuß. Sie hatte die grenzenlose Bewunderung, die man ihr in Wien anfangs spontan und herzlich als schöner junger Frau entgegengebracht hatte, als plumpe Neugierde mißverstanden. Dabei hatten sich die Wiener darin gesonnt, daß man ausgerechnet in ihrer Stadt eine so schöne Kaiserin hatte. Und man wollte sie sehen, sie sollte in Wien sein, denn hierher gehörte sie schließlich, sie war allgemeines Eigentum! Und das war das Ärgste, was man Elisabeth in ihrem Streben nach Individualismus antun konnte.

Daher hatte sie wie ein trotziges Kind immer wieder provoziert und sich diebisch gefreut, wenn man sich über sie »den Mund zerriß«. Sie gab sich als Kaiserin als »femme fatale«, die im offenen Wagen rauchte und die – wer wußte schon Genaueres – vielleicht da und dort einen Liebhaber hatte. Sie umgab sich mit dem Flair des Geheimnisvollen, ja manchmal auch des Verruchten. Sie baute ein Scheinbild jenseits aller Realität auf.

Aber in Ungarn war sie weit weg von Wien, hier konnte sie die Anbetung des feurigen Grafen ungehindert genießen. Für Elisabeth war jede Begegnung mit Andrássy ein aufregendes Abenteuer, dessen Ende sie wahrscheinlich nicht voraussagen konnte. Man traf sich offiziell in den Räumen der Obersthofmeisterin der Kaiserin, sprach über Andrássys politische Absichten, und doch flossen da und dort mitten im ernsthaftesten Gespräch ein paar persönliche Worte, Sätze der gegenseitigen Zuneigung, die beide intensiv spürten. Aber beide waren – so kann man annehmen – nicht in der Lage, nur ein einziges Mal über den Schatten der Konvention zu springen.

Elisabeth war die Kaiserin, und jeder Mann, der sie leidenschaftlich begehrte, eben nur ein Mensch, der unter ihr stehen mußte – aber das war nicht das eigentliche Problem. Sie konnte wahrscheinlich keine leidenschaftlich sinnlichen Gefühle entwickeln, die sie alle Standesschranken hätte vergessen lassen.

Und Andrássy? War er der Mann, der aus seiner Liebe zu Elisabeth her-

aus hätte den Kopf verlieren können? Vielleicht, wenn ihm Elisabeth entgegengekommen wäre. Er hätte kaum etwas gewonnen als ein kurzes, vorübergehendes Abenteuer mit einer schönen Frau, die zufälligerweise noch Kaiserin war. Aber wenn er die Sache kühl überdachte, so hätte er durch diese Affäre letztlich alles verlieren können. Er hätte den Traum, sein Vaterland politisch bestmöglich in den nächsten Jahren zu vertreten, ausgeträumt, noch ehe er aus dem kurzen Rausch aufgewacht wäre. Gyula Andrássy wußte immer, was er wollte, und daher ist anzunehmen, daß er diese für ihn politisch so zweckmäßige Verbindung zur zukünftigen Königin seines Landes nicht bis zum Letzten ausnützen wollte. Er brauchte Elisabeth nicht nur, um ans Ziel seiner staatsmännischen Wünsche zu gelangen, er benötigte vor allem die Gunst des Kaisers. Und wie hätte er als Liebhaber Elisabeths das Wohlwollen ihres Ehemanns erreichen können, wenn der Kaiser vor aller Welt als Hahnrei dagestanden wäre. Andrássy erschreckten wahrscheinlich schon die bösartigen Gerüchte, vor allem der Verdacht, daß die Tochter Elisabeths, Marie Valerie, die 1868, also ein Jahr nach dem Ausgleich, in Budapest geboren wurde, eigentlich ein Kind des Grafen wäre.
Für die junge Valerie, die zufällig durch eine unüberlegte Indiskretion einer Freundin von dieser Vermutung erfahren hatte, war dies zunächst eine seelische Katastrophe. Denn sie liebte ihren arbeitsamen, zurückhaltenden Vater, der in seiner bescheidenen Art für jedes bißchen Zuneigung dankbar war, über alles und, wie sie sich selber später mit sehr schlechtem Gewissen eingestand, mehr als die exzentrische Mutter, die ihre jüngste Tochter mit einer überschwenglichen Liebe umgab. Wahrscheinlich konnte sich Andrássy kaum die Abneigung der jüngsten Tochter der Kaiserin erklären, die sie ihm bei jedem Zusammentreffen deutlich spüren ließ. Er konnte nicht ahnen, daß der Verdacht, sie könnte seine Tochter sein, zu dieser offensichtlichen Aversion geführt hatte. In ihren Tagebüchern vermerkte Valerie, daß sich der Graf, wann immer er kam, aufdringlich familiär benahm. Und dieses Verhalten verstärkte wahrscheinlich wieder ihre Antipathie!
Hätte Valerie aber die Natur ihrer Mutter ganz durchschaut und hätte sie bedacht, was für Andrássy damals auf dem Spiel stand, als die Kaiserin und er einige gemeinsame Wochen in Budapest und später auf Schloß Gödöllö verbrachten, dann wäre sie dem Grafen wahrscheinlich zwangloser gegenübergetreten. Denn was immer sich zwischen diesen beiden Menschen in dieser Zeit und in den folgenden Monaten abgespielt hatte – es mündete in einer lebenslangen echten Freundschaft, auf die sich Elisabeth felsenfest verlassen konnte.

Während Elisabeth von Budapest aus nach den langen Aussprachen mit Andrássy eindringliche Briefe nach Wien schickte, um Franz Joseph davon zu überzeugen, daß er den beiden Politikern Deák und Andrássy sein Vertrauen schenken sollte, saß der Kaiser wie gewohnt von früh bis spät über seinen Akten und sehnte sich nach seiner Frau, von der er wußte, daß sie sich blendend mit dem schönen Grafen unterhielt. Franz Joseph wäre kein Mann aus Fleisch und Blut gewesen, wenn ihn nicht so manches Mal ein Gefühl der Eifersucht beschlichen hätte, das aber in seinen Briefen nur ganz verhalten zum Ausdruck kam. Ein Leben lang war er es gewohnt gewesen, ein Muster an Selbstbeherrschung zu sein, vielleicht zum Leidwesen seiner Frau! Vielleicht hätte sich das Verhältnis der beiden ganz anders entwickelt, hätte Franz Joseph nur einmal seine berühmte Contenance verloren und ihr wie ein richtiger Mann seine leidenschaftlichen Gefühle gezeigt. Er war in allem und jedem, was er tat, rücksichtsvoll seiner Frau gegenüber und brachte es wahrscheinlich nicht ein einziges Mal fertig, nein zu sagen. Auch jetzt, wo ihm täglich neue Berichte über den Tagesablauf seiner Frau, bei dem Andrássy mitbeteiligt war, überbracht wurden und die Gerüchteküche brodelte, selbst jetzt bat er Elisabeth nur, sie solle sich mit Andrássy nicht zu weit einlassen. Dabei meinte er wahrscheinlich eher die politischen Absichten und Versprechungen, die seine Frau machen konnte, es sei denn, er hatte diese Worte doppelsinnig gemeint. Andererseits kannte Franz Joseph das kühle Naturell seiner Frau nur allzu gut und konnte sich, wenig ideenreich, wie er nun einmal war, nur schwer vorstellen, daß Andrássy Elisabeth zum Glühen bringen könnte.
Wie immer es auch gewesen sein mag: Der ungarischen Sache war die Leidenschaft Andrássys der Kaiserin gegenüber und ihre höchstwahrscheinlich nur platonische Erwiderung alles andere als abträglich. Freilich sollten noch Monate dahin gehen, bis Andrássy und sein politischer Vater Ferencz Deák ihre Ziele erreichten.
Denn plötzlich wehte von Norden her ein eiskalter Wind. Die Preußen hatten die Stunde für gekommen gesehen und gegen die Österreicher zum Kampfe geblasen. Schon lange war es dem preußischen König ein Dorn im Auge, daß nach den Bestimmungen des Wiener Kongresses ausgerechnet der habsburgische Kaiser den Vorsitz im Deutschen Bund innehaben sollte. Was hatte der österreichische Kaiser schließlich noch in deutschen Landen zu suchen? Der preußische König Wilhelm hatte auf die richtige Stunde gewartet, in der er Franz Joseph endgültig zeigen wollte, wer der eigentliche Herr in Deutschland in Hinkunft sein sollte. Nicht die uralte Tradition der Habsburger war für Deutschland

weiterhin von Bedeutung, Preußens neue Glorie sollte in aller Welt erstrahlen.
Der Anlaß zum »Bruderkrieg«, der am 3. Juli 1866 in der schicksalschweren Schlacht bei Königgrätz entschieden wurde, war so nichtig, daß man ihn kaum hätte erfinden können. Aber, wo ein Wille, da ein Weg – auch immer wieder in den Krieg, der Tausenden das Leben kostet. Preußen hatte gut spekuliert, denn auch in Italien machte man gegen den Habsburger Kaiser mobil, so daß die Kräfte der ohnedies veralteten österreichischen Armeen gespalten wurden und damit zusätzlich an Schlagkraft einbüßten.
Mit größter Sorge verfolgte der Kaiser von Wien aus, welch verheerende Entwicklung der »Bruderkrieg« genommen hatte. Die modernen Zündnadelgewehre der Preußen hatten sich den veralteten Vorderladern der Österreicher gegenüber als überlegene Waffen erwiesen. Für die siegreiche preußische Armee gab es kein Halten mehr, sie war im Eilmarsch durch Böhmen gezogen, und einzelne Heeresteile lagerten bedrohlich nah schon in Nikolsburg.
In Wien standen die Zeichen auf Sturm, denn man konnte nicht ahnen, was sich in den nächsten Tagen ereignen würde. Würde König Wilhelm als großspuriger Sieger wie einst Napoleon in die österreichische Hauptstadt einziehen und das Ende der Habsburger Monarchie ausrufen? Niemand kannte die Gedanken des preußischen Königs und auch nicht die Absichten seines Kanzlers, des Fürsten Bismarck, der sich genauso bedeckt wie Wilhelm gab. Alles, was dem Kaiser noch an Truppen geblieben war, vor allem 20000 sächsische Soldaten, hatte man in letzter Verzweiflung um die Hauptstadt zusammengezogen, um die Stadt und ihre Bevölkerung zu verteidigen. Der Kaiser selbst wollte die etwaige Entscheidungsschlacht befehligen, jetzt würde er endlich einmal seine strategischen Fähigkeiten nicht nur in einem Manöver beweisen können! Aber die Lust am Inspizieren der Truppenverbände verging ihm, der Ernstfall sah eben anders aus.
In großer Eile hatte man alle Wertgegenstände zusammengerafft und nach Ungarn geschafft, die Staatsdokumente genauso wie die Kroninsignien, wertvolle Bücher, alte Urkunden und kostbaren Schmuck. Gott sei Dank war durch das ununterbrochene Bemühen Elisabeths die Situation mit den Ungarn so, daß man glaubte, ihnen vertrauen zu können. Und als die Gefahr eines Angriffes auf Wien sich verstärkte, beschloß der Kaiser, seine Frau und die Kinder nicht den Kampfeswirren auszusetzen und sie nach Ofen zu evakuieren. In Ungarn würde seine Familie in Sicherheit sein. Nur Erzherzogin Sophie weigerte sich hartnäckig,

sich unter den Schutz eines Volkes zu begeben, das sie dereinst so heftig bekämpft hatte. Zusammen mit ihrem Mann Franz Carl reiste sie demonstrativ nach Ischl.
Der Kaiser erlebte in diesen Tagen bange Stunden. Dabei hätte er sich so manche Sorge ersparen können, wenn er den preußischen Kanzler und dessen diplomatisches Geschick durchschaut hätte. Denn Bismarck hatte keineswegs die Absicht, Wien durch preußische Truppen erobern zu lassen, wenn auch sein Herr und Meister, König Wilhelm, nichts lieber getan hätte, als in Schönbrunn zu befehlen. Aber Bismarck gelang es, den preußischen König zu überzeugen, daß ein gedemütigtes Österreich ein schlechtes Bollwerk gegen die immer mächtiger auftretenden Slawen sein würde. Es genügte schließlich, daß Österreich seine Rolle in Deutschland ausgespielt und auch in Italien kein großes Wort mehr mitzureden hatte. Obwohl Erzherzog Albrecht und Tegethoff zwei entscheidende Schlachten gewonnen hatten, war die Einigung Italiens nicht mehr aufzuhalten.
Bismarck nutzte die Gunst der Stunde nicht, er wußte, langfristig konnte auch Preußen und später Deutschland auf die Unterstützung Österreichs nicht verzichten. Deshalb gab er sich in den späteren Friedensverhandlungen in Prag äußerst zurückhaltend, ja beinahe betont freundschaftlich. Die Tochter des Kaisers Valerie schrieb etliche Jahre später über den mächtigen Mann Deutschlands: »... dieser spricht nicht übermäßig norddeutsch, ist einfach und natürlich und – leider – eigentlich sympathisch.«
Nur zögernd hatte Elisabeth eingewilligt, ihren Mann in dieser kritischen Situation zu verlassen und nach Budapest zu gehen. Denn seltsamerweise erwachte die Kaiserin aus ihrer sprichwörtlichen Lethargie dann, wenn Not am Mann war. In der Gefahr erwachte in ihr ein seltsamer Tatendrang, sie besuchte Lazarette, saß stundenlang am Bett der Verwundeten, sprach den zu Krüppeln geschossenen Männern Mut zu und tröstete so manchen Sterbenden. Sie kümmerte sich auch rührend um Franz Joseph und versuchte ihn innerlich aufzurichten, wenn er mutlos zu werden drohte. Obwohl sie sich dagegen wehrte, mit den Kindern nach Ungarn zu flüchten, sah sie doch ein, daß wenigstens der Kronprinz in Sicherheit gebracht werden mußte, sollte der Kaiser bei der Verteidigung von Wien sein Leben lassen.
Bei ihrer Ankunft in Budapest war alles, was Rang und Namen hatte, am Bahnhof versammelt. Es war Deák und Andrássy nicht schwergefallen, die Leute zu überreden, die in Not geratene Kaiserin mit ihren beiden Kindern beinahe überschwenglich willkommen zu heißen. Man wollte damit kundtun, daß man Elisabeth nicht nur in guten Zeiten hochleben

lassen wollte. Für die ritterlichen Ungarn schien es geradezu eine Selbstverständlichkeit zu sein, jetzt und für immer der schönen Erzsebet zu Füßen zu liegen.
Mit der Niederlage der österreichischen Heere wäre eigentlich für Ungarn die Stunde gekommen gewesen, den Kaiser zu erpressen. Aber man wollte nicht mit Gewalt eine Lösung erzwingen. Man strebte nach einer friedlichen Beilegung der politischen Probleme. Nicht die radikalen Forderungen eines Kossuth, hinter dem eine Armee von Freischärlern, die Legion Klapka, stand, die auf seiten Preußens gekämpft hatte, wurden lauthals herausposaunt, es waren die maßvollen Vorstellungen und politischen Ideen eines Franz Deák, die man nun dem Kaiser vortragen wollte. Man wollte Franz Josephs Zwangslage, in der er alle auch noch so überzogenen Forderungen hätte sanktionieren müssen, nicht ausnützen. Deák und mit ihm auch Andrássy bedachten bei ihren Überlegungen, daß sich mit den Zeiten auch die Konstellationen der Staaten und der Macht ändern würden. Wie leicht hätten übereilt erpreßte Zugeständnisse Ungarn unter einer anderen Regierung auf den Kopf fallen können. Die beiden ungarischen Politiker, Deák und Andrássy, suchten nach einem Weg, der für beide Teile, sowohl den Kaiser als auch für Ungarn, annehmbar und gangbar wäre.
Während Franz Joseph etwas zögernd Deák in Wien empfing, setzte Elisabeth in Budapest ihre stundenlangen Gespräche mit Andrássy fort, der ihr bis ins kleinste Detail seine politischen Ideen für die Zukunft vortrug. Und je länger die Kaiserin den Ausführungen des temperamentvollen Grafen lauschte, umso mehr wußte sie, daß sie diesem Land, in dem sie sich so wohl fühlte, und seinem Volk, das ihr mit offenem Herzen entgegengekommen war, unter allen Umständen helfen wollte. All ihr Denken und Handeln drehte sich in dieser Zeit um Ungarn und um Andrássy. Mit seiner ungewöhnlich eindringlichen Rednergabe legte er der Kaiserin den Standpunkt der Ungarn in jeder nur möglichen Hinsicht dar und betonte dabei immer, daß der Fortbestand seines Vaterlandes nur in Verbindung mit dem österreichischen Kaisertum möglich sei. Seine Ideen hatten Hand und Fuß, und er konnte später als ungarischer Ministerpräsident, als ungewöhnlich erfolgreicher Außenminister und schließlich als enger Berater und wahrer Freund Kaiser Franz Josephs seine Fähigkeiten unter Beweis stellen. Elisabeth hatte keinen schlechten Mann protegiert, hatte durch einen glücklichen Zufall dem Richtigen ihr Wohlwollen geschenkt.
Je länger die Kaiserin von Andrássy beeinflußt wurde, umso dringender wurden ihre Appelle an Franz Joseph, auch Andrássy zu empfangen und

sich seine Argumente anzuhören. So schrieb sie unmittelbar nach einer Unterredung mit dem ungarischen Grafen, die sie in den Räumen ihrer Obersthofmeisterin hatte:
»Eben komme ich zurück von Königseggs, wo ich eine Unterredung mit Andrássy hatte, natürlich allein. Er sprach seine Ansichten klar und deutlich aus. Ich habe sie verstanden und die Überzeugung gewonnen, daß, wenn Du ihm vertraust, aber *ganz*, so sind wir und nicht Ungarn allein, sondern die Monarchie, noch zu retten. Du mußt aber *jedenfalls* selbst mit ihm reden, und zwar gleich, denn jeder Tag kann die Verhältnisse so gestalten, daß er es am Ende gar nicht mehr übernehmen würde; in so einem Moment gehört auch wirklich viel Aufopferung dazu, es zu tun, denn diese Versicherung kann ich Dir geben, Du hast keinen Mann vor Dir, der um jeden Preis eine Rolle spielen will, nach einer Position hascht, im Gegenteil, er stellt eher seine jetzige Stellung, die eine schöne ist, aufs Spiel. Aber wie jeder Ehrenmann, ist auch er bereit, in dem Moment, wo der Staat dem Schiffbruch nahe ist, alles, was in seiner Macht steht, zur Rettung beizutragen; was er hat, seinen Verstand, seinen Einfluß im Land wird er Dir zu Füßen legen. Zum letztenmal bitte ich Dich im Namen Rudolfs, versäume den letzten Moment nicht ...«
Franz Joseph war keine spontane Natur wie seine Frau, er wägte gründlich alle Für und Wider ab, dann erst traf er seine Entscheidungen. Elisabeth ging der Prüfungsprozeß im Falle Andrássy viel zu langsam, und sie setzte ihren zaudernden Mann durch alle möglichen Launen unter Druck. Als der Kaiser allmählich erkannte, daß der Graf mit allen Fasern seines Wesens das Wohl nicht nur seines ungarischen Vaterlandes anstrebte, sondern auch ihn, den Kaiser, nach bestem Wissen und Gewissen beriet, daß er sich ganz in den Dienst der Monarchie stellte, da trat auch er dem Ungarn mit geänderten Gefühlen entgegen.
Franz Joseph und Andrássy waren äußerlich und in ihrem Wesen grundverschieden. Wurde der Kaiser von seiner zielstrebigen Mutter schon in sehr jungen Jahren zum Pflichtbewußtsein, zur Selbstbeherrschung und zu unermüdlicher Arbeit für den Staat erzogen, so erlebte Andrássy so manches waghalsige Abenteuer, das ihm leicht hätte Kopf und Kragen kosten können. So war es nach Fertigstellung der aufsehenerregenden Kettenbrücke in Budapest im Sommer 1848 geradezu zum Sport der jungen Adeligen geworden zu versuchen, über die hoch über dem Boden schwebenden Ketten ans andere Donauufer zu gelangen. Aber alle Freunde des jungen Grafen verließ der Mut, als sie die erste Kette erklommen hatten und in die Tiefe schauten. Auch Andrássy stieg wieder hinab, aber nur, um nach ein paar Stunden allein wieder hinaufzuklet-

tern und todesmutig Zentimeter für Zentimeter über die Ketten zu balancieren, um schließlich die Budaer Seite zu erreichen. Der junge Mann mit seinen 25 Jahren war nun in aller Munde und wurde beinahe wie ein Held gefeiert. Das riskante Unternehmen hatte ihn populär gemacht.

Franz Joseph war im Laufe seines Lebens niemals in die Lage gekommen, persönlichen Mut zu beweisen, alles schien von Anfang an in geordneten Bahnen zu verlaufen, wohingegen es lange Jahre gedauert hatte, bis sich auch in Andrássys Lebensführung eine klare Linie abzeichnete. Was der eine sich in ausdauernder Arbeit mit Bienenfleiß erwarb, das schien dem anderen zuzufliegen. Denn alles, was Andrássy begann, erweckte den Anschein, von einer Leichtigkeit getragen zu sein, obwohl stets intensive Überlegungen, umfassende Recherchen und detaillierte Informationen hinter all seinen Entschlüssen standen. Er sagte einmal, daß er lange zögere, über eine Schwelle zu schreiten, wenn er aber dann der Meinung war, diese Stufe übersteigen zu können, dann gab es für ihn kein Zurück mehr. Wirkte der Kaiser auch als junger Mann schon seltsam in sich gefestigt und vor den Jahren gereift, so erschien der temperamentvolle Ungar stets wie ein frischer Wind, dem das Flair des Unbesiegbaren anhaftete. Er vermochte auch den hartnäckigsten Gegner seiner Anschauungen durch seine brillante Formulierkunst zumindest so weit zu bringen, daß er das Für und Wider seiner Thesen abwog. Alles, was aus seinem Munde kam, war meisterlich vorbereitet und hart erarbeitet. Dabei wußten nur die engsten Vertrauten und Freunde um den tiefen Ernst, um die Aufrichtigkeit Andrássys Bescheid, wenn er sich mit irgendeiner Sache beschäftigte. Einer, der ihn überraschend früh in seinem Wesen erkannte und ihn schon bald als seinen wirklichen Freund bezeichnete, war der deutsche Reichskanzler Fürst Otto von Bismarck. Ihm gelang es zusammen mit Andrássy, die politische Situation zwischen dem im Jahre 1871 gegründeten Deutschen Reich und der Doppelmonarchie Österreich-Ungarn zu entspannen.

Im Verein mit der Kaiserin hatte es Andrássy schließlich erreicht, den zurückhaltenden Kaiser von der Notwendigkeit eines Ausgleiches mit Ungarn zu überzeugen. »Die schöne Vorsehung« war dem Grafen politisch ein Geschenk des Himmels gewesen, obwohl natürlich die persönliche Situation, in der sich die beiden befunden haben mußten, ihm eher die Ruhe raubte.

Viele Jahre später, als Andrássy aus seinen politischen Ämtern ausgeschieden und vom Tod gezeichnet war, als Elisabeth längst ihren Reiz und ihre Anziehungskraft eingebüßt hatte, schrieb er an seinen langjährigen Freund, den Obersthofmeister der Kaiserin und Königin von Ungarn, an Baron Nopcsa:

»Du weißt, welch hohe Meinung ich immer von ihrem Geist und Herzen hatte, aber seitdem ich einige ihrer Gedichte gelesen, ist diese Meinung bis zur höchsten Bewunderung gestiegen, und dazu, daß sich in ihre mit so viel Verstand, der selbst dem größten Manne zur Ehre gereichen könnte, so viel Gemüt vereint, kann ich kurz nur sagen, daß eine zweite solche Frau nicht auf der Erde existiert. Eines betrübt mich jedoch, und das ist, daß nur so wenige Menschen wissen, was sie ist. Ich möchte wünschen, daß die ganze Welt davon Kenntnis habe und sie so bewundere, wie es eine so seltene Persönlichkeit verdient ... Daß sie aber ihren großen Geist und ihr großes Herz, im Vergleich zu denen die berühmte Maria Theresia nur die Fähigkeiten einer guten Hausfrau besaß, so sehr zu verbergen sucht, als wenn es sich nicht geziemen würde, sie zu zeigen, vermag ich nicht genug zu bedauern.«

Der »Ausgleich«, dessen Grundsteine im Februar 1867 gelegt wurden, machte Gyula Andrássy zum Ministerpräsidenten von Ungarn. Franz Deák, der »Konstrukteur« der neu entstandenen Doppelmonarchie, war bescheiden in den Hintergrund, aus dem er kometenhaft aufgestiegen war, zurückgetreten und hatte seinem Mitstreiter und jugendlich frischen Kämpfer Andrássy das Feld überlassen. Deák fühlte sich mit seinen 63 Jahren zu alt, um in dieser kritischen Aufbauphase den Staat zu leiten. Das, was damals in den Februartagen 1867 entstand, war eine völlig neue Staatsform, die daher auch einen neuen Namen tragen sollte: Die österreichisch-ungarische Doppelmonarchie mit einem Kaiser an der Spitze, der in Ungarn zum König gekrönt werden sollte. Ungarn war plötzlich in dem riesigen Gebiet der Monarchie über alle Maßen aufgewertet worden, von überall her schaute man nach Budapest und die Blicke der meisten Völkerschaften waren getrübt. Denn was den Ungarn recht war, das hätte auch den anderen Völkern, vor allem den Slawen, billig sein sollen. Aber weder in Prag noch in Krakau fand sich ein Mann wie Andrássy, der durch seine Persönlichkeit und durch seinen Einsatz den Kaiser mit großer Hartnäckigkeit zu bewegen versuchte, diesen Teilen der Monarchie ebenfalls weitgehende Rechte einzuräumen.

Die Ungarn waren mit den Bedingungen des »Ausgleichs« zufrieden: Es waren nur mehr die staatstragenden Angelegenheiten, die zentral von Wien aus geregelt wurden, zwangsläufig die Finanzen, die Verteidigung und die Außenpolitik. In allen anderen Bereichen war es Sache der Ungarn, selbständige Entscheidungen zu treffen.

Mit dem »Ausgleich« war Franz Joseph über die langen Schatten der eigenen Vergangenheit gesprungen, er hatte gleichsam Buße getan für die Übergriffe der Jahre 1848/49, die Toten waren gerächt. Ungarn hatte nach nur etwas mehr als eineinhalb Jahrzehnten weitgehende Freiheit erlangt, und der Mann, der theoretisch schon am Galgen gebaumelt hatte, war plötzlich der Held des Landes als gefeierter Ministerpräsident! Eine wahrhafte Laune des Schicksals, ja der Geschichte!

Alles war unter Dach und Fach, jetzt fehlte nur noch als sichtbarer Abschluß der politischen Verhandlungen die feierliche Krönung des Monarchen und seiner Gemahlin in Budapest.

So hoch die Stimmung in der ungarischen Hauptstadt war, so war sie in Wien auf den Nullpunkt gesunken. Die antiungarischen Kräfte, die dem Kaiser und vor allem Elisabeth den »Ausgleich« negativ ankreideten, begannen ihre geheime Wühlarbeit und schikanierten all jene, die sie indirekt mit dieser politischen Entwicklung in Verbindung brachten. Besonders hatte man es auf den Ungarischlehrer der Kaiserin, Dr. Falk und ihre Vertraute Ida von Ferenczy abgesehen, die man, nicht ganz zu Unrecht, als Einflüsterer der Kaiserin ansah. Sosehr man sich auch im ungarnfeindlichen Lager bemühte, die Vorbereitungen für das Krönungsfest zu boykottieren, so mußte man doch nach einiger Zeit nachgeben.

Es war für die große Schar von Verantwortlichen sowohl in Wien als auch in Budapest nicht leicht, den Überblick über die Dinge, die man für die Feierlichkeiten herbeischaffen mußte, zu bekommen. Einerseits war man darauf angewiesen, vieles aus dem kaiserlichen Haushalt nach Ungarn zu transportieren, da man für die große Anzahl der Festgäste, die entweder eingeladen waren oder im letzten Moment sich ansagen würden, auf der Burg in Budapest nicht gerüstet war. Den Organisatoren standen die Haare zu Berge, wenn sie daran dachten, daß vom schwerversilberten Suppenlöffel angefangen bis zu den handbemalten Desserttellern aus feinstem Porzellan alles verpackt und verladen werden mußte, denn an die 1000 Gäste waren angekündigt worden, und sie sollten nicht nur standesgemäß und komfortabel wohnen, jeder von ihnen sollte auch seinem Rang und seiner Bedeutung nach entsprechende Plätze in der symbolträchtigen Matthiaskirche bei den Krönungszeremonien erhalten. Ganz Budapest wurde gesäubert und auf Hochglanz herausgeputzt, überall wurde gestrichen und restauriert, die alten Gemächer der Burg sollten in wahrhaft königlichem Glanze erstrahlen.

Es war nicht leicht für die Zeremonienmeister, den Ritus der Krönung auf die Minute genau festzulegen. Zuerst hatte man versucht, das Kaiserpaar über den Ablauf der Feiern schriftlich zu informieren, dann aber hatte man die Notwendigkeit erkannt, daß Franz Joseph und Elisabeth unbedingt eine Art Generalprobe in Budapest absolvieren müßten, wollte man nicht Gefahr laufen, daß eine Panne die feierliche Krönung störte. Der Kaiser gab sich bei diesen Proben ungewöhnlich leutselig, und als man hörte, daß er dabei mit den aufgeregten Zeremonienmeistern in fließendem Ungarisch plauderte, da fielen die letzten Barrieren, die immer noch da und dort gegen ihn aufgerichtet waren. So locker, so menschlich hatte man Franz Joseph noch nie gesehen! Der Kaiser war ja ein Mensch wie jeder andere – unglaublich!

Der Tag der Krönung war sicherlich nicht nur für das Kaiserpaar, das in ungarischer Tracht erschienen war, ein Höhepunkt, für Graf Andrássy ging wahrscheinlich ein Traum in Erfüllung, als er dem Kaiser die altehrwürdige Krone des heiligen Stephan aufs Haupt setzte. Anschließend hielt er der zauberhaften Kaiserin die Krone über die Schulter und machte sie dadurch zur vielumjubelten Königin von Ungarn.

Die Krönung wurde in Budapest, aber auch im ganzen Land ein Freudenfest. Einschränkungen, Bespitzelung und vielleicht auch die allgemeine Not sollten ab nun ein Ende haben. Der König und seine schöne Gemahlin selbst galten als Garanten für das zukünftige Wohlergehen des Landes und seiner Menschen. Überall in der Stadt wurde die ganze Nacht hindurch getanzt, der Wein floß in Strömen, Ochsen wurden am Spieß gebraten und der Duft aus den Hunderten von Gulaschkesseln lag über ganz Budapest. Man hatte wieder einen echten König und vor allem die schönste Königin, die man sich vorstellen konnte. »Eljen Erzsebet!«

Der Kaiser erließ eine allgemeine Amnestie für alle Beteiligten an den Aufständen von 1848, später auch für Kossuth und Klapka und deren Anhänger, wenn sie sich dem König und den Gesetzen des Landes unterstellten. Das Krönungsgeschenk des Königs von 100000 Gulden stellte Andrássy den Hinterbliebenen der berühmt-berüchtigten Honvedarmee zur Verfügung stellte. Das Geld kam also den Witwen und Waisen derjenigen zugute, die in den Unruhejahren 1848 und 1849 gegen die kaiserlichen Truppen mit Härte und Brutalität vorgegangen waren.

Es war für die Wiener konservativen Politiker geradezu ein Schlag ins Gesicht, was sich hier unter der Ägide von Andrássy abspielte. Der Günstling der Kaiserin mußte nicht nur Elisabeth verhext haben, sondern auch den Kaiser selbst. Anders konnte man sich die Aktionen des Franz Joseph nicht erklären.

Aber der Kaiser schien in diesen Monaten auch mit seiner Frau glücklich zu sein. Er hatte ihrem Einfluß nachgegeben und den Ungarn ungewöhnliche Rechte eingeräumt, hatte die politischen Konsequenzen einer einseitigen Bevorzugung dieses Volkes wenig bedacht und nicht erkannt,

daß dieser »Ausgleich« zugleich den Anfang vom Untergang der Monarchie darstellte. Denn niemals konnten die anderen Nationalitäten in dem großen Vielvölkerstaat, vor allem die Slawen, dem Kaiser verzeihen, daß er ausgerechnet die Magyaren so weitgehend bevorzugt hatte.
Elisabeth war gelungen, was keiner für möglich gehalten hatte: Sie hatte die immer noch feindseligen Adelsgeschlechter versöhnlich gestimmt. Viele hatten unter der restriktiven habsburgischen Politik der Jahre 1848/49 gelitten, die Hinrichtungen nach der Niederwerfung des Aufstandes waren nicht vergessen und die Wunden noch nicht verheilt, aber die Kaiserin schaffte es durch ihr ausgleichendes Wesen, den Haß abzubauen. Außerdem war es so manchem Adeligen, wie etwa dem feschen Elemer Batthyány, von Anfang an sehr schwergefallen, sich an den Familienschwur zu halten, mit den Angehörigen des Kaiserhauses kein Wort mehr zu wechseln, denn die schöne Kaiserin hatte schon beim ersten Blick so manches feurige Herz erobert.
Obwohl Elisabeth durch die Strapazen der Krönungsfeierlichkeiten erschöpft war, fühlte sie sich doch glücklich, und sie willigte schließlich ein, noch einmal ein Kind zu bekommen. Sie wollte Ungarn und seinem Volk einen Sohn schenken, der den Namen des Nationalheiligen Stephan erhalten sollte. Der »Ausgleich« sollte auf allen Linien perfekt sein. Vielleicht schwebte ihr damals schon vor, daß Rudolf in ferner Zukunft in Wien regieren sollte und sein erhoffter Bruder Stephan in Budapest. Die ungarische Königin wollte ihrem Volke einen »echten ungarischen König« schenken, so wie sie dies in einem Gedicht niedergeschrieben hatte:

»O Ungarn, geliebtes Ungarnland!
Ich weiß dich in schweren Ketten.
Wie gerne böt ich meine Hand,
Von Sklaverei dich zu retten!

Es starben für Freiheit und Vaterland
Der hehren Helden nicht wenig.
Könnt knüpfen ich mit euch ein inniges Band,
Euren Söhnen jetzt schenken den König.

Er sollte ein Ungar von echtem Stamm,
Ein Held sein von Stahl und Erz,
Mit klarem Verstand, ein starker Mann,
Für Ungarn nur schlüge sein Herz.

Frei macht er euch, trotz allem Neid,
Ein stolzfreies Ungarn für ewig!
Und er teile mit allen Freud und Leid,
So soll er sein – euer König!«

Es kam freilich anders. Die Kaiserin schenkte zwar in Budapest einem Kind das Leben, aber wieder »nur« einem Mädchen. Für sie selbst war die Enttäuschung zunächst wahrscheinlich genauso groß wie für Franz Joseph, denn er hätte sich für den Fortbestand der Monarchie einen zweiten Sohn sehnlichst gewünscht. Noch bevor das Kind in der Wiege lag, kursierten die boshaftesten Gerüchte. Vor allem in Wien, da Elisabeth, sooft sie konnte, in Budapest oder auf Schloß Gödöllö in der Nähe Budapests weilte, das ihr und dem Kaiser zur Krönung von den Ungarn geschenkt worden war. Man glaubte einfach nicht so recht daran, daß das Kaiserpaar seine intimen Beziehungen wiederaufgenommen hatte, waren doch allzulang Berichte aus der Hofburg kolportiert worden, daß zwischen Franz Joseph und Elisabeth keine eheliche Gemeinschaft mehr bestand. War es wahrscheinlich auch nicht Leidenschaft, die die Kaiserin dazu bewog, die Nächte wieder mit ihrem immer noch verliebten Ehemann zuzubringen, so tat sie dies aus einem Gefühl der Dankbarkeit heraus. Das aber wollte die mißgünstige Klatschkamarilla nicht wahrhaben. Viel lieber war es ihr, die Fama aufrechtzuhalten, die kleine Valerie wäre die Tochter des Grafen Andrássy. Auch deshalb, weil die Kaiserin darauf bestand, daß mit dem Kind Ungarisch gesprochen werden mußte. Sie ahnte nicht, was sie mit dieser übertriebenen Forderung bei ihrer Tochter anrichtete, denn Valerie entwickelte schon in jungen Jahren geradezu eine Aversion gegen diese Sprache und damit verbunden auch gegen alles Ungarische. Elisabeth erreichte also, wie so oft in ihrem Leben, gerade das Gegenteil von dem, was sie beabsichtigt hatte.
Wenn es irgendwie möglich war, verweilte Elisabeth in Gödöllö, wo sich ein interessanter Kreis ungarischer Magnaten um die schöne junge Königin scharte, attraktive Männer in malerischer Uniform, die sie verehrten. In dieser illustren Gesellschaft taute die sonst so zurückhaltende Kaiserin auf, sie gab intime Soupers und glänzende Feste für ihre ungarischen Freunde, tanzte die Nacht hindurch zu den Klängen der Zigeunergeigen, versuchte sich in der Manege, die sie sich hatte anlegen lassen, als Zirkusreiterin, sprengte in gestrecktem Galopp über die Pußta, Seite an Seite mit dem Grafen Esterházy oder Elemer Batthyány oder wenn es seine Zeit erlaubte, mit Gyula Andrássy. Der Graf war durch seine neue Rolle als ungarischer Ministerpräsident von früh bis spät beschäftigt, und die

wenige Freizeit, die ihm blieb, widmete er meist seiner Familie und dem Weinbau. Die Weingärten waren sein Hobby, besonders kümmerte er sich um eine Spezialrebe, die auf seinen Gütern angebaut wurde. Schon bald war der »Szamorodni« – ein Wein, der durch ein besonderes Gärverfahren seine Qualität erhielt, nicht nur im Freundeskreis Andrássys begehrt und beliebt, auch Bismarck, dem der Graf jedes Jahr zu Weihnachten einen Korb voller Flaschen dieses edlen Weines schickte, war begeistert von dem »Samo«. Als Dankeschön schrieb der Kanzler: »Schweninger [der Leibarzt Bismarcks] meint, Ihr Samo sei eine treffliche Medizin, er ist mir entschieden die angenehmste.«
Die Begegnungen Andrássys mit der Kaiserin wurden seltener, denn auch Elisabeth setzte ihr ruheloses Wanderleben schon sehr bald fort. Andrássy war voll beschäftigt, seine Vorstellungen in Ungarn zu realisieren, andererseits suchte er auch in Wien Sympathien zu gewinnen. Der österreichische Ministerpräsident Graf Richard Belcredi begegnete ihm mit großem Mißtrauen, in dem manchmal brüske Ablehnung zu spüren war. Wahrscheinlich verfolgte Andrássy konsequent das Ziel, Außenminister zu werden, denn immer wieder taucht in den folgenden Jahren sein Name in enger Verbindung mit der österreichisch-ungarischen Außenpolitik auf. Er beriet Franz Joseph in vielen wichtigen Angelegenheiten und sah in einer konsequenten Bündnispolitik den Grundstein für die Sicherheit der Monarchie. Wie alle ungarischen Politiker hatte er eine Abneigung gegen Rußland und die Slawen innerhalb des Reiches und konnte sich – obwohl er in Paris jahrelang gelebt hatte – mit einem direkten Bündnis mit Frankreich nicht anfreunden. Zu stark erschien ihm das aufstrebende preußische Königtum, und zu sehr machten sich in den nächsten Jahren die Gegensätze zwischen König Wilhelm und Napoleon III. bemerkbar. Es wäre politisch absolut unklug gewesen, noch einmal eine Auseinandersetzung mit Preußen, wenn auch nur auf Grund eines Bündnisses mit Frankreich, zu suchen. Er strebte vielmehr eine Annäherung an Preußen an, vor allem an den alles bestimmenden Bismarck.
Als es wegen der Anwartschaft auf den spanischen Thron für einen Angehörigen des Hauses Hohenzollern zum Deutsch-Französischen Krieg kam, der die Niederlage Napoleons III. und seiner Truppen mit sich brachte, war Bismarck am Ziel seiner Wünsche: Im Spiegelsaal von Versailles kam es zur Ausrufung des deutschen Kaiserreiches, der preußische König wurde als Wilhelm I. Kaiser von Gesamtdeutschland; die kleinen Staaten hatten sich mit dieser Lösung einverstanden erklärt.
Gute Beziehungen zu dem neuen mächtigen Nachbarn betrachtete Andrássy als oberstes Ziel. Es war nicht leicht, Franz Joseph dafür zu ge-

winnen, denn zu bitter war noch die Erinnerung an die Niederlage bei Königgrätz.
Am 14. November 1871 wurde Gyula Andrássy vom Kaiser zum neuen Außenminister ernannt. Die folgenden Jahre waren in vielerlei Hinsicht von den beiden persönlichen Freunden Bismarck und Andrássy geprägt und führten zu einer Annäherung zwischen dem deutschen Kaiserreich und der österreichisch-ungarischen Monarchie, die Bismarck die beste Garantie gegen jede Bedrohung im Osten schien. Die politischen Schwierigkeiten dieser Zeit zeigten sich am Balkan, wo es vor allem in Bulgarien zu Krisensituationen kam, wo aber auch die Osmanen ihre vorübergehende scheinbare Friedfertigkeit aufgaben. 1878 wurde eine allgemeine Lösung auf dem Berliner Kongreß gesucht, wo beide, Bismarck und Andrássy, ihre Ideen durchzusetzen suchten. Die österreichisch-ungarische Doppelmonarchie zählte zu den Gewinnern, denn ihr wurde Bosnien und die Herzegowina als Verwaltungsgebiet zugeteilt, und Franz Joseph konnte sich als Mehrer des Reiches bezeichnen.
Nur ein Jahr später nahm Gyula Graf Andrássy seinen Hut als Außenminister, nachdem es ihm noch gelungen war, den »Zweibund«, ein Verteidigungsbündnis, mit Bismarck auszuhandeln, das die österreichisch-ungarische Monarchie und das deutsche Kaiserreich im Falle eines russischen Angriffes eng aneinanderknüpfte. Die Verhandlungen hatten sich zwischen den beiden Politikern und Freunden Bismarck und Andrássy schwierig gestaltet. Als Bismarck den überarbeiteten Entwurf des Vertrages in Händen hielt, sprang er plötzlich von seinem Sitz auf und ging wortlos auf Andrássy zu. Auch dieser erhob sich spontan. Beide Staatsmänner standen sich einen Moment lange schweigend gegenüber, beinahe drohend. Indem Bismarck das Blatt mit dem Vertrag zu zerknittern begann, stieß er mit großer Erregung hervor: »Ich kann Ihnen nichts mehr sagen, nur eines: bedenken Sie, was Sie tun. Zum letztenmal rate ich Ihnen, lassen Sie Ihren Widerstand sein. Nehmen Sie meinen Vorschlag an, sonst … sonst …« – plötzlich entspannte ein jähes Lächeln sein Gesicht – »… sonst muß ich den Ihren annehmen!«
Der Vertrag wurde am 7. Oktober 1879 in Wien veröffentlicht, er trägt noch die Unterschrift Andrássys, obwohl dieser als Außenminister bereits zurückgetreten war. Der Kaiser hatte nicht versucht, ihn zu halten, vielleicht, weil er erkannt hatte, daß Andrássy seine Demission reiflich überlegt hatte. Sein Ausscheiden aus der österreichisch-ungarischen Außenpolitik wurde allseits bedauert. Er hatte sich in den kurzen Jahren seiner internationalen politischen Tätigkeit viele aufrichtige Freunde geschaffen, die seine Verhandlungsdiplomatie, seine immer wohldurch-

dachten Strategien anerkannten und bewunderten. Andrássy hatte sich zwar offiziell zurückgezogen, verlegte sich jedoch wieder auf die ungarische Innenpolitik. So stand er als graue Eminenz hinter vielen Entscheidungen.

Endlich fand er wesentlich mehr Zeit für seine privaten Ambitionen. So unterstützte er als echter Mäzen auch unbekannte Künstler wie den später in Ungarn bedeutsamen Maler Mihály Munkácsy, von dessen Talent er zunächst als einziger überzeugt war. Es erregte in den Budapester Salons einiges Aufsehen, als der Tischlersohn auf Veranlassung des Grafen in den verschiedenen Maltechniken ausgebildet wurde. Als einer der arroganten Aristokraten den Grafen in dümmlicher Weise auf den jungen Maler ansprach, antwortete Andrássy: »Weißt du, wer Raffael war?« – »Natürlich«, gab der andere zu. »Weißt du auch, wie zu Raffaels Zeit der Außenminister hieß?«

Den guten Kontakt zum Kaiserhaus hielt Andrássy auch als Privatmann. Vor allem die Kaiserin wußte, daß sie sich immer auf ihn verlassen konnte. Aus seiner glühenden Verehrung ihr gegenüber war eine echte Freundschaft erwachsen. Ihre Begegnungen waren seltener geworden, vor allem, da der Graf sich, je älter er wurde, mehr um seine eigene Familie kümmerte. Sein 1860 geborener Sohn sollte einmal als Politiker in die Fußstapfen des Vaters treten, und er wurde tatsächlich – vom letzten Kaiser Karl I. ernannt – für ganze zehn Tage zum Außenminister.

Ein ganzes Leben lang hatte Gyula Graf Andrássy exzessiv gelebt, er hatte sich nie geschont, hatte nie Rücksicht auf sich und seine Kräfte genommen. In den achtziger Jahren zeigten sich die ersten Symptome eines Nieren- und Blasenleidens. Er versuchte mit Medikamenten und Kuren, die je nach befragter medizinischer Kapazität verschieden waren und sich manchmal widersprachen, seine Schmerzen zu lindern. Die Ärzte entschlossen sich zu schmerzhaften Blasenspiegelungen, konnten jedoch außer gutartigen Wucherungen, Papilomen, nichts Gravierendes feststellen. Und doch ging Andrássy dem Tod entgegen.

Als die Kaiserin von der ernsthaften Erkrankung ihres alten Freundes hörte, beauftragte sie ihren Obersthofmeister, sich sofort nach dem Befinden des Patienten zu erkundigen. Sie wollte ständig auf dem laufenden sein und schickte, wo immer sie sich aufhielt, die besten Genesungswünsche. Aber auch die »schöne Vorsehung« konnte dem Grafen nicht mehr helfen, nur Trost spenden.

Ende des Jahres 1889 war die Krankheit so weit fortgeschritten, daß Andrássy kaum mehr in der Lage war, sein Bett zu verlassen. Seine Frau Katinka wachte beinahe bis zum eigenen körperlichen Zusammenbruch

an seinem Bett, und seine Kinder wechselten einander ab, um ihm Mut und Trost zuzusprechen. Als die Ärzte sich kaum noch Rat wußten, sah man als letzte Möglichkeit eine Reise in den Süden an, nach Volosca in der Nähe von Abbazia. Man glaubte, daß das milde Klima am Abhang des Monte Maggiore dem Kranken Linderung seiner Schmerzen bringen könnte. Das Gegenteil trat allerdings ein: die lange Bahnfahrt mit dem Rütteln und Schütteln im Zug hatte den labilen Zustand des Grafen noch verschlechtert, und als Andrássy endlich an der Adria angekommen war, sahen die Menschen, die sich zu seiner Begrüßung eingefunden hatten, einen Sterbenden vor sich. Bei einer letzten Untersuchung wurde festgestellt, daß die »Neubildungen in der Blase« sich schon im letzten Stadium befänden. Andrássy war verloren.
Am 18. Februar 1890, nur wenige Tage nach dem tragischen Selbstmord des Kronprinzen Rudolf, schloß der treueste Freund der Kaiserin in den Armen seiner Frau die Augen für immer.
Die Tochter Elisabeths, Valerie, notierte am 18. Februar in ihr Tagebuch: »Graf Andrássy ist heute Nacht gestorben, nach langem, schweren Leiden. Wenn auch kein unerwarteter, so ist das doch ein neuer bitterer Schlag für Mama, die mit wahrer und unerschütterlicher Freundschaft an ihm hing wie vielleicht an keinem anderen Menschen.
›Mein letzter einziger Freund‹ sagte sie heute.«
Das Kaiserpaar reiste zu den Einsegnungsfeierlichkeiten nach Budapest. Der Kaiser stand aufrecht am Sarg seines langjährigen politischen Beraters, der ihm im Laufe der Jahre zu seinem Vertrauten geworden war. Die Kaiserin verbarg ihre tiefe Trauer und ihren übergroßen Schmerz um den Verlust des Freundes hinter einem dichten schwarzen Schleier.
Der Leichnam von Graf Andrássy wurde nach Töketerebes übergeführt und hier im Schloß zur letzten Ruhe gebettet, dort wo die Andrássys seit Jahrhunderten zu Hause waren.

Nur eine kleine Liebelei

Fritz Pacher List
von Theinburg

Die Nacht war voller Geheimnisse. Tiefvermummte Gestalten huschten im Licht der Laternen aus den Toren, bestiegen unerkannt die wartenden Fiaker und verschwanden irgendwo im Dunkeln. Seltsam war das Leben und Treiben in den verschneiten Straßen und den spärlich beleuchteten Gassen der Kaiserstadt, alles war so anders als am hellichten Tage und in den sonst eher einsam-stillen Nächten. Aber es gab eben nur einen Faschingsdienstag im Jahr, einen einzigen Tag, an dem die Standesunterschiede verschwanden, die Regeln des Protokolls keine Gültigkeit und die Damen und Herren der Gesellschaft so richtig nach Lust und Laune über die Stränge schlagen konnten. Man war inkognito, und im Schutze der Masken war vieles erlaubt.
Ganz Wien schien in einen einzigen Faschingstaumel gefallen zu sein. Auch in den gemütlichen Heurigenlokalen und in den einfachen Wirtshäusern in der Vorstadt ging es hoch her, man genoß Wein, Weib und Gesang und vor allem den Augenblick. Heut war heut und der Aschermittwoch noch weit!
Nur an den Toren der Hofburg schien die heiter ausgelassene Laune ein Ende zu haben, ernst und würdevoll gab man sich hier auch an diesem Tag, kein Lachen klang in den endlosen Gängen und kalten Räumen. Auch diese Nacht im Februar des Jahres 1874 wäre für die Kaiserin und ihre Hofdamen genauso langweilig verlaufen wie die meisten anderen während des Jahres, hätte Elisabeth nicht plötzlich einen Einfall gehabt. Heute wollte auch sie fröhlich sein und das Leben genießen. Sie war nämlich spontan auf die Idee gekommen, die vielgerühmte Faschingsdienstagsredoute im Wiener Musikverein zu besuchen! Elisabeth mußte niemanden um Erlaubnis fragen, denn der Kaiser, der für derlei Dinge kein Verständnis gehabt hätte, weilte mit Graf Andrássy zu einem Besuch in St. Petersburg. Was war also schon dabei, wenn sie sich einmal in den Faschingstrubel stürzte und sich ein Vergnügen ganz besonderer Art gönnte wie andere verheiratete Damen der adeligen Gesellschaft auch. Außerdem wollte Elisabeth einen Blick auf einen ihrer glühendsten Anbeter, Niki Esterházy, werfen, von dem sie erfahren hatte, daß er sich auf der Redoute in den Sälen des Musikvereines mit einer verheirateten Frau verabredet hatte. Bei diesem Gedanken empfand Elisabeth den unangenehmen Stich einer gewissen Eifersucht, denn wenn sie auch niemals die Absicht hatte, den ungarischen Grafen zu erhören, so kränkte es sie doch in ihrer Eitelkeit, daß ihr Anbeter andere Frauen auch begehrenswert fand.
Sie mußte auf die Redoute, das war ihr längst klargeworden. Aber wie sie den Plan ausführen, wie sie an den Wächtern in den Toren unerkannt vorbeischlüpfen sollte, darüber zerbrach sie sich den Kopf.

Aber wozu hatte die Kaiserin ihre Hofdamen? Die wollte sie in ihren abenteuerlichen Plan einweihen. Elisabeth war überzeugt, sie würden über die Usancen auf derlei Redouten Bescheid wissen.
Ida von Ferenczy, die die Kaiserin begleiten sollte, war sofort Feuer und Flamme für diese Idee, und Fanny Feifalik, die unentbehrliche Friseurin, kannte sich genauso wie Elisabeths Kammerfrau Schmidl bei derlei Unternehmungen aus. Die Kaiserin sollte sich als Domino verkleiden, und im Schutz dieser Maske würde es nicht schwer sein, unerkannt zu einem Fiaker zu kommen. Denn erstmals wurde die Redoute am Faschingsdienstag nicht in den Redoutensälen in der Hofburg abgehalten, sondern in den größeren Räumlichkeiten des Musikvereines.
Elisabeth war ein bezaubernder Domino mit dem Kostüm aus schwerer gelber Seide, das hinten noch eine lange, aber wie sich herausstellen sollte, unpraktische Schleppe hatte. Fanny Feifalik stülpte ihr über das üppige Haar eine rotblonde Perücke, dann wurde ihr eine dichte Maske über die Augen gezogen, deren schwarzer Spitzenschleier das Gesicht verdeckte. Niemand würde in dem Dominos die Kaiserin erkennen, darin waren sich die Damen einig. Ida von Ferenczy, die kleiner als die Kaiserin war, trug das Kostüm eines roten Dominos, natürlich auch mit einer das ganze Gesicht verdeckenden Maske, denn es wäre gefährlich gewesen, hätte man sie, die Lieblingshofdame der Kaiserin, erkannt.
Unzählige Dominos in allen Farben und Größen tummelten sich schon in ausgelassener Stimmung im festlich geschmückten Goldenen Saal, als die Kaiserin und Ida von Ferenczy eintrafen. Es war Sitte auf den Redouten, daß sich nur die Damen kostümierten, während die Herren nicht inkognito, sondern im eleganten Frack erschienen. Im Schutz der Maske war den Dominos vieles erlaubt, an einem Abend im Jahr konnten sich selbst lang verheiratete Ehefrauen ein Abenteuer erlauben. Dabei war es gang und gäbe, daß die Damen sich die Kavaliere für diesen Abend aussuchten, daß sie die Herren ansprachen und zum Tanz aufforderten. Dabei wechselte man so manches eindeutig zweideutige Wort. Es war die Nacht der heißen Flirts, der flüchtigen Liebeleien, der kühnen Versprechungen und so mancher Hoffnung, die nicht einmal bis zum nächsten Morgen halten sollten.
Die beiden Dominos mischten sich unerkannt unter die Menge und stiegen langsam die breite Treppe hinauf. Für die Kaiserin war es ein höchst merkwürdiges, unbekanntes Gefühl: niemand wich respektvoll zur Seite und machte ihr untertänigst Platz. Im Gegenteil, sie mußte da und dort selbst einen Schritt zur Seite weichen und aufpassen, von den lachenden und scherzenden Masken nicht angerempelt zu werden. Dabei erregten

die beiden schlanken Damen in ihren kostbaren Kostümen nicht geringes Aufsehen, und bald flüsterte man und rätselte herum, wer die schönen Unbekannten wohl sein könnten. Elisabeth fühlte sich nicht ganz wohl in ihrer Haut und bat Ida, mit ihr auf die Galerie zu gehen, wo nicht so ein beklemmendes Gedränge herrschte und von wo aus man das Treiben im Ballsaal sehr gut überblicken konnte.

Zunächst unterhielt sich Elisabeth mit Ida blendend, denn die Hofdame und Freundin berichtete ihr sämtlichen Klatsch und Tratsch von Wien und zeigte Elisabeth diskret jene Damen und Herren, die augenblicklich Tagesgespräch waren. Es war ein fröhliches Drunter und Drüber, und das Lachen der Tanzenden mischte sich unter die Walzerklänge. Und während Ida die Kaiserin in die Geheimnisse der Wiener Gesellschaft einweihte, fühlte Elisabeth, daß sie nicht den ganzen Abend isoliert auf der Galerie sitzen wollte. Allein aber wagte sie sich doch nicht hinunter in den Saal. Ida, der rote Domino, sollte als Postillon de plaisir fungieren und ihr einen Kavalier besorgen, der sie zum Tanze führen würde.

Beide Dominos beugten sich über die Brüstung, und »Gabriele«, wie sich die Kaiserin an diesem Abend nannte, wählte lange und sorgfältig. Sie wußte, es durfte kein Mann aus den höchsten Adelskreisen sein, der ihr Gesellschaft leisten sollte, denn der würde schnell erraten, wer sich hinter der Dominomaske verbarg. Ihre Blicke schweiften, und plötzlich hatte sie ihre Wahl getroffen: Ihr Auge war auf einen eleganten jungen Mann gefallen, der alleine durch den Saal schlenderte, hie und da eine vorübertanzende Maske näher betrachtete und sichtlich noch nicht ganz entschlossen war, mit wem er diesen Abend verbringen sollte. Diesen Kavalier sollte die Hofdame für die Kaiserin ansprechen.

Der rote Domino lächelte den jungen Mann an, hängte sich in ihn ein und wollte wissen, ob er nicht Lust hätte mitzukommen, denn eine schöne Freundin wollte ihn unbedingt kennenlernen. Und da Friedrich List Pacher von Theinburg, so hieß der gutaussehende Mann, gerade nichts Besseres vorhatte und durch die Schilderungen des roten Dominos neugierig geworden war, entschloß er sich ohne zu zögern, der Maske zu folgen, vor allem, als er hörte, daß die geheimnisvolle Freundin sich schon den ganzen Abend über langweilte.

Als Fritz Pacher den gelben Domino erblickte, kam er aus dem Staunen nicht heraus. Der rote Domino hatte nicht zu viel versprochen: die schlanke, hochgewachsene Dame in ihrem leuchtend gelben Seidenkostüm übertraf seine Erwartungen. Der junge Mann war hingerissen, auch noch, als er merkte, daß die Dame selbst im Schutz der Maske es vielleicht gar nicht auf ein Abenteuer mit ihm abgesehen hatte, denn dazu verhielt sie sich zu reserviert. Diskret war der rote Domino verschwunden, so daß einem schnellen kleinen Flirt nichts im Wege gestanden hätte. Aber irgendwie fühlte sich auch Fritz Pacher gehemmt. Er merkte immer deutlicher, daß diese Dame es nicht gewohnt war, locker und leger mit anderen Leuten zu plaudern. Ihre eher einsilbige Konversation paßte so gar nicht zu dem leichten Faschingstreiben. Der gelbe Domino schien in seinem inneren Wesen blockiert zu sein, und dies übertrug sich auch auf Fritz Pacher. Aber gerade die eigentümliche Zurückhaltung dieser »Gabriele« reizte die Neugierde des jungen Mannes. Er mußte herausfinden, wer sich hinter der Maske verbarg. Man sprach zunächst von diesem und jenem, Allerweltsgespräche, die eigentlich keinen von beiden wirklich interessierten. Dann aber stellte der gelbe Domino aus heiterem Himmel eine seltsame Frage. Die Unbekannte wollte wissen, was er über die Kaiserin dächte. Da zuckte ein Funke durch die Gedanken Pachers, er betrachtete den Domino genauer. Sollte sich hinter der Maske etwa gar die Kaiserin verbergen? Ja, so groß ungefähr mußte auch die 36jährige Elisabeth sein und genauso gertenschlank! Außerdem sprach diese »Gabriele« überraschend leise, und er hatte gehört, daß auch die Kaiserin niemals laut redete und manchmal sogar bis zu Unverständlichkeit flüsterte. Tausend Gedanken stürzten auf Fritz Pacher ein. War es etwa die Kaiserin, die da vor ihm stand, oder war sie's nicht? Was sollte er in seiner Verwirrung antworten? Daß die Kaiserin eine bezaubernde Frau sei, die er nur aus der Ferne kenne, da sie sich nicht gerne in der Öffentlichkeit zeige. Am meisten sollte sie sich angeblich mit ihren Pferden und Hunden beschäftigen, aber darüber wisse er, Fritz Pacher, viel zu wenig Bescheid, als daß er sich ein Urteil bilden könnte. Aber eines könne er mit Sicherheit sagen, Elisabeth sei eine ungewöhnliche, bezaubernde Frau!

Der gelbe Domino hörte interessiert zu und amüsierte sich, als ihr Kavalier bemerkte, daß er auch einiges über die Familie der Kaiserin wüßte, vor allem den Ausspruch des Vaters, daß sie Kunstreiter geworden wären, wären sie nicht als Prinzen geboren. Damit schien für Gabriele dieses Thema erledigt. Plötzlich aber fragte sie ihn, für wie alt Fritz Pacher sie halte. Und da stieg er nun mit seiner Antwort gerade mitten hinein ins Fettnäpfchen, denn er nannte genau das Alter der Kaiserin: 36.

Der gelbe Domino zeigte sich über die spontane Antwort überrascht und fast ein wenig beleidigt, weil Pacher so geradeheraus das richtige Alter genannt hatte. Einsilbig geworden, erhob sich »Gabriele« momentan, machte eine unwirsche Handbewegung und meinte gebieterisch: »So, jetzt kannst abfahren!«

Fritz Pacher von Theinburg war von dieser seltsamen Reaktion der unbekannten Dame äußerst überrascht. Diese eher vulgäre Ausdrucksweise paßte so gar nicht zum Bild der Kaiserin. Vielleicht hatte er sich doch getäuscht und jemand ganz anderer stand vor ihm!
Aber so schnell gab er nicht auf. Jetzt wollte er doch Genaueres wissen. Verblüfft über diese rüde Aufforderung, ergriff nun er die Initiative. Er versperrte dem Domino, der sich zum Gehen wenden wollte, den Weg und meinte, es sei doch nicht sehr liebenswürdig, einen Kavalier zuerst aus dem Saal kommen zu lassen, ihn dann wie eine Zitrone über allen möglichen Gesellschaftsklatsch auszuquetschen und ihm anschließend so Hals über Kopf den Laufpaß zu geben. Das sei nicht üblich, ganz besonders nicht am Faschingsdienstag!
So eine Antwort hatte »Gabriele« beileibe nicht erwartet! Kein Mensch im weiten Habsburgerreich hätte gewagt, die Anordnungen und Wünsche der Kaiserin zu mißachten. Aber hier auf der Faschingsredoute war Elisabeth nicht die Kaiserin von Österreich, sondern »Gabriele«, ein gelber Domino. Hier gab es keine Untertänigkeit und Rücksichtnahme, und der ungewohnte Widerspruch reizte die Kaiserin! Im Nu war ihr Ärger verflogen. Und schließlich hatte Fritz Pacher recht mit dem, was er sagte, sie hatte sich wirklich nicht allzu freundlich ihm gegenüber gezeigt, obwohl ihr der hochgewachsene, schlanke junge Mann recht gut gefiel. Warum sollte sie ihn wirklich wegschicken und sich selber um einen amüsanten Abend bringen? Sie wollte sich mit ihm unter die Tanzenden mischen und unbeschwert sein!
Von einem Moment auf den anderen wechselte ihre Stimmung, und sie forderte Pacher äußerst liebenswürdig mit einer einladenden Handbewegung zum Bleiben auf. Er möge sich setzen und sie dann nach einiger Zeit in den Saal hinunterführen.
Nun schien es dem jungen Mann, als stünde er einer völlig anderen Frau gegenüber: Waren ihre Gespräche bisher eher hölzern und stockend gewesen, so entfaltete nun der gelbe Domino einen unwiderstehlichen Charme. Mit großer Verwunderung nahm Fritz Pacher diesen plötzlichen Sinneswandel wahr, sollte dies wirklich ein und dieselbe Person sein, der er sich gegenübersah? Bestens gelaunt erhob sich der Domino, hängte sich leicht bei ihm ein, und so stiegen sie hinunter in den Goldenen Saal, wo das schöne Paar allgemeines Aufsehen erregte. »Gabriele« schien das nicht zu bemerken, denn ihre Augen suchten Niki Esterházy und dessen Schwarm, diese ominöse verheiratete Frau. Es dauerte nicht lange, da hatte der ungarische Magnat den gelben Domino erblickt und ließ ihn von da an nicht mehr aus den Augen. Die schöne Maske kam ihm

bekannt vor. Ihre geschmeidigen Bewegungen und der beinahe schwebende Gang zeichneten nur eine Frau aus. War das nicht etwa die Kaiserin im Kostüm des gelben Dominos? Aber der Gedanke war beinahe absurd, wie sollte Elisabeth hierher mitten unter die tanzenden Faschingsbesucher kommen, noch dazu am Arm eines in der Gesellschaft völlig Unbekannten? Freilich konnte man bei dieser Frau wirklich nie wissen, was ihr im nächsten Augenblick einfiel!
Fritz Pacher betrachtete möglichst unauffällig den gelben Domino von allen Seiten. War sie's, oder war sie's nicht? Er fing harmlose Gespräche an, von denen er glaubte, die Dame würde sich irgendwie versprechen. Aber im vertraulichen Du, wie dies im Fasching üblich ist, machte sie auch keine noch so harmlose Bemerkung, aus der man auf ihre Stellung hätte schließen können. Wenn er nur ein Stückchen von der wirklichen Frau zu Gesicht bekommen hätte, er hätte Gewißheit erlangen können. Wie sahen eigentlich ihre Hände aus? Aber auch seine Bitte, Gabriele möge wenigstens die Handschuhe abstreifen, wurde rundheraus abgelehnt. Warum sollte sie auch?
Man plauderte über Gott und die Welt, während sie beide im Rhythmus der Musik über die Tanzfläche schritten, ohne allerdings auch nur einen Schritt zu tanzen. Zu intensiv war ihre Unterhaltung. Und als die Rede auf Heinrich Heine, den Lieblingsdichter der Kaiserin, kam und Fritz Pacher dazu bemerkte, daß auch er ein großer Verehrer des deutschen Dichters wäre, da schmolz das Eis zwischen ihnen endgültig.
Der gelbe Domino schien alles an diesem Abend zu genießen, die ungezwungene, fröhliche Ballatmosphäre, die einschmeichelnde Musik, die Nähe des eleganten Mannes, der sie charmant unterhielt, ohne sich ihr in plumper Weise anzubiedern. Denn dies hatte sie gefürchtet. Wie hätte sie reagieren sollen, wenn irgendein Kavalier ihr zu nahe getreten wäre? Aber Fritz Pacher erwies sich als vollendeter Gentleman, der seine Grenzen mit keinem Wort und mit keiner Geste überschritt. Und so wurde der Abend für die Kaiserin unvergeßich.
Die schönen Stunden vergingen allzu schnell, und der rote Domino zeigte sich immer häufiger und machte der gutgelaunten Gabriele Zeichen, die diese anfangs geflissentlich übersah. Aber schließlich mußte auch der gelbe Domino einsehen, daß die Zeit des Abschieds gekommen war. Natürlich wollte Fritz Pacher wissen, ob und wann und wo er die Dame wiedersehen könnte. Gabriele gab geheimnisvolle Antworten, meinte, daß sie ruhelos von Stadt zu Stadt zöge und nirgends eine Heimat hätte. Ein Rendezvous wäre sicherlich irgendwo in der weiten Welt möglich, vielleicht in Stuttgart oder in London. Sie werde Fritz Pacher

auf alle Fälle schreiben, das versprach sie ihm beim Abschied in die Hand.
Der junge Kavalier begleitete die Damen bis zum Fiaker. Im letzten Moment allerdings, bevor die Dominos in die Kutsche stiegen, wäre es beinahe zu einem Eklat gekommen. In seiner Neugierde versuchte Fritz Pacher blitzschnell den Schleier der Maske des gelben Dominos zu heben, um einen Blick in das Gesicht der unbekannten Dame werfen zu können. Der rote Domino stieß einen entsetzten Schrei aus, Gabriele schlug im nächsten Moment die Hände vors Gesicht, und Fritz Pacher mußte irritiert zusehen, wie die beiden Damen in höchster Aufregung die Kalesche bestiegen. Der Kutscher knallte mit der Peitsche, die Pferde zogen an, und die beiden Dominos waren im Dunkel der Nacht verschwunden.
Wie betäubt stand Fritz Pacher da. Es mußte die Kaiserin gewesen sein, mit der er fast den ganzen Abend verbracht hatte, anders ließ sich die Reaktion der beiden Dominos nicht erklären!
Ida von Ferenczy hatte dem Kutscher die Weisung erteilt, nicht auf direktem Wege in die Hofburg zurückzukehren. Es hätte ja leicht sein können, daß der Kavalier des Abends dem Wagen nachfuhr, um Gewißheit zu erlangen. Als sie in der Vorstadt angekommen waren, öffnete sie kurz den Wagenschlag und schaute sich vorsichtig um, ob jemand sie verfolgt hatte, entdeckte aber niemanden. Zur Sicherheit warteten die Damen noch eine Weile, dann brachte der Kutscher sie in die Hofburg zurück.
Aufatmend stieg die Kaiserin die Treppen hinauf. Das kleine Abenteuer war ein Erfolg gewesen! Alles hatte sich so richtig nach dem Geschmack Elisabeths abgespielt: unkonventionell, spontan und vor allem romantisch. Denn sie hatte ihre Jungmädchenträume immer noch nicht begraben, und dieser unbekannte Fritz Pacher entsprach als Kavalier so ganz ihren Vorstellungen. Er hatte ihr trotz aller Diskretion schöne Augen gemacht, das war nicht zu übersehen gewesen, sie hatte mit jedem seiner Worte und in jedem seiner Blicke bemerkt, wie sehr sie ihm gefiel. Aber nicht ein einziges Mal hatte er auch nur die leiseste Andeutung einer Anzüglichkeit gemacht. Das entsprach dem Wunschbild der Kaiserin. Sie liebte den Hauch eines Flirts, aus dem sich keine Konsequenzen ergaben. Und Elisabeth nahm sich vor, ihr Versprechen, das sie Fritz Pacher beim Abschied gegeben hatte, einzuhalten.
Wahrscheinlich konnte Fritz Pacher niemals ahnen, welchen Eindruck dieser Abend auf die Kaiserin gemacht hatte. Sie war ausgebrochen aus ihren Konventionen, hatte sich, nachdem sie ihre Hemmungen abgeworfen hatte, frei und ungezwungen mitten im Faschingsrummel bewegt, war wie eine gewöhnliche Frau an der Seite eines feschen jungen Man-

nes, den sie sich selber ausgewählt hatte, flaniert, hatte mit ihm gelacht, gescherzt, sie war bewundert worden, nicht als Kaiserin, sondern als schöne Frau, als bezaubernde Gabriele. Das war, was sie sich immer gewünscht hatte, und dieser Wunsch war Wirklichkeit geworden. So schnell konnte sie diese Nacht nicht vergessen, in ihren Gedanken beschäftigte sie sich noch lange damit, und je weiter die kleine Faschingsaffäre zurücklag, umso verklärter wurde sie in ihrer Erinnerung, desto mehr malte sie diese Episode vom Faschingsdienstag aus. In Elisabeths Tagträumen wurde Fritz Pacher allmählich eine ganz andere Rolle zugedacht, als er tatsächlich gespielt hatte. Sie griff zur Feder und gab in einem Gedicht ihren Phantasien Ausdruck:

»Wo sich bunte Masken drängen,
Welch' Summen, Toben, Lärmen, Schrei'n,
Wie sie zu tollen Walzerklängen
Den Mücken gleich, sich dreh'n und freu'n.

Doch wir zwei wählten uns das Beste;
Wir sassen in den Wagen ein,
Der ward uns bald zum warmen Neste;
Und Dunkelheit hüllt' rings uns ein ...«

Nur wenige Wochen waren verstrichen, da erhielt Fritz Pacher zu seiner großen Überraschung tatsächlich ein Schreiben vom gelben Domino. Elisabeth hatte ihre Schrift verstellt und den Brief aus dem Ausland postlagernd nach Wien geschickt. Dabei war es selbst für die Kaiserin nicht leicht, Briefe irgendwo aufgeben zu lassen, denn niemand außer den drei Damen sollte etwas von dem nächtlichen Faschingsabenteuer erfahren.
Das erste Schreiben schickte sie aus München.

»München, 22.2.1874

Lieber Freund!
Sie werden erstaunen meine ersten Zeilen aus München zu erhalten. Ich bin seit wenigen Stunden hier auf der Durchreise und benütze die kurzen Augenblicke meines Aufenthaltes Ihnen das versprochene Lebenszeichen zu geben. Und wie sehnsüchtig haben Sie es erwartet. Leugnen Sie nicht mit Ihrer ehrlichen *deutschen* Natur. Aber fürchten Sie sich nicht, ich fordere keine Erklärungen, ich weiss ja so gut wie Sie, was seit jener Nacht in Ihnen vorgeht. Mit tausend Frauen und Mädchen haben Sie

schon gesprochen, sich auch zu unterhalten geglaubt, aber Ihr Geist traf nie auf die verwandte Seele, endlich haben Sie im bunten Traum das gefunden, was Sie jahrelang suchten, um es für ewig vielleicht wieder zu verlieren.
Ich bin auf dem Wege nach England, die Verwandten meiner Mutter in Geschäftssachen aufzusuchen, ein trockener geistermüdender Aufenthalt steht mir bevor. Ich werde lange zehren müssen an den letztverlebten Stunden. – So lange ich kann, gebe ich die Hoffnung auf Stuttgart nicht auf. Von London aus erhalten Sie wieder Nachricht. Schreiben Sie mir einstweilen Hauptpost poste restante Wien, unter der Adresse »Gabriele F. L. 36«. Meine Cousine, deren blonde Haare so grossen Eindruck auf Sie machten, besorgt mir die Briefe.

In Eile grüsst Sie
Ihre Freundin G.«

Mit verblüfftem Gesicht las Fritz Pacher diese Zeilen. Wie sollte er den Brief verstehen? Es war doch seltsam, daß sie so schnell geschrieben hatte, irgendwie mußte er bei dem gelben Domino, bei Gabriele, einen tiefen Eindruck hinterlassen haben. Hätte sie es sonst so eilig gehabt, ihr Versprechen einzulösen? Aber übertrieb sie nicht ein bißchen, wenn sie behauptete, daß er Tausende von Frauen und Mädchen kannte, aber nie eine verwandte Seele getroffen hatte? Daß er jetzt endlich auf der Redoute die richtige entdeckt hätte, das bildete sie sich wohl nur selbst ein. Denn daß er sie gefunden und zugleich wieder auf ewig verloren hatte, das fühlte er schon an diesem Abend ganz klar. Ja, Gabriele war ein romantisches Wesen, das war aus jedem ihrer Worte deutlich zu spüren, aber was sie nicht wußte, war, daß es für Fritz Pacher schon bald fast zur Gewißheit geworden war, daß sich hinter der Maske des gelben Dominos niemand Geringerer als die Kaiserin von Österreich verborgen hatte. Und daher waren ihre Briefe mit den Vorstellungen, daß er sich vor Sehnsucht nach ihr verzehrte, eigentlich nur sehr einseitig.
Fritz Pacher war kein trockener Realist, aber er hatte doch einen klaren Kopf behalten und sich nicht über beide Ohren in diesen schönen Domino verliebt, wie es durchaus hätte sein können. Auf Redouten war er seit jeher leicht entflammbar gewesen.
Friedrich List Pacher von Theinburg war zwar nicht gerade das, was man einen Lebemann nennen würde, dazu war er mit seinen 26 Jahren vielleicht doch noch etwas jung. Aber in den vergangenen Jahren hatte er doch auf den verschiedenen Faschingsveranstaltungen im In- und Ausland reichlich Gelegenheit gehabt, Erfahrungen mit allen möglichen

Frauen zu sammeln. Beinahe wäre er das Opfer einer feurigen Kreolin, der schönen Witwe eines holländischen Generals, geworden, die sich ihm auf einer Redoute in Stuttgart an den Hals geworfen hatte – damals war er 21 Jahre alt gewesen. Aber ihre feurige Leidenschaft hatte ihn fast erschreckt, so daß er sich so schnell wie möglich aus der Affäre zog.
Das nächste Episode hätte ihn jedoch beinahe belastet: Ohne daß er ihm Avancen gemacht hätte, verliebte sich ein Jahr später in München ein blutjunges unerfahrenes Mädchen in den charmanten jungen Mann und gestand ihm seine leidenschaftliche Liebe, die er aber nicht zu erwidern vermochte. Ohne langen Abschied verließ er die bayerische Hauptstadt.
Fritz Pacher hatte schließlich nicht nur Faschingsabenteuer im Kopf. In Schönau an der Triesting, vor den Toren Wiens, erforderte die Leitung der familieneigenen Spinnerei und Weberei seinen ganzen Einsatz. Die Fabrik war ein florierender Betrieb, der aber auch große Verantwortung mit sich brachte. Aber er hatte von seinen Vorfahren ökonomisches Interesse und vor allem kaufmännisches Geschick geerbt, denn sein Großvater mütterlicherseits, Friedrich List, war ein berühmter Mann auf dem Gebiet der Nationalökonomie gewesen, dessen Erkenntnisse weit über die Grenzen Mitteleuropas in die Praxis umgesetzt worden waren. Diesem Großvater zu Ehren und um ihn nicht in Vergessenheit geraten zu lassen, führte man in der Familie Theinburg den Namen »List« weiter.
Er war ein gutaussehender, stets fröhlicher junger Mann, der die Musik und das Leben liebte und so manchem Scherz nicht abgeneigt war. Gleichzeitig aber war er ein überaus ernsthafter Arbeiter, pflichtbewußt und verläßlich. Nur wenn der Fasching ins Land zog, dann mußten seine Geschäfte für einige Zeit von alleine laufen, dann legte er in der Firma die Feder, mit der er gewissenhaft alle Aus- und Eingänge der Waren vermerkte, auf das Stehpult, schlüpfte in seinen eleganten Frack und befahl dem Kutscher einzuspannen. Sein Ziel waren die Wiener Redouten. Hier erlebte er so manche Romanze mit Damen der Wiener Gesellschaft, und auch im Fasching des Jahres 1874 hatte er sich schon auf ein kleines Abenteuer gefreut. Aber daß er wahrscheinlich mit der Kaiserin von Österreich den Abend verbracht hatte, das hätte er sich in den kühnsten Träumen nicht ausmalen können.
Je mehr diese Erkenntnis von ihm Besitz ergriff, umso unwirklicher schien ihm die ganze Episode zu sein. Tausend Gefühle stritten in ihm, und er wußte zunächst nicht, was er eigentlich glauben sollte. Wie war es gekommen, daß sich – wenn sie es wirklich gewesen war – die Kaiserin von Österreich, die am meisten bewunderte Frau in ganz Europa,

ausgerechnet ihn, Fritz Pacher List von Theinburg, zum Kavalier für einen Abend ausgewählt hatte? Er warf einen prüfenden Blick in den Spiegel: Sicherlich, er sah ganz passabel aus mit seiner hochgewachsenen, schlanken Gestalt, dem schmalen Gesicht und dem dunklen gelockten Haar. Aber wie viele attraktive, reiche und charmante Männer hatten die Redoute besucht, aus allen Teilen der Monarchie waren sie nach Wien geströmt, um sich hier am Höhepunkt des Faschings zu vergnügen. Die Auswahl für die Kaiserin war groß und ausgerechnet auf ihn war ihr Blick gefallen? Wie war so etwas möglich gewesen?
Er wußte keine Antwort auf seine Fragen, die ihn Tag und Nacht beschäftigten. Alles, was er tun konnte, war, neugierig auf einen weiteren Brief des gelben Dominos zu warten. Und schon bald traf aus London das zweite Schreiben bei ihm ein.

»London, 23. 3. 74

Lieber Freund! Wie Du mich dauerst! So lange ohne Nachricht von mir zu sein, wie öde muß Dein Leben gewesen sein, wie endlos Deine Zeit! Aber ich konnte nicht anders. Mein Geist war todmüde, meine Gedanken hatten keinen Schwung. Manchen Tag saß ich stundenlang am Fenster und starrte in den trostlosen Nebel, dann war ich wieder pudelnärrisch und stürzte mich von einer Unterhaltung in die andere. Ob ich dabei Deiner gedachte? Was ich dachte, weiß *ich*, das genügt mir. Deine Neugierde habe ich nicht zu befriedigen, Du eingebildetes Menschenkind, darum sollst Du auch nichts über diesen Punkt erfahren. Man preist London so sehr, ich weiß nur, daß es mir unausstehlich ist. Soll ich Dir Sehenswürdigkeiten beschreiben? Lies Baedeker und Du ersparst mir die Mühe. Du willst von meinem Treiben und Leben wissen. Es ist nicht interessant. Ein paar alte Tanten, ein bissiger Mops, viele Klagen über meine Extravaganz, zur Erholung jeden Nachmittag eine einsame Fahrt in den Hydepark, abends eine Gesellschaft nach dem Theater, und Du hast mein Leben mit all seiner Öde und Geistlosigkeit und verzweiflungsvollen Langeweile. Ja, Fritz, *selbst Du* wärest hier eine Zerstreuung! – Was sagst Du dazu? Bist Du weniger eitel, für einen Tag wenigstens? – Denke Dir nur die Schwäche, ich habe Heimweh, Heimweh nach diesem leichtsinnigen, sonnigen Wien, aber auf Katzenart nach dem Ort, nicht nach den Menschen. – Und nun wünsche ich Dir gute Ruhe, die Uhr vor mir zeigt nach Mitternacht. – Träumst Du in diesem Moment von mir oder sendest Du sehnsuchtsvolle Lieder in die stille Nacht hinaus? Im Interesse Deiner Nachbarschaft wünsche ich das erste.

Meine Kusine ist zu ihren Eltern zurück, sende daher Deine Briefe künftig unter dieser Adresse: Mr. Leonard Wieland, General-Postoffice, London.

Mit herzlichen Grüßen
Gabriele«

Postwendend antwortete Fritz Pacher. Was er allerdings schrieb, ist nicht bekannt, denn zu dieser Zeit war er noch nicht auf die Idee gekommen, Abschriften seiner Briefe anzufertigen. Wenige Wochen später antwortete die geheimnisvolle Gabriele wieder aus England:

»London, im April 1874

Lieber Freund!
Ich war eine Woche auf dem Lande und fand daher Deinen Brief erst bei meiner Rückkehr. – Er hat mich unterhalten, darum antworte ich Dir so schnell, auch weil ich auf die gewisse närrische Geschichte neugierig bin. Du stellst schrecklich viele Fragen und glaubst dabei doch alles am Besten zu wissen.
Warum soll ich nicht Gabriele heissen? Hast Du eine Aversion gegen diesen schönen Erzengel-Namen? Freilich Friederike wäre schöner, aber das ist nun einmal nicht zu ändern. Dann scheinst Du Dir in Deinen Kopf gesetzt zu haben, dass ich nicht in London bin. Wäre ich nur wieder in Wien, denn ich versichere Dich, ich habe mich dort besser unterhalten. Vielleicht, dass ich für den Monat May hinkommen kann, ich glaube aber kaum, fürchte vielmehr, daß ich den ganzen Sommer und Herbst hier festgehalten sein werde. Du könntest dann England in das Programm Deiner Ferienreise aufnehmen und dem gelben Domino einen Besuch abstatten, wenn wir uns bis dahin nicht schon gegenseitig satt geworden sind. Es wird Dir hier gefallen, es gibt so viel zu sehen, so viel Interessantes, eben in Dein Fach schlagendes. Und nachdem Du einst Landwirth warst, wie werden Dir diese hübschen Landaufenthalte gefallen. Vom grossen Etablissement des reichen Lord angefangen bis zum einfachsten Cottage des Farmers herab, ist überall Geschmack mit dem Praktischen vereint. Ja, das Land ist wunderschön, aber London hasse ich, es macht mich melancholisch und ich kann den Spleen nicht los werden. Den alten Tanten habe ich fare well gesagt und bin nun bei meinem Bruder etabliert. Der eigentliche Zweck meines hiesigen Aufenthaltes ist dadurch nicht gestört und ich bin die langweilige Gesellschaft losgeworden, zu der ich auch den Mops zähle; denn ich muss, selbst auf die

Gefahr hin, Dir zu missfallen gestehen, dass ich gar kein Herz für Hunde habe. Diesem Umstand musst Du es daher auch zuschreiben, dass ich keine Ahnung habe, welcher Race der Deinige angehört. Um mich darüber aufzuklären, könntest Du mir Deine Photographie mit dem treuen Begleiter schicken. Also Du willst wissen, was ich lese. –
Ich lese sehr viel, ganz ohne System, wie ja mein ganzes Leben auch ohne System ist – von heut auf morgen. Ein Buch, das mir wirklich zusagt, das mir so aus der Seele geschrieben wäre, finde ich nur äusserst selten, aber neulich kam mir eins unter die Hände, ich dachte noch, ich muss Dir davon schreiben: Deutsche Lieder von Müller. Lies es und dann sage mir Deine Meinung darüber; mir hat es schrecklich gut gefallen. Weisst Du, daß Du sehr indiskret bist? Nicht weniger verlangst Du, als meine Biographie – langweilen würde sie Dich freilich nicht, aber dazu muss ich Dich erst besser kennen. Nur so viel sage ich Dir heute, dass der nennenswertheste Abschnitt meines Lebens ein Winter war, den ich im Orient verbrachte und sich meine liebsten Erinnerungen an dieses wundervolle Märchenland knüpfen. Während ich Dir diese Zeilen schreibe, bist du wohl schon an den in ihrer Art nicht minder schönen Gestaden eines der italienischen Seen. Ich kenne sie auch, aber es fehlte meinem sejour dort jener Hauch des Glücks, der über meinem orientalischen Aufenthalte in so reichem Masse gebreitet war. Dass Du auch dort an mich denken wirst, trotz Mutter und Schwester, weiss ich. Ich habe mich eingeflochten in Dein Leben, unbewusst und ungeflissentlich. Sage mir, willst Du die Bande lösen. Jetzt geht es noch, und später wer weiss!«
Was Fritz Pacher an diesem Brief mit seinem verwirrenden Inhalt besonders irritierte war, daß aus dem Schreiben ein paar Zeilen am Schluß herausgeschnitten waren und dann mit anderer Schrift angefügt war:

»Mit herzlichen Grüßen Gabriele«

Was sollte er von diesen seltsamen Briefen aus London halten? Fritz Pacher hatte seit dem Faschingsdienstag mit großem Interesse alles verfolgt, was über das Leben der Kaiserin in Wien bekannt wurde. Und da Elisabeth zu dieser Zeit nicht in London weilte, befielen ihn tiefe Zweifel, ob er tatsächlich auf der richtigen Fährte war. Sollte der gelbe Domino wirklich die Kaiserin gewesen sein, dann war alles, was in den Schreiben stand, erfunden und erdichtet. Denn aus Presseberichten wußte er, daß die Kaiserin von Österreich, obwohl sie viel in der Welt herumreiste, dem Orient noch nie einen Besuch abgestattet hatte. Außerdem hatte Elisabeth eine ausgesprochene Vorliebe für Hunde, die allerdings eine gewisse Größe haben mußten.

Bei seinen Überlegungen konnte Fritz Pacher freilich nicht ahnen, daß Elisabeth absichtlich Dichtung und Wahrheit bunt mischte, um ihre wahren Spuren zu verwischen. Sie brachte ihre Tagträume zu Papier, und versuchte sie so zu schildern, als wären sie Realität.
An diesem Faschingsdienstag hatte sie ein Abenteuer erlebt, wie sie sich schon immer eines gewünscht hatte, und sie hoffte so sehr, daß dieser um zehn Jahre jüngere Mann sich vor Sehnsucht nach ihr verzehrte, daß er in dieser Nacht in Liebe zu ihr entbrannt war und sie allein alles war, was er sich auf dieser Welt wünschte. Vielleicht spielte sie sogar mit dem Gedanken, ihm tatsächlich ein Rendezvous zu gewähren, aber sie hatte wahrscheinlich kaum den Gedanken zu Ende gedacht, als sie schon vor ihrer eigenen Courage zurückschreckte. Sie wollte ihm Hoffnungen machen, die sie im nächsten Moment selbst zerstörte. Dies war für sie eine Art von Liebesspiel und hatte einen ganz besonderen Reiz.
Elisabeths romantische Gefühle waren die eines jungen Mädchens und nicht die einer – für die damalige Zeit – reifen Frau, die vor kurzem Großmutter geworden war. Das, was sie an der Seite ihres nüchternen Mannes niemals erleben konnte, interpretierte sie in dieses flüchtige kleine Faschingsabenteuer. Deshalb bedeutete es für sie viel mehr als nur eine kurze Episode. Ihre Gedanken kreisten immer wieder um diesen Fritz Pacher, den sie einmal zufällig bei einer Ausfahrt mit dem Wagen im Vorbeifahren erkannt hatte. Sie drehte sich um und schaute aus dem rückwärtigen Guckloch der Kutsche. Blitzschnell aber ließ sie die Klappe fallen, als sie bemerkt hatte, daß auch Pacher genau zu diesem kleinen Fenster schaute, um etwas von ihr zu entdecken. Ein nächstes Mal sah er die Kaiserin bei einem Ritt in der Praterallee wieder. Überrascht grüßte er sie kurz, und Elisabeth hatte – so erzählte sie ihrer Tochter Valerie Jahre später – den Eindruck, als hätte er in ihr den gelben Domino erkannt.
Auch Fritz Pacher berichtete, daß Elisabeth ihm einen kurzen Augenblick lang überaus freundschaftlich zugelächelt hatte. Was Pacher allerdings nicht ahnte, war, daß die Kaiserin aus dieser flüchtigen Begegnung ein Gedicht gemacht hatte, in dem er eigentlich die leidtragende Person in ihrer Phantasie war:

»Ich seh dich reiten, ernst und traurig,
In Winternacht im tiefen Schnee;
Es bläst der Wind so eisig schaurig,
Mir ist so schwer zumut, so weh!

Im dunklen Osten, fahl verschwommen,
Da dämmert jetzt ein blasser Tag,
Mit Centnerlast das Herz beklommen,
Trägst heimwärts du die bitt're Klag!

Nur ein einziges Mal noch kam Fritz Pacher der Kaiserin wirklich nahe. Bei einer Blumenausstellung, die Elisabeth eröffnete, streifte ihn wie zufällig ihr Kleid ...

Der letzte Brief aus London hatte Fritz Pacher ermutigt. Er wollte Gabriele herausfordern, endlich die Karten offen auf den Tisch zu legen, nachdem sie nicht gewillt schien, ihm etwas aus ihrem tatsächlichen Leben zu erzählen. Er sollte diesen Fehler, den er unüberlegt begangen hatte, bitter bereuen. Denn wahrscheinlich wäre die Korrespondenz mit der geheimnisvollen Gabriele noch Jahre weitergegangen, hätte er sich ein wenig diplomatischer verhalten. Aber er wollte unter allen Umständen das Geheimnis lüften, er wollte Klarheit in die Angelegenheit bringen, vor allem, da er mehr und mehr den Eindruck hatte, daß die vornehme Dame sich mit ihm einen Scherz erlaubte. Auch wenn er Humor hatte und jederzeit zu einem Spaß aufgelegt war, so wollte er doch nicht jahrelang an der Nase herumgeführt werden. Daher schrieb er in seinem Antwortbrief, daß er ernsthafte Zweifel an dem Namen des schönen Dominos hege, daß dieser weder Gabriele noch Friederike, sondern aller Wahrscheinlichkeit nach Elisabeth heiße.

Dieser Brief, den er an die angegebene Adresse in London geschickt hatte, wurde von Gabriele nicht beantwortet. Und je mehr Zeit verstrich, umso unwahrscheinlicher wurde es, daß er von dem gelben Domino noch jemals etwas hören würde. Mit Bedauern mußte er erkennen, daß er diese romantische Geschichte selbst zerstört hatte! Als letzte Hoffnung blieb ihm ein paar Monate später die Redoute am Faschingsdienstag im Musikverein. Aber sosehr er auch suchte, er konnte unter den vielen Dominos nirgendwo den gelben oder auch nur den roten erblicken.

Aber so schnell wollte Fritz Pacher nicht aufgeben! Und tatsächlich erschien ein Jahr später am Faschingsdienstag 1876 auf der Redoute plötzlich ein großgeblumter Domino an seiner Seite, hängte sich wie gewohnt in ihn ein, richtete ihm Grüße vom gelben Domino aus und plauderte mit ihm locker und leger. An der Art, wie der Domino sprach, erkannte Fritz Pacher, daß es sich zwar nicht um Gabriele handelte, daß diese Maske aber trotzdem mit dem gelben Domino sehr vertraut sein mußte und über alles Bescheid wußte. Mitten im heiteren Gespräch bat der geblumte Domino ihn wie beiläufig, die Briefe, die er von Gabriele erhalten hatte, zurückzusenden. Obwohl Fritz Pacher reichlich erstaunt war, versprach er diesem Wunsch unter zweierlei Bedingungen nachzukommen. Erstens sollte ihn Gabriele selbst darum bitten, und zweitens wollte er dann seine eigenen Briefe auch zurück haben. Anfang März, wenige Tage nach der Redoute, erhielt Pacher überraschenderweise einen Brief von einer »Henriette«, wie sich der Domino nannte, in dem folgendes stand:

»Montag, am 6. März 1876

Lieber Fritz,
Obgleich Du denken wirst, dass ich Dich vergessen, so will ich Dich hiemit vom Gegentheil überzeugen, und Dir mitteilen, dass sich Gabriele sehr freute zu hören, dass Du ihrer noch gedenkst, dass ich ihr Deine Grüsse ausgerichtet ist selbstverständlich und lässt auch sie Dich bestens grüssen. Die Arme hat sich vorgestern den Fuss derart verstaucht, dass sie genöthigt ist, das Bett zu hüten, ich hoffe jedoch, dass der Unfall einen günstigen Verlauf nehmen wird. Ich theile Dir dies mit, da ich denke, dass alles was sie betrifft Dich interessieren dürfte; nun zu etwas anderem. Du sagtest mir auf der letzten Redoute, dass falls Gabriele ihre Briefe zurück will, Du geneigt bist, sie ihr zu senden, gegen Austausch der Deinigen. Trotzdem sie durchaus kein Misstrauen in Dich setzt, so wirst Du doch begreifen, dass es für sie eine Beruhigung wäre, wenn sie wieder in Besitz der Briefe käme, willst Du sie also zurücksenden, so kannst Du sie poste restante, Wieden unter Henriette B. R., wo ich sie dann abholen lassen werde, und Dir auch gleich die Deinen senden, jedenfalls antworte mir umgehend, wie es Dir geht, was Du noch getrieben, als ich Dich am Dienstag verliess, gewiss unzählige Rendez-vous gegeben nicht wahr?
Nun will ich Dich nicht länger quälen, sondern bloss Dich bestens grüssen als Dein rother Domino

Henriette B. R. poste restante Wieden.«

Fritz Pacher antwortete postwendend und schien in seinem Antwortbrief eher ironisch auf den Unfall Gabrieles eingegangen zu sein, denn die Antwort Henriettes, des großgeblumten Dominos, fiel reichlich ärgerlich aus. Das Schreiben war am 10. März 1876 verfaßt und enthielt unter anderem folgende Zeilen:
»... ich bin überzeugt, dass Du es vorziehen würdest von mir Grossgeblumter verschont zu bleiben, hörtest Du nichts von Gabriele in meinen Briefen. Nun kann ich nicht umhin Dir zu sagen, wie sehr Du auf dem Holzwege bist, wenn Du glaubst, dass Gabriele ängstlich sei, wegen je-

ner längst stattgefundenen Correspondenz, die doch so unschuldig wie nur irgend Etwas ist. Ich gebe Dir hiemit mein Ehrenwort, dass sie dieselben nur auf mein Anrathen zurückfordern liess, da ich als Verwandte es für besser hielte, wenngleich ich nicht sage, dass Gabriele *meine Schwester*, so können wir doch Cousinen sein, was meinst Du? Oder ist es Dir unmöglich? Als Beweis, dass ich im Besitze Deiner Briefe, schliesse ich Dir ein Blatt davon ein, behalte jedoch alle anderen um Dir zu beweisen, dass wir nicht ängstlich sind, bin ich doch so sicher, daß Du keine Ahnung hast, wer wir seien – sonst hättest Du Donnerstag doch etwas merken lassen – wir lachten viel über Dich mein Freund – Gabriele spielt nicht so sehr Verstecken wie Du meinst – wenn es Dir möglich, so komme morgen gegen 11 Uhr in die Michaelerkirche, da kannst du uns sehen, aber nur wenn Du uns kennst, denn wir werden Nichts dazu beitragen um uns erkennen zu lassen. Bist Du überhaupt im Besitze der Briefe meiner mir gänzlich unverwandten Gabriele?
Nun habe ich Dich gequält genug, mein misstrauischer Fritz, wenn Du nichts besseres vorhast, so lasse etwas von Dir hören und sei herzlichst gegrüsst vom gelben und Grossgeblumten

Domino
Henriette B. R.
poste restante Wieden.«

Ob Fritz Pacher zu diesem seltsamen Treffen gegangen ist oder nicht, darüber schwieg er. Wahrscheinlich war er wirklich nicht der Mann, der an einem derartigen Versteckspielen genausoviel Interesse hatte. Es schien der Kaiserin und ihren Damen eine amüsante Abwechslung zu sein, ihn durch irgendwelche Versprechungen zu necken und immer neue Finten auszuhecken. Und obwohl die Begegnung mit der Kaiserin von Österreich und auch der Briefwechsel anfangs seinen Reiz gehabt hatten, war er es mit der Zeit leid, den Launen und Ideen Elisabeths nachzukommen. Er merkte zu deutlich die Absicht und war – ob er es zugeben wollte oder nicht – verstimmt.
Am 18. März erhielt er wieder eine Nachricht von dem geheimnisvollen großgeblumten Domino, hinter dem sich – so war Pachers Überlegung – nur eine von Elisabeths Hofdamen oder die Friseurin Fanny Feifalik verbergen konnte, denn der großgeblumte Domino hatte annähernd die Größe und Gestalt der Kaiserin. Und Fanny Feifalik hatte schon des öfteren Elisabeth gedoubelt, wenn es die Kaiserin vorzog, nicht selbst in Erscheinung zu treten.
Der Antwortbrief Fritz Pachers entzückte die Damen geradezu, denn er

verglich sich mit einer Schusternatur. Gerne griff der großgeblumte Domino dieses banale Bild auf und meinte, Fritz Pacher habe mit dieser Selbsterkenntnis ins Schwarze getroffen, denn er besitze nach der Meinung der diversen Dominos den Eigensinn eines Schusters. Daß Pacher allmählich ärgerlich zu werden schien, dürfte die Dominos keineswegs beeindruckt haben, denn sie trieben ihr verrücktes Spiel weiter, das ein ernstzunehmender Mann allmählich als schlechten Scherz empfinden mußte. Deshalb konnte er sich auch nicht entschließen, die Briefe Gabrieles zurückzuschicken; er hatte den Eindruck, daß er seine eigenen niemals erhalten würde. In dieser Form muß er seine Ablehnung begründet haben, denn der großgeblumte Domino schrieb daraufhin leicht indigniert folgende Zeilen:
»... ich sollte eigentlich recht böse auf Dich sein, Du scheinst es abgesehen zu haben mich zu beleidigen, Du sagst ich werde es vielleicht als Frau nicht wissen, wie ernst es ein Mann mit seinem Ehrenwort nimmt – denkst Du wohl eine Frau tut dies nicht? Ich sagte Dir bereits das letztemal, dass ich Dein Vorgehen zu schätzen weiss, aber eben weil auch ich mein Wort zu halten pflege, so wollte ich Dich überzeugen, dass alles was Ich Dir erzählte, wahr ist – Gabriele hätte Dir heute geschrieben, wenn sie nicht finden würde, dass Du noch eigensinniger und hartnäckiger als sie bist und so lange Du nicht sagst für wen Du sie hältst, solange wird auch sie nicht aus ihrem Incognito heraustreten. Es hängt also von Dir ab, dass sie die lange getragene Maske von sich wirft. Jetzt will ich gnädig sein und Dich von dem langweiligen Briefe befreien mit dem Wunsche, dass Du mir den Einschluss [eine Seite eines Briefes von Fritz Pacher, Anm. d. Verf.] wieder retoursenden mögest und nicht abermals falsch deuten. Adieu eigensinniger Fritz, sei bestens gegrüsst von Gabriele und Deinem

Großgeblumten
Henriette B.R.«

Vielleicht wurde Fritz Pacher in seinem Antwortschreiben noch deutlicher, denn plötzlich riß der Kontakt ab, und die Dominos hüllten sich beleidigt in Schweigen.
Die Briefe des gelben und der bunten Dominos blieben wohlverwahrt in den Schubladen, und Fritz Pacher hörte elf Jahre lang nichts von seiner anstrengenden Faschingsbekanntschaft. Je mehr Zeit verstrich, umso weniger dachte Fritz Pacher an den gelben Domino, die Gegenwart war für ihn viel zu aufregend, als daß er sich Erinnerungen hingegeben hätte. Er hatte ein bezauberndes Mädchen kennengelernt, die junge Baronesse

Mathilde von Hohenbruck, die aus Triest stammte und die er im Jahr 1881 zum Traualtar führte. Die junge Frau hatte große Ähnlichkeit mit der Kaiserin, war groß und schön, überaus schlank und leider auch etwas anfällig, was ihre Gesundheit betraf. Deshalb war es verwunderlich, daß sie eine für die damalige Zeit schockierende Angewohnheit hatte: Sie war eine starke Raucherin. Was vielleicht in ihrem Bekanntenkreis als beinahe lasterhaft angesehen wurde, störte den jungen Ehemann nicht im geringsten, denn er selber wurde kaum ohne Zigarre gesehen.

Es war ein heiteres, geselliges Leben, das die Familie Pacher von Theinburg in Schönau an der Triesting führte. Wenn es sein Beruf als Fabriksbesitzer und Mitglied der Wiener Industriellenvereinigung erlaubte, widmete sich Fritz Pacher mit Begeisterung seiner Familie, er liebte seine drei Töchter Elisabeth, Edith und Mathilde, tobte mit ihnen im weiten Park rund um die geräumige gelbe Villa und war alles andere als ein konservativer, strenger Vater. Freunde kamen und genossen die herzliche Gastfreundschaft, gemeinsam unternahm man ausgedehnte Landpartien, und wenn der Herbst sich ankündigte, freute man sich auf die alljährliche Jagdsaison. Mathilde Pacher war als begeisterte, treffsichere Jägerin weit und breit bekannt und ging mit dem Gewehr über der Schulter gemeinsam mit ihrem Mann auf die Pirsch.

Zu den besonderen Freunden der Familie zählte der berühmte Johann Strauß (Sohn), ein unmittelbarer Nachbar der Pachers in Schönau. Vielleicht war es die große Musikalität, die der Komponist an dem Fabriksbesitzer schätzte. Denn nach einigen Gläsern guten Weines, wenn man so recht in Stimmung gekommen war, wurde gemeinsam musiziert, wobei Fritz Pacher mit seiner schönen Stimme die Straußkompositionen vom Blatt sang. Eines allerdings konnte ihm der Meister nicht verzeihen: Eines Abends setzte sich Strauß ans Klavier und spielte dem Freund eine neue Komposition vor. Nachdem er huldvoll den Beifall Pachers entgegengenommen hatte, staunte er nicht schlecht, als Fritz Pacher sich ans Klavier setzte und die eben gehörten Melodien aus dem Gedächtnis fehlerfrei nachspielte. – Anstatt dieses einmalige Talent des Freundes zu bewundern, wurde Strauß sehr einsilbig und zog sich fast beleidigt zurück. Und obwohl er scheinbar die Angelegenheit bald vergessen hatte und das Verhältnis zwischen den beiden weiterhin ungetrübt schien, trug Strauß dem Nachbarn niemals wieder eine seiner Kompositionen vor.

In einer stillen Stunde hatte Fritz Pacher seiner Mutter und später seiner Frau von der seltsamen Begegnung an jenem Faschingsdienstag des Jahres 1874 erzählt. Aber beide Damen verwiesen seine merkwürdigen Schilderungen ins Reich der Einbildung. Er war immer schon ein bril-

lanter Erzähler gewesen, daher sahen die Damen die Geschichte als amüsante Erfindung an. Wie aber staunten sie, als plötzlich – nach elf Jahren – wieder ein Lebenszeichen vom gelben Domino eintraf!
Es war nur ein kurzer Brief, der sich Anfang Juni 1885 unter der allgemeinen Post befand. Auffallend dabei war für den maßlos überraschten Fritz Pacher die völlig andere Schrift, in der der Brief abgefaßt war. Auch der Inhalt erstaunte ihn, denn das Schreiben war mit Gabriele F. L. unterzeichnet, während aus dem Brief hervorging, daß der gelbe Domino jemand anderer sein mußte:
»Der ›gelbe Domino‹ wünscht Ihre sichere Adresse zu erhalten – da sie Ihnen etwas senden will, – bitte senden Sie Ihre Adresse wie Sie in alten Zeiten geschrieben haben ›Gabriele F. L. 36‹. Poste restante, Wien, Hauptpost. Ich habe sie lange gesucht und weiss jetzt auch nicht, ob ich Ihre richtige Adresse habe – deshalb traue ich mich nicht diese Adresse dem gelben Domino zu senden.
Wenn Sie es für Werth halten – bitte senden Sie mir Ihre Photographie.
Es grüsst Sie freundlichst und bittet um baldige Antwort

Gabriele F. L. 36.«

Fritz Pachers Antwort ließ nicht lange auf sich warten. Am 9. Juni schickte er dem gelben Domino folgenden Brief:

»Wien 9 Juni 1885

Lieber gelber Domino!
Ich wüsste nicht, was mich hätte mehr überraschen können, als dieses Lebenszeichen von Dir.
›Aus den Wolken bin ich gefallen‹ wäre zu wenig gesagt, *viel* zu wenig. Was ist seit diesen 11 Jahren alles geschehen?! Du prangst wohl noch in alter stolzer Schönheit – ich bin ein kahlköpfiger, ehrsamer aber *glücklicher* Ehemann geworden, habe eine Frau, die Dir an Größe und Gestalt ähnelt und ein herziges kleines Mäderl.
Du kannst, wenn Du es für passend findest, ohne Scheu nach diesen langen 11 Jahren Deinen Domino ablegen und Klarheit in das rätselhafte Abenteuer bringen, das mich von allen jenen, die ich erlebt, am meisten interessiert hat.
Ich hätte wohl eine Photographie, würde sie Dir auch ohne weiteres schicken, aber die alte leidige Eitelkeit verbietet mirs – sie ist *zu* wenig gelungen. Bekomm ich ein besseres Bild, so sollst Dus haben.
Du siehst, ich bin noch immer das alte ›deutsche‹ aufrichtige Gemüth mit all den Fehlern von damals. Was mir von Dir kommt, kann nur Gu-

tes sein, also sende immerhin, was Du zu senden hast. Was es auch sei, es wird mich, wie jede Nachricht von Dir, herzlich freuen.
Die Adresse Kantgasse 3 ist richtig, doch wohne ich gegenwärtig auf dem Lande, komme aber fast täglich in die Stadt und erreichen mich Nachrichten am leichtesten und schnellsten in meinem Bureau, Schulerstr. N 18.
So, jetzt weisst Du alles, was Du zu wissen wünschtest, ich harre Deiner Befehle.

Mit herzlichem Gruss Dein unentwegt ergebener
Fritz Pacher.«

Daß die Kaiserin ein Gedicht auf die Faschingsepisode gemacht hatte, konnte Fritz Pacher freilich nicht ahnen. Aber sie ließ sich mit der Übersendung noch zwei Jahre Zeit, so daß Pacher glauben mußte, er sei wieder das Opfer eines Scherzes des gelben Dominos geworden. Vor allem, als er im Oktober einen Brief des roten Dominos erhielt:

»14. X. 85

Verehrter Freund!
Verzeihen Sie, dass ich Sie abermals mit meinem Brief belästige, aber es treibt mich die Neugierde zu wissen und erfahren ob Sie das Versprochene vom gelben Domino erhalten haben oder nicht und woher? Die letzten Nachrichten habe ich damals – wo sie die Adresse von Ihnen haben wollte – aus Homburg erhalten – wohin ich auch Ihre Adresse gesandt habe, seitdem aber nie etwas vom gelben Domino erfahren habe, so weiss ich nicht, ob sie Ihre Adresse, die ich Ihr sandte erhalten hat. –
Bitte schreiben Sie mir wie neulich – Gabriele F. L. 36. Poste restante, Hauptpost, Wien – und wenn Sie sich vielleicht seitdem entschlossen haben Ihren väterlichen Kahlkopf photographieren zu lassen, so wäre es recht freundlich wenn Sie mir eins senden würden, ich möchte Sie gar zu gerne als Ehemann sehen!

Es grüsst Sie freundlich
der rothe Domino«

Die Überraschung, doch noch etwas vom gelben Domino zu hören, war einer Verärgerung gewichen. Was wollte Gabriele nach so langer Zeit eigentlich noch von ihm? In dem immerwährenden Versteckspielen sah er keinen Sinn mehr. Selbst wenn die Person der Kaiserin hinter der gelben Dominomaske steckte, so hatte er doch nicht die Absicht, ein Leben lang in dieser Form mit ihr zu korrespondieren, noch dazu über Mittelsfrauen, die in die Sache bis zu einem gewissen Grad eingeweiht waren und in ihrer Neugierde wahrscheinlich auch auf eigene Faust Briefe an ihn schickten. Daher schrieb er wenige Tage später einen eher unfreundlichen Brief an, wie er glaubte, verschiedene Dominos:

»Wien, 22. Oktober 1885

Verehrter rötlichgelber Domino!
Ich bin ein höflicher Mensch und so muss ich die an mich gerichtete Frage ungeachtet ich weiss, Dass Du Dir dieselbe selbst am besten beantworten kannst, dahin erledigen, dass mir ausser Deinen beiden Briefen keine Nachricht zugekommen ist.
Dir mein Bild zu schicken, bin ich leider noch immer nicht imstande, vielleicht lasse ich mich zu Weihnachten aufnehmen; dann sollst Du eines haben. Erinnere mich zu Beginn des neuen Jahres an mein Versprechen. Recht leid thut mirs, dass Du nach 11 Jahren noch immer nöthig findest, mit mir Verstecken zu spielen.
Eine Demaskierung nach so langer Zeit wäre ein hübscher Spass und ein gutes Ende zu dem Faschingdienstag 1874 gewesen, eine anonyme Correspondenz entbehrt nach so langer Pause des Reizes.
Dein erster Brief hat mich gefreut, der letzte hat mich geärgert. Misstrauen sieht der nicht gern, der weiss, dass er es nicht verdient. Leb wohl und nichts für ungut!

Mit freundlichen Grüssen
Dein aufrichtiger
Fritz Pacher«

Dieser Brief erregte den Unmut der Kaiserin, der sich in einem Schmähgedicht ausdrückte, wobei Fritz Pacher das Glück hatte, es nie zu Gesicht zu bekommen. Denn auch in den Versen mischten sich wahllos Phantasie und Wirklichkeit. Die Worte waren aus der Enttäuschung heraus, daß er ihr Spiel unterbrochen hatte, mit sehr spitzer Feder niedergeschrieben:

»Ein ganz gemeines Beast;
Kahl war er auch, dazu noch schiech,
Gehört nur auf den Mist.
Von seiner Schmach ist alles voll,
Und jedes Echo heult's
Von Fels zu Fels, im Land Tirol –
Und Eine ist, die teilt's!«

Elisabeth konnte es ihrem Faschingsdienstagkavalier anscheinend nicht verzeihen, daß er nicht ebenso romantisch veranlagt war wie sie, daß er aus dieser überraschenden und zufälligen Begegnung nicht auch eine lebenslang sehnsuchts- und qualvolle Liebesgeschichte in seinen Phantasien gemacht hatte.
Zwei Jahre dauerte es, bis der Ärger der Kaiserin über Fritz Pacher verraucht war, denn im Juni des Jahres 1887 erhielt er ganz überraschend einen Brief, der in Brasilien aufgegeben worden war. Als Pacher das dicke Kuvert öffnete, erblickte er zu seinem Erstaunen ein langes Gedicht, dessen Überschrift zunächst »Das Bild des gelben Dominos« hieß, wobei aber das Wort »Bild« mit roter Tinte durchgestrichen und durch das Wort »Lied« ersetzt worden war:

»Das Lied des gelben Dominos.
»Long, long ago.«

Denkst Du der Nacht noch im leuchtenden Saal?
Lang, lang ist's her, lang ist's her,
Wo sich zwei Seelen getroffen einmal,
Lang, lang ist's her, lang ist's her,
Wo unsre seltsame Freundschaft begann,
Lang, lang ist's her, lang ist's her!
Denkst Du, mein Freund, wohl noch manchmal daran?
Lang, lang ist's her, lang ist's her!
Denkst du der Worte, so innig vertraut,
Lang, lang ist's her, lang ist's her,
Die wir getauscht bei der Tanzweisen Laut?
Lang, lang ist's her, lang ist's her!
Ach! nur zu rasch schwand die Zeit uns dahin,
Lang, lang ist's her, lang ist's her,
Ein Druck der Hand noch, und ich musste flieh'n,
Lang, lang ist's her, lang ist's her!
Mein Antlitz enthüllen durft' ich dir nicht,
Lang, lang ist's her, lang ist's her!
Doch dafür gab ich der Seele ihr Licht,
Freund das war mehr, das war mehr!
Jahre vergingen und zogen vorbei,
Lang, lang ist's her, lang ist's her,
Doch sie vereinten nie wieder uns zwei,
Lang, lang ist's her, lang ist's her!

Forschend bei Nacht frägt die Sterne mein Blick,
Lang, lang ist's her, lang ist's her;
Auskunft noch Antwort gibt keiner zurück,
Lang, lang ist's her, lang ist's her!
Bald wähnt ich nahe dich, dann wieder fern,
Lang, lang ist's her, lang ist's her!
Weilst du vielleicht schon auf anderem Stern?
Lang, lang ist's her, lang ist's her!
Lebst du, so gieb mir ein Zeichen bei Tag,
Lang, lang ist's her, lang ist's her,
Dass ich's kaum hoffen, erwarten vermag,
So lang ist's her, so lang ist's her!
Lass mich warten nicht mehr,
Warten nicht mehr!

Trotz der sehnsuchtsvollen Zeilen am Ende war dieses Gedicht wie ein letztes Lebewohl an den Kavalier vom Faschingsdienstag. Elisabeth war 1887 fünfzig Jahre alt geworden, und von ihrer einstigen Schönheit, die Fritz Pacher selbst unter dem alles verhüllenden Kostüm des Dominos erahnt hatte, war nicht viel geblieben. Ihr einst so bezauberndes Gesicht durchzogen tiefe Falten, und alle Schönheitsmittel, die die Kaiserin verzweifelt anwandte, fruchteten nichts bei ihrem nach wie vor existierenden Schlankheitswahn.

Aber Fritz Pacher hatte Elisabeth schon lange nicht mehr zu Gesicht bekommen, denn die Kaiserin war nur noch selten in Wien anwesend. Und wenn sie sich dann aus irgendeinem Grunde in der Öffentlichkeit zeigte, verhüllte sie das Gesicht mit ihrem Fächer oder mit einem ihrer spitzenbesetzten Schirme …

Es dürfte Elisabeth mit der Bitte an Fritz Pacher, ihr eine Nachricht zukommen zu lassen, nicht ganz ernst gewesen sein, denn sonst hätte sie eine ihrer Hofdamen damit beauftragt, nachzuforschen, ob nicht ein Brief postlagernd bei der bekannten Adresse abgegeben worden sei. Sie wäre sicherlich aufs äußerste erstaunt gewesen, hätte sie Fritz Pachers Antwort tatsächlich erhalten. Denn daß der eher realistische Fritz Pacher auch ein langes Gedicht, das so manche ironische Zeile enthielt, auf ihre gemeinsame Episode machen könnte, hätte sie ihm wahrscheinlich nie zugetraut. Pacher hatte nicht lange gezögert und unmittelbar nach dem Erhalt des Gedichtes der Kaiserin zur Feder gegriffen und an die »Unbekannte« folgende Reime geschrieben:

»Wien, 8. Juni 1887

An die ›Unbekannte‹
(Faschingdienstag 1874)

Ja, ›lang ists her, ich denke Dein
Und wärst Du noch so weit;
Du weckst in mir Erinnerung
Der Jugend Rosenzeit; …
Getaucht in lichten Sonnenglanz
Erscheint uns Lust wie Schmerz,
Ein längst verhallter alter Klang
Durchzieht das alte Herz.

Mir ist es, denk ich an den Tag,
Der Dir mich zugeführt,
Da Du von all' den Hunderten
Zum Ritter mich erkürt,

So lustig frisch, so märchenhaft,
So stolz vergnügt, so froh –
Nimm heut noch meinen Dank dafür
Du ›gelber Domino‹!

Weisst Du, wie schroff Du Anfangs mir
Den Händedruck verwehrt
Und wie der abgefahr'ne Mann
Dich schliesslich doch bekehrt?

Wie wir den Abend Arm in Arm
Geplauscht, gescherzt, gelacht
Und wie Du, fast entdeckt von mir
Dich aus dem Staub gemacht?

Aus München, Wien, aus Engelland
Schriebst Du dem *theuren* Fritz
Nun schreibst Du aus Brasilien gar
Und krönst damit den Witz!

Doch schriebst Du aus Kamtschatka mir,
Vom Pol, aus Buxtehud'

Du täuscht mich nicht, ich sage Dir:
Ich kenne Dich zu gut!

Heut' sag' ich Dir's, denn ›lang ist's her‹:
Du warst nicht schlau genug,
Gestalt und Gang und Wort und Sinn
Der Hoheit Stempel trug.

Die Grossen dieser Erde sind
Nicht ganz von Launen frei,
So wandelt Dich die Laune an,
Zu wissen wie ich sei.

Nicht etwa weil ich Dir gefiel,
– Ich bin kein dummer Geck –
Dich lüstete nach einem Wort
Frisch von der Leber weg;

Dich ekelte die Gattung Mensch,
Die Dir zu Füssen liegt,
Die du verachtest und die Dich
Umschmeichelt und belügt.

Du suchtest einen *fremden* Mann
Und *jeder* war Dir recht,
Du wähltest mich – Du lieber Gott –
Da trafst Du's grade schlecht;

Zu unvorsichtig hattest Du
Der Maske nur vertraut:
Frugst nach Dir selbst; da hatt' ich Dich
Im Augenblick durchschaut.

Und was wir schwätzten stundenlang
Das stimmt' so wundergut
Wie's nimmermehr auf dieser Welt
Ein blinder Zufall thut.

Warum Du nun nach langer Zeit
Dich wiederum mir nahst?

Weil ab und zu und zu und ab
Du Langeweile hast!

Sei's wie es sei, ich danke Dir
Für Deiner Verse Schwung,
Er macht den Vierzigjährigen
Um Jahre wieder jung.

Sein Lebtag denkt mit Freuden er,
An diesen Faschingsscherz,
Er weiss: Du hast – nicht jeder glaubt's –
Verstand, Gemüth und Herz.

Und willst Du Wahrheit, denk an mich,
Sie wird Dir allezeit,
Du findest zum Ernst mich wie zum Scherz
In Deinem Dienst bereit.

›Wie‹, rufst Du innerlich empört,
›Du Knirps, Du kecker Wicht,
Du kennst mich und Du fürchtest Dich
Vor meiner Hoheit nicht?!‹

Bei aller schuld'gen Ehrfurcht – *nein*.
Ich denk' mir eben so:
Du hast Humor und bleibst für mich
Doch nur der ›Domino‹.

Ich weiss zu gut: wenn nicht die Welt
Sich ganz und gar verkehrt,
Bleibt mir das Wort von Mund zu Mund
Für immerdar verwehrt;

Jedoch ein Gruss – das ist mein *Recht*
– die ›Andern‹ nennen's *Pflicht* –
Das Eine *bitt'* ich: zeig mir stets:
Ein freundliches Gesicht;

Ein Lächeln gleite drüber hin,
– Die Hoheit sei verbannt –

Dein stummer Dank, er sage mir:
›Ich bin's, ich bin erkannt!‹«

Wie in den Jahren vorher schickte Fritz Pacher seine gereimte Antwort an »Gabriele F. L. 36« poste restante Hauptpost Wien. Aber niemand erkundigte sich nach dem Schreiben, und nach einem halben Jahr wurde es dem Absender ungeöffnet wieder ausgehändigt.

Für Elisabeth war die Episode nach so langer Zeit endgültig beendet, ihrer Tochter erzählte sie zwar noch von der kleinen Romanze, aber an Fritz Pacher richtete sie keine Zeile mehr.

Vierzig Jahre sollten vergehen, ehe Fritz Pacher den endgültigen Beweis dafür in Händen hielt, daß die schöne Unbekannte, der gelbe Domino, tatsächlich die Kaiserin von Österreich gewesen war. Denn Elisabeths Nichte, die Gräfin Marie Larisch, veröffentlichte lange nach dem Selbstmord des Kronprinzen, an dem man ihr von seiten des Kaiserhauses ein gerüttelt Maß Mitschuld anlastete, ihre Lebenserinnerungen. Sie sollten als Rechtfertigung ihrer Handlungsweise dienen.

Zufällig wurde Fritz Pacher auf dieses Buch aufmerksam, und da er nach Lektüre für eine Eisenbahnfahrt suchte, griff er zu den Memoiren der Larisch. Interessiert las er ihre Darstellungen, wunderte sich bei manchen Passagen, wie negativ die Nichte ihre Tante darstellte, und kam schließlich zu seinem größten Erstaunen zu den Seiten, wo die Larisch seine Episode mit dem gelben Domino beschrieb. Jetzt war für ihn der endgültige Beweis erbracht, wer die geheimnisvolle Gabriele in Wirklichkeit gewesen war.

Es war ein harmloses Abenteuer, das die Kaiserin mit ihm verbunden hatte, ein kleiner Flirt, ein netter Abend. Das war letztlich alles gewesen. Die Gräfin Larisch aber hatte aus den Briefen an den gelben Domino Liebesbriefe gemacht.

Aber die Zeit war darüber hinweggegangen. Aus der schönen Kaiserin, die so hinreißend an diesem Abend mit Fritz Pacher geflirtet, die all die geheimnisvollen Briefe in ihrer romantischen Schwärmerei geschrieben hatte, war im Laufe der Jahre eine alternde, ruhelose Frau geworden. Ihr tragischer Tod in Genf berührte ihn tief. Er selbst resignierte niemals, auch als schwere Jahre auf ihn zukamen, behielt er seinen Lebensmut. Die Familie mit seinen Töchtern und später mit seinen Enkeln gab ihm Halt und Stütze, auch als er noch vor dem Ersten Weltkrieg die Fabrik in Schönau auf Drängen seiner Teilhaber verkaufen mußte, da sich die Textilherstellung nicht mehr zu rentieren schien. Mit dem Erlös zeichnete Fritz Pacher, so wie viele andere Österreicher, Kriegsanleihen und wurde dadurch fast zum armen Mann. Nur die gelbe, verträumte Villa in Schönau mit dem weitläufigen Park blieb ihm und seinen Nachkommen erhalten. Friedrich List Pacher von Theinburg wurde fast 87 Jahre alt. Er starb am 12. Mai 1934 und wurde in Schönau an der Triesting begraben. Sein kleines romantisches Abenteuer mit der Kaiserin von Österreich ist in Erinnerung geblieben.

Er brachte ihr den ersehnten Tod

Luigi Lucheni

Alles ging blitzschnell. Ein Mann trat aus dem Schatten der Bäume auf die Kaiserin zu, rempelte sie scharf an, hob kurz den Sonnenschirm, der ihr Gesicht verdeckte, dann stach er zu. Lautlos sank die zu Tode getroffene Frau zu Boden, während ihr Mörder das Weite suchte. Er flüchtete nicht vor seiner Tat, er floh, weil er fürchtete, daß die aufgebrachte Menge ihn lynchen könnte, bevor er seine Tat in der Pose des Helden aller Welt verkünden konnte.

Luigi Lucheni, der Mann, dem gleichsam das Blut noch an den Händen klebte, wollte der Menschheit kundtun, daß der Mord, den er soeben begangen hatte, eine Tat war, die er für alle Unterdrückten, Armen und Geknechteten vollbracht hatte. Er hatte – wie er meinte – ein Zeichen gesetzt gegen die Ausbeuter, gegen die Blutsauger, die davon lebten, daß der Großteil des Volkes in Hunger und Elend dahinvegetierte, damit sie, die ein unergründliches Schicksal auf die Sonnenseite des Daseins gestellt hatte, in Luxus und gelangweiltem Nichtstun ihr Leben verbringen könnten. Er wollte die Menschheit gegen die Herrschenden aufrütteln, der Stich in die Brust der österreichischen Kaiserin war der verzweifelte Schrei eines Menschen, den alle hören sollten. Lucheni lief, so schnell er konnte, nicht um sich zu verbergen oder der Strafe zu entgehen, nein, er wollte in einem öffentlichen Schauprozeß wie ein Messias die Ideen des Anarchismus verkünden und mit ihnen die Welt aufrütteln.

Er hatte zufällig die Kaiserin von Österreich getötet, eine alte, politisch unbedeutende Frau, die ihr einziges Gut, ihre Schönheit, längst verloren hatte. Es war eigentlich egal gewesen, wer durch den Stoß seiner zugeschliffenen Feile zu Tode kommen würde, es mußte nur ein Vertreter einer der verhaßten Dynastien sein. Tagelang hatte er dem Prinzen von Orléans aufgelauert, dem französischen Thronprätendenten, von dem er aus der Zeitung erfahren hatte, daß er in Genf weilen sollte. Aber der Prinz von Orléans hatte Glück gehabt, er war in das Wallis abgereist und sollte erst mit dem Schiff über den See zurückkommen. Lucheni wartete auf sein Opfer ganz zwei Tage, er fuhr sogar nach Evian, um hier nach dem Prinzen zu suchen, aber er fand ihn nicht. Daraufhin änderte er kurzfristig seinen Plan. Irgend jemand aus der internationalen Gesellschaft würde hier am Genfer See, wo sich die Mächtigen und Reichen dieser Welt ein Stelldichein gaben, schon zu finden sein, den man gleichsam als Demonstrationsobjekt töten konnte. Die spitze Feile, die er in Lausanne vor einigen Tagen gekauft hatte und die er wie einen Dolch benutzen konnte, trug er vorsichtshalber immer bei sich, um gewappnet zu sein, für alle Fälle. Er hatte an das Werkzeug in Lausanne von einem Freund, der allerdings keine Ahnung hatte, wozu Lucheni die Feile mißbrauchen wollte, einen handfesten Griff machen lassen, um im Falle des Falles mit aller Kraft zustoßen zu können. Ursprünglich hatte er einen Dolch kaufen wollen. Wählerisch, wie er war, suchte er lange in den einschlägigen Geschäften. Als er aber endlich den geeigneten entdeckt hatte – die Klinge sollte eine entsprechende Länge besitzen, damit er auch sicher sein konnte, daß der Stich tödlich war –, reichte seine Barschaft nicht aus, um das Mordwerkzeug zu bezahlen.

Da Lucheni zunächst noch keine Ahnung hatte, daß die Kaiserin von Österreich-Ungarn sich eine Zeitlang am Genfer See erholen wollte, hatter er die Feile, die er später benutzte, einfach auf gut Glück erstanden. Es würde schon jemand in nächster Zeit aus der verhaßten Gesellschaft auftauchen, den er erstechen könnte!

Elisabeth war mit kleinem Gefolge gereist, ihre Begleitung bestand aus 12 Personen, außer der Gräfin Sztáray, einer ihrer Damen, denen sie besonderes Vertrauen schenkte, waren noch General von Berzeviczy, ein Ungar, mit in die Schweiz gekommen, ferner der Sekretär Elisabeths, Dr. Kromar. Dazu gesellte sich ihr bevorzugter Vorleser Mr. Barker, der von heute auf morgen den Platz des griechischen Studenten Chrisostomanos eingenommen hatte. Für das persönliche Wohl der Kaiserin sorgten die beiden Kammerdienerinnen Meissl und von Henicke, daneben noch zwei Lakaien und vier Zofen. Elisabeth war auch im Alter eine kapriziöse Frau, die ganz besondere Ansprüche an ihre Domestiken stellte und daher auf die Diener, an die sie jahrelang gewöhnt war, nicht verzichten konnte. Sie allein kannten ihre Wünsche bis ins kleinste Detail und richteten sich danach. Ihre favorisierten Hofdamen waren Elisabeth im Laufe der Zeit fast ans Herz gewachsen. Das Vertrauen, das ihnen die Kaiserin entgegenbrachte, dankten ihr Ida von Ferenczy, zu der die Kaiserin ungewöhnlich freundschaftliche Gefühle entwickelt hatte, die Gräfin Festetics und auch die junge Gräfin Sztáray hatten auf ihr persönliches Lebensglück an der Seite eines Mannes der Kaiserin zuliebe verzichtet und waren unverheiratet geblieben.

Die Dame, die ganz in Schwarz in der Welt herumreiste – nach dem Tod des einzigen Sohnes, des Kronprinzen Rudolf, hatte Elisabeth die Trauerkleidung nie mehr abgelegt –, erregte schon lange kein Aufsehen mehr. Längst waren die Tage vergangen, an denen Menschenmengen die Straßen säumten, wenn bekannt geworden war, daß die legendäre Kaiserin von Österreich, die schönste Frau Europas, angekommen war. Elisabeth hatte diesen Rummel ein Leben lang verabscheut, jetzt aber, als es still um die über sechzig Jahre alte Frau geworden war, hätte sie eigentlich ihr Leben leben können, so wie sie sich das immer gewünscht hatte.

Aber auch in diesen Tagen war ihr kein Frieden beschieden, Krankheiten wie Gicht und Ischiasschmerzen quälten sie Tag und Nacht und raubten ihr den Schlaf ebenso wie die Vorstellungen, schuld am Tode Rudolfs zu sein. Und obwohl der Kaiser keine Einwände mehr gegen ihr rastloses Umherziehen hatte, machte der ständige Wechsel ihrer Aufenthaltsorte sie nicht glücklich, nur noch ruheloser. Sie vermied nach wie vor alle öffentlichen Auftritte, gab keine Audienzen und zeigte sich nirgends mehr in offizieller Mission. Sie reiste die meiste Zeit des Jahres inkognito. Für eine »Gräfin von Hohenembs« und ihr Gefolge wurden die Zimmer und Suiten reserviert; niemand sollte von der Anwesenheit der Kaiserin erfahren.
Auch jetzt war größtes Stillschweigen über dem Aufenthalt Ihrer Majestät geboten, denn Elisabeth wollte der Baronin Rothschild in Pregny einen Besuch abstatten. Die Baronin war mit der Schwester Elisabeths, der Exkönigin von Neapel, gut befreundet, und Elisabeth hatte von Marie Sophie wahre Wunderdinge über den Park und die Gewächshäuser mit den Tausenden exotischen Blüten rund um das Schloß in Pregny gehört und beschlossen, sich all die Sehenswürdigkeiten anzusehen. Ursprünglich sollte die Privatjacht der Baronin den hohen Besuch abholen, aber die Kaiserin wollte unter allen Umständen Aufsehen vermeiden. Sie wollte unerkannt ein paar erholsame Stunden in Pregny verbringen.
Alles verlief ganz so, wie sich die Kaiserin nach den Schilderungen ihrer Schwester die geschmackvolle Villa und ihre liebenswürdige Besitzerin vorgestellt hatte. Bei angenehmer Plauderei verbrachte man das Dejeuner, bei dem Eilisabeth ganz gegen ihre Gewohnheit mit großem Appetit aß. Während die Speisen auf altem Meißner Porzellan diskret von den Dienern aufgetragen wurden, spielte ein unsichtbares Orchester einschmeichelnde italienische Melodien. Danach begab man sich in die prachtvoll ausgestatteten Räume, und die Kaiserin bewunderte nicht nur die Kostbarkeiten an Bildern und Gobelins, sie hob auch den Geschmack hervor, mit dem alles hier so gekonnt eingerichet worden war.
Die Stimmung der Damen hätte nicht besser sein können, und beinahe wäre die Kaiserin auch bereit gewesen, einem Erinnerungsphoto zuzustimmen, aber im letzten Moment zog sie doch ihre Einwilligung zurück. Mit schwungvoller Unterschrift verewigte sie sich noch im Gästebuch, und knapp bevor die Sonne unterging, holte ein Wagen die beiden Damen ab, um sie nach Genf zurückzubringen.
Aber der Tag war für die Kaiserin noch längst nicht zu Ende. Nachdem sie und die Gräfin sich kurz im Hotel erfrischt hatten, unternahmen sie zu Fuß einen Spaziergang durch die abendliche Stadt, aßen in einem

Café noch mehrere Portionen Eis, so als wollte Elisabeth alles nachholen, was sie im Leben bisher versäumt hatte. In einem Antiquitätengeschäft erstand die Kaiserin anschließend einen Intarsientisch, der ihr besonders gut gefiel und den sie ihrer Tochter Valerie zum Geschenk machen wollte.

Über diesen Aktivitäten war es mittlerweile dunkel geworden, und die Gräfin wurde von einem unheimlichen Gefühl befallen, denn immerhin war es auch damals für zwei alleinstehende Damen nicht ratsam, ohne männlichen Schutz durch die nächtlichen Straßen und Gassen von Genf zu schlendern. Alle möglichen dubiosen Gestalten erschreckten einen auf Schritt und Tritt, und wie leicht hätte es sein können, daß man sie überfiel und ausraubte. Die Kaiserin aber war furchtlos. Wie in ihrer Jugendzeit in Possenhofen genoß sie geradezu dieses beinahe aufregende Abenteuer und amüsierte sich über die Ängstlichkeit der Gräfin. Sie hatte auch jetzt noch ihre hervorragende Orientierungsfähigkeit und fand mit traumwandlerischer Sicherheit den kürzesten Weg durch die winkeligen Gassen von Genf zurück ins Hotel.

Immerhin waren sie ja inkognito, wer sollte also auf die Idee kommen, ihnen zu folgen oder sie gar zu belästigen? Was die Kaiserin allerdings nicht wissen konnte, war, daß die Nachricht von ihrem Aufenthalt durch eine Indiskretion in die Redaktion einer Zeitung gelangt war und durch diese schnellstens publik gemacht wurde. Wer immer diese Indiskretion begangen hatte, er hatte – vielleicht aus Wichtigtuerei – die Kaiserin an ihren Mörder ausgeliefert. Zwar hatte das waadtländische Justiz- und Polizeidepartement mitgeteilt, daß man in Caux nach Ankunft der Kaiserin zu deren Schutz einige Polizeiagenten postieren wollte, aber Elisabeth hatte, als sie davon erfuhr, gebeten, alle Detektive abzuziehen. Man war diesem Wunsch auch so schnell wie möglich nachgekommen.

Dabei konnte man in Genf nicht vorsichtig genug sein, denn diese Stadt galt als gefährliches Pflaster. Hier versammelten sich, wie in Lausanne auch, die Aussteiger der Gesellschaft. Die Anarchisten aus ganz Europa trafen sich in der Stadt und schmiedeten ihre Pläne zum Umsturz der Gesellschaft, ohne allerdings zu wissen, wie es in den einzelnen Staaten, sollte ein Putsch gelingen, weitergehen sollte.

Natürlich dachte im habsburgischen Kaiserhaus niemand an die Möglichkeit, daß ausgerechnet die politisch völlig uninteressierte Kaiserin ermordet werden könnte, man hätte sonst ganz andere Vorkehrungen getroffen. Daß es dem Mörder gleichgültig sein könnte, welche Persönlichkeit von seiner Hand fallen sollte, konnte niemand voraussehen. Vielleicht aber war es Elisabeth selbst mit ihrer Todessehnsucht, die Lucheni

in ihren Bann gezogen hatte, denn er hatte die Kaiserin nicht erst am Kai am Genfer See ins Visier genommen, er war ihr schon vorher zweimal begegnet.
Er hatte sie aus der Ferne in Budapest im Sommer 1894 gesehen, als er mit einem Kameraden in Ungarn Arbeit suchte. Als er in der Stadt herumspazierte, fuhr die Kaiserin im offenen Wagen rein zufällig ganz nah an ihm vorbei. Damals betrachtete Lucheni die einstmals schöne Frau nur neugierig und hatte nicht die leiseste Absicht, ihr einmal nach dem Leben zu trachten. Außerdem hatte er in Budapest vorübergehend eine Beschäftigung bei einer Baufirma gefunden und führte – für seine Begriffe – für kurze Zeit ein geregeltes Leben. Aber auch hier war er nicht mehr als ein Saisonarbeiter, und als der Bau abgeschlossen war, entließ man ihn und seinen Freund kurzerhand. Da der Lohn der Arbeit spärlich bemessen gewesen war, hatten die beiden Italiener schon bald danach keinen Heller mehr in der Tasche. Sie mußten sich etwas einfallen lassen, um nach Hause fahren zu können. Da kam Lucheni auf die Idee, zum italienischen Konsulat zu gehen und den Repräsentanten Italiens zu bitten, ihnen eine Fahrkarte zu finanzieren. Zwar wurden beide von der Fremdenpolizei eine Nacht lang festgehalten, aber dann mit ausreichendem Reiseproviant versorgt und nach Fiume abgeschoben. Noch war die Zeit nicht reif für ein Attentat, noch war Lucheni in seinem Inneren nicht der fanatische Anarchist, der er vier Jahre später sein sollte.
Das Schicksal hatte es mit dem jungen Mann ein Leben lang alles andere als gut gemeint. Gleich nach seiner Geburt in Paris war er von seiner Mutter weggegeben worden, die wahrscheinlich leichtlebige Frau hatte für das Kind in ihrem Milieu keinen Platz. Und da die Person des Vaters ebenfalls im Dunkeln liegt, gab es niemanden, der sich um den Knaben kümmerte. Wenn sich Lucheni an seine frühe Kindheit zurückerinnerte, so sah er schmutzige Betten und abgeschlagene Blechschüsseln, aus denen die Kinder gierig die Suppe tranken, die ihnen wie Tieren von lieblosen Wärtern in dem Heim für Findelkinder in Parma hingestellt wurden. Die kahlen Räume waren trostlos und verkommen, nicht ein Wort der Zärtlichkeit und Zuneigung, die kleine Kinder so sehr brauchen, hatte er jemals in diesen Jahren gehört, niemand hatte ihn in den Arm genommen, wenn er vor Hunger und Einsamkeit sich in den Schlaf schluchzte. Diese Kinder wollte niemand haben, sie waren ein Klotz am Bein der Gesellschaft.
Als er älter wurde, kam Lucheni zu Pflegeeltern, die nicht aus Gutherzigkeit einen zusätzlichen Sohn in der Familie aufnehmen wollten, sondern nur gierig die Hände nach den paar Münzen ausstreckten, die der

Staat für ein Pflegekind zahlte. Liugi hatte nur den Ort, nicht die Atmosphäre gewechselt. Er vernahm auch hier kein freundliches Wort, von früh bis spät mußte er sich anhören, daß er ein überflüssiger Esser sei, der arbeiten sollte, damit er sein Dasein wenigstens ein bißchen rechtfertigte. Die habgierigen Pflegeeltern erlaubten ihm auch nur zwei Jahre eine Schule zu besuchen, wo er notdürftig schreiben und lesen lernte, Kenntnisse, die für sein späteres Leben von großer Bedeutung sein sollten. An Nachmittagen blieb ihm dann keine Zeit für Hausaufgaben, denn wenn er sein karges Mahl hinuntergeschlungen hatte, mußte er so rasch wie möglich in die Gärtnerei bei Varano laufen, um dort dem Gärtner an die Hand zu gehen oder Botendienste zu verrichten. Als der Bursche kräftiger wurde, engagierte ihn der Pfarrer der Nachbargemeinde zum Glockenläuten, Kirchenkehren, kurz, zu allen Arbeiten, die in der Kirche und im Pfarrhaus anfielen. Die Bezahlung allerdings, die der geistliche Herr ihm bot, war mehr als dürftig, und so kam er schließlich zu einem Steinmetz als Gehilfe. Hatte Luigi bis jetzt schon keine leichten Arbeiten zu verrichten gehabt, so überstieg seine jetzige Tätigkeit beinahe die Kräfte des Sechzehnjährigen. Tagaus, tagein brach er fast unter der Last der zentnerschweren Schwellen und Schienen für den Bau der Eisenbahn von Parma nach La Spezia zusammen, und wollte er nicht schon in kurzer Zeit als Krüppel enden, so mußte er, koste es was es wolle, trachten, von hier wegzukommen.

Die Aussichten für die Zukunft waren so düster wie die Erinnerungen an die Vergangenheit. Im Herbst 1889 verließ er seine Arbeitsstelle und schlug sich nach Genua durch. In dieser Stadt mit dem internationalen Hafen mußte doch auch für ihn eine entsprechende Arbeit zu finden sein, vor allem eine bessere Bezahlung. Aber Lucheni wurde bitter enttäuscht. Für die tageweise Beschäftigung wurde er dürftigst entlohnt, so daß er sich weder ein geheiztes Quartier in dem bitterkalten Winter leisten noch genügend zu essen kaufen konnte. Nur einmal in der Woche war er satt, und schon bald wurde ihm klar, daß er auch hier nicht bleiben konnte.

In langen Gesprächen mit einem Leidensgenossen faßten beide den Plan, nach Norden zu ziehen, in die reiche Schweiz, wo nach ihren Vorstellungen Milch und Honig fließen mußten. Das Tessin schien das Land ihrer Träume zu sein, dort würden sie endlich nicht mehr frieren, dort schien die Sonne fast das ganze Jahr, und dort verstand man ihre Sprache. Zwei Jahre verbrachte Lucheni im Tessin, ohne allerdings festen Fuß zu fassen. Immer wieder zeigte es sich, daß seine Ausbildung für Schweizer Begriffe viel zu dürftig war. Seine Kenntnisse reichten nicht aus, so daß er von den Firmen, bei denen er arbeitete, schon nach kurzer Zeit gekündigt wurde. Leute wie ihn gab es wie Sand am Meer in diesen Jahren. Er wirkte nicht sympathisch auf seine Arbeitgeber, aber auch nicht auf seine Kameraden. Er war verschlossen, das einzige, woran sich alle, die im Zusammenhang mit der Ermordung Kaiserin Elisabeths vernommen wurden, erinnerten, war, daß er stets lauthals seine anarchistischen Parolen kundtat und seine Umgebung fanatisch von seinen Ideen zu überzeugen suchte.

Im Frühjahr 1892 schnürte er wieder sein Bündel und machte sich auf den Weg nach Norden. Ohne Schuhe, die bloßen Füße mit Lumpen umwickelt, wanderte er zunächst über den Paß Sankt Gotthard nach Andermatt und von dort über den Furkapaß hinunter ins Rhonetal. Wie durch ein Wunder erhielt er von einem Bauunternehmer namens Papis in Versoix eine Beschäftigung, und zum erstenmal in seinem Leben konnte er sich ein eigenes Zimmer leisten. Wenn er diesen Raum auch nicht heizen konnte und es kaum eine Waschgelegenheit gab, so war doch ein Schlüssel vorhanden, den er umdrehen konnte, um wirklich einmal allein zu sein. – Ein Luxus, den er in seinem bisherigen Leben nicht gekannt hatte!

Warum er nach nur zehn Monaten auch diesen Job quittierte, gab er auf Befragen des Untersuchungsrichters nicht zu Protokoll, wahrscheinlich war die Arbeit abgeschlossen, und die Arbeiter wurden fristlos entlassen. Denn kein Unternehmer fand es der Mühe wert, mit einem Arbeiter einen Vertrag zu schließen, da Arbeitskräfte in Hülle und Fülle vorhanden waren. Sie waren froh, für ein karges tägliches Brot zu schuften.

Für Luigi Lucheni begann wieder eine Zeit der Wanderschaft, die ihn schließlich über Wien nach Budapest führte.

Kaum war er von dort nach Triest auf italienischen Boden zurückgekehrt, erreichte ihn der Stellungsbefehl vom Militär. Und was für so manchen jungen Mann der damaligen Zeit ein wahrer Alptraum gewesen sein mußte, die Verpflichtung, drei Jahre dienen zu müssen, bedeutete für Lucheni eine Zeit der gesicherten Existenz. In den Kasernen gab es ein Bett mit warmen Decken auch für ihn, seine Füße steckten in festen Stiefeln, und die Uniform, die ihn vor Wind und Wetter schützte, machte aus ihm geradezu einen feschen Soldaten.Wenn auch die Verpflegung eher eintönig war, so mußte er doch nicht Hunger leiden, und er konnte sich jeden Tag satt essen.

Er war ein strammer Soldat in der 3. Eskadron des Kavallerieregiments Nr. 13 Monferrato, das in Caserta und Neapel stationiert war. Dennoch war er, wie er später behauptete, nicht gerne beim Militär. Denn auch diese Einrichtung war für ihn ein Werkzeug der Bourgoisie, eine Erfin-

dung zur Unterdrückung des Volkes, in der nur Angehörige des Adels eine Chance hatten, höhere Offiziersränge zu bekleiden.
Aber er erfüllte die Aufgaben, die ihm als gemeiner Soldat gestellt waren, zur vollsten Zufriedenheit seines Vorgesetzten, so daß ihn der Prinz von Aragon, der diese Eskadron befehligte, nach der Abmusterung als Leibburschen und Diener anheuerte. Plötzlich lebte Luigi Lucheni in den Vorkammern des Palazzo, am Rande des fürstlichen Haushalts, und wie er sich vorkam, als Leibeigener der Reichen. Mit der Familie des Prinzen zog er zwischen Neapel und Palermo hin und her und beobachtete das Luxusleben der High-Society. Er gab sich zwar dem Prinzen und dessen Familie gegenüber äußerst devot und untertänig, was aber niemand ahnen konnte, war, daß Lucheni sich von Anfang an verstellte, um den Eindruck eines treuen Dieners zu erwecken. Angewidert stellte er fest, wie verschwenderisch und teilweise sinnlos der Prinz und seine Gefolgschaft auf Kosten anderer, die manchmal nicht wußten, wie sie ihre zahlreichen Kinder satt bekommen sollten, praßten und in den Tag hinein lebten, wie sie alles, was ihnen ein ungerechter Gott hatte zukommen lassen, als Selbstverständlichkeit hinnahmen. Für Lucheni war wieder einmal das Maß voll, es hielt ihn nicht mehr länger in dieser verkommenen Welt, und er quittierte seinen Dienst Hals über Kopf.
Vielleicht wäre sein Schicksal und damit auch das der Kaiserin anders verlaufen, hätte Lucheni am Hofe des Prinzen, der seinem Diener recht gewogen war und ihn keineswegs schlecht behandelte, Ruhe und eine Heimat gefunden. Er aber betrachtete alles von einer negativen Perspektive aus, und so wuchs in ihm allmählich ein unauslöschbarer Haß. Nicht nur auf den Adel, der überall in Europa herrschte und tonangebend war, sondern auch auf das reiche Bürgertum. Nicht im Sozialismus, der neuen Strömung, die sich in Windeseile auszubreiten begann, sah er das Heil, er setzte einzig und allein auf die Anarchie. Und da die sozialen Zustände in Europa katastrophal unterschiedlich waren, der Gegensatz zwischen Steinreich und Bettelarm so eklatant, begegnete er immer wieder Gleichgesinnten, ohne daß er deren Gesellschaft absichtlich suchen mußte.
Seine Mordtat an der Kaiserin von Österreich aber beging er ganz allein, ohne Mittels- und Hintermänner, ohne Auftraggeber, wie er hartnäckig behauptete.
Vier Tage nach der unverständlichen grausigen Tat schickte Lucheni einen Brief aus dem Untersuchungsgefängnis in Genf an die Prinzessin von Aragon mit folgenden Zeilen:

»Signora Dolores de Vera d'Aragona
Principessa della Guardia
via Torre Arza (Palazzo Aliata)
Palermo / Sicilia, Italia

Genf, 14 September 1898

Frau Prinzessin,
mit diesen Zeilen bekenne ich, unwürdig zu sein, Ihnen überhaupt noch zu schreiben. Ich tue es trotzdem, weil ich die niederträchtigen Gemeinheiten bekämpfen muß, die Leute Ihrer Klasse ihren Mitmenschen antun, und dann noch den Mut besitzen, sich als ihre Brüder auszugeben. Als wahrer Kommunist kann ich die Schmach dieser Ungerechtigkeit nicht mehr ertragen! Und als wahrer Menschenfreund teile ich Ihnen mit, daß die Stunde nicht mehr fern ist, wo eine neue Sonne ohne Unterschiede auf alle scheinen wird!
Was mich anbelangt, ich weiß, daß ich die neue Sonne nicht mehr sehen werde und auch die alte nicht! In den 25 Jahren, die ich auf dieser Welt verbracht habe, habe ich sie zur Genüge kennengelernt. Frau Prinzessin, ich versichere Ihnen von ganzem Herzen (meinem wilden Herzen oder, wenn Sie wollen, auch dem vernünftigen), daß ich nie im Leben so zufrieden war, wie ich es jetzt bin. Und ich sage offen, wenn es möglich ist, mich nach den Gesetzen des Kantons Luzern zu richten, worum ich den Präsidenten aller Schweizer Bundesländer gebeten habe, dann werde ich die Stufen der geliebten Guillotine raufspringen und keine Helfer brauchen, die mich stoßen. Wenn mein Gesuch nicht bewilligt wird, werde ich den Richter bitten, mir ein Verlies unter dem herrlichen Genfer See graben zu lassen, damit ich nie mehr den niederträchtigen Königen zu begegnen brauche, die sich in der heutigen Sonne baden, soviel sie Lust haben.
Ich will Schluß machen, da ich noch andere Briefe schreiben muß, und auch, weil ich sehr mit der Lektüre von Büchern beschäftigt bin, die man passend für mich findet. Soll ich Ihnen die Titel nennen, damit Sie lachen können? Es ist die ›Revue des deux mondes‹ und sie enthält brillante Sprichwörter. (Schade, daß es nicht ganze Geschichten sind!) Genau, was Lucheni braucht! Hier einer dieser Witze: ›Besser als Hund in Frieden leben, denn als Mensch in der Anarchie!‹ Herrlich, nicht wahr, Madame? Und noch einer: ›Nur aus dem Gesetz kann der Friede geboren werden!‹ Dem brauche ich nichts hinzuzufügen! Schade, daß der Name des Verfassers nicht darunter steht. Ich könnte jeden Abend einen Rosenkranz für ihn aufsagen. An Zeit dafür fehlte es mir nicht.

Ich bitte Sie und den Rittmeister um Verzeihung, wenn ich Ihnen, aus welchem Grund auch immer, irgendwelche Unannehmlichkeiten verursacht haben sollte. Ich weiß sehr wohl, daß Ihre Hochverehrten Personen nicht belästigt werden sollten durch das, was in Genf geschehen ist. Ich bitte den Herrn Rittmeister, die ganze Schwadron in meinem Namen zu grüßen ... Extragrüße an alle, die den Endunterzeichneten im Regiment Monferrato kannten. Ich bitte auch, das ganze Haus zu grüßen und unterzeichne als Euer Diener

Luigi Lucheni
gewissenhafter Kommunist

Falls Sie Lust verspüren, mir zu antworten, wird es wohl kaum nötig sein, Ihnen meine Adresse mitzuteilen.«

Unmittelbar nach der Tat war Lucheni von der Polizei verhaftet worden, nachdem er von einem Arbeiter der Elektrizitätswerke, von Charmartine, der Elisabeth zu Boden stürzen sah, festgehalten worden war. Charmartine berichtete später folgendes:
»Ich stand an der Ecke des Quai du Montblanc und der Rue des Alpes und sah dem Einsteigen der Passagiere zu. Da sah ich auch zwei Damen daherkommen, denen sich plötzlich quer über die Straße ein junger Mann näherte. Er stellte sich einer der Damen in den Weg und versetzte ihr mit größter Schnelligkeit einen Schlag, von dem ich annahm, es sei nur ein Faustschlag gewesen. Die getroffene Dame sank lautlos zusammen, während der Angreifer zu flüchten suchte. Dabei bemerkte ich, daß er die Bewegung des Wegwerfens machte und gleich darauf bemerkte ich einen Mann, der bisher ruhig auf einer Bank gesessen war, aufstehen, sich der Richtung des Wurfes nähern und hernach sich schnell entfernen. Ich glaube, daß dieser ein Complice des Attentäters war. Obwohl ich weder über die Art des Attentats noch über die Personen Näheres wußte, eilte ich dem Thäter nach und faßte ihn, ohne daß er Gegenwehr leistete. Er fragte mich nur, ob ich eine Sicherheitsperson sei. Dann kamen auch noch zwei Kutscher hinzu und erst nachher zwei Polizisten, denen ich auf den Polizeiposten folgte.« Lucheni hatte nicht die geringste Absicht gezeigt zu fliehen, im Gegenteil, er gebärdete sich als »stolzer Mörder«, als man ihn dem Untersuchungsrichter vorführte, und war zunächst verblüfft und verärgert, als ihm der Richter die Anklage vorlas, in der – man wußte über den allerletzten Stand der Dinge noch nicht Bescheid – lediglich »Mordversuch an der Kaiserin von Österreich« stand. In den nächsten Stunden allerdings sollte sich auch für Lucheni das Blatt ent-

scheidend wenden, als bekannt wurde, daß Elisabeth an den Folgen der Stichverletzung in ihrem Hotel Beau Rivage verschieden war.
Erschüttert und fassungslos war ihr Gefolge, niemand war auf etwas derart Schreckliches vorbereitet gewesen.
Dabei hatte dieser 10. September 1898 für die »Gräfin von Hohenembs« ganz friedlich begonnen. Nachdem sie ihrem Gefolge den Auftrag erteilt hatte, mit dem Zug nach Caux zu fahren – nur die Gräfin und ein Lakai sollten sie auf dem Schiff begleiten –, machte sie sich gemeinsam mit ihrer Hofdame auf den Weg in die Stadt, um ein Geschäft aufzusuchen, das für seine Orchestrions bekannt war. Als die beiden Damen im Geschäft den Wunsch äußerten, so ein Orchestrion vorgeführt zu bekommen, ließ es sich der Besitzer, Monsier Baecker, nicht nehmen, dieses wahre Wunderding selbst vorzuführen. Die Kaiserin freute sich wie ein Kind über den wunderbaren Klang des Gerätes, aus dem die schönsten Melodien von Verdi, Wagner und Bizet erklangen. Und schon nach kurzer Zeit war es für sie ausgemacht, daß sie für Valerie so ein Instrument kaufen würde. Obwohl Monsieur Baecker nicht ahnen konnte, welch hohe Kundschaft er bediente, ahnte er doch, daß es sich bei den beiden Damen um besondere Kunden handelte, denn bevor die Kaiserin das Geschäft verließ, kam Baecker noch mit dem Gästebuch in der Hand und bat sie, sich darin zu verewigen. Elisabeth reichte das Buch an die Gräfin weiter und bat sie, »Erszebet Kiralyne« einzutragen, »Königin Elisabeth«. Und mit verschmitztem Lächeln meinte sie auf ungarisch, daß er das nicht verstünde.
Gut gelaunt kehrten die beiden Damen in die kühlen Räume ihrer Suite ins Hotel zurück, denn es war sommerlich heiß in Genf geworden. Eine kurze Erholung tat auch der Gräfin not, denn es war anstrengend, der Kaiserin beinahe rund um die Uhr Gesellschaft leisten zu müssen.
Elisabeth hatte beschlossen, nur mit ihrer Hofdame und einem Bediensteten mit dem Dampfer nach Territet zu fahren und von dort aus die Zahnradbahn zu benützen, um nach Caux zu gelangen; ihr übriges Gefolge sollte mit dem Zug fahren. Vor der Abfahrt wollte man sich noch kurz stärken, der Gräfin wurde in einem Nebenzimmer ein leichtes Essen serviert, während sich die Kaiserin von einem Diener nur einen silbernen Becher mit kuhwarmer Milch bringen ließ. Wie gewöhnlich verzichtete Elisabeth auf ein weiteres Mittagessen. Wie in früheren Jahren versuchte sie auch jetzt noch, unter allen Umständen ihre überschlanke Linie zu erhalten. Essen war für sie eine der unwesentlichsten Nebensachen im Leben, wenn immer sie konnte, begnügte sie sich mit einem Minimum an Nahrung, mit einem Apfel oder einer Orange. Nur manchmal

schlug sie über die Stränge und aß dann gleich zwei Portionen Eis mit einer wahren Gier. Was sie allerdings bei dieser lebenslangen Fasterei nicht bedachte, war, daß ihr Körper und vor allem ihre Haut den Mangel an lebenswichtigen Stoffen äußerst übel nahmen und keine noch so teuren und manchmal ausgefallenen Cremes und Packungen eine geregelte, abwechslungsreiche Ernährung ausgleichen konnten, auch nicht die Erdbeermasken und Kalbfleischauflagen. Die Kaiserin war weit vor den Jahren gealtert. Wenn eine Frau wie Elisabeth ihr runzeliges Gesicht im Spiegel erblickte, bereitete ihr der eigene Anblick geradezu körperliche Pein. Sie vermied es, wo immer sie konnte, Fremden ihr Gesicht zu zeigen. Deshalb ließ sie sich schon viele Jahre nicht mehr photographieren, niemand sollte in fernen Zeiten wissen, wie sehr sie sich verändert hatte, wie alt sie geworden war. Wagte es ein Photograph, sich ihr unauffällig, wie er meinte, zu nähern, so mußte er damit rechnen, seinen Apparat zu verlieren, da alle persönlichen Begleiter Elisabeths strikt angewiesen worden waren, die Kaiserin vor derlei Leuten zu schützen. Bei jedem ihrer Spaziergänge verbarg sie ihr Gesicht hinter einem Fächer oder unter einem Sonnen- oder Regenschirm.
Wenn sie äußerlich über die Maßen gealtert war, so hatte sie doch ihren berühmt leichten Schritt auch jetzt noch, mit 61 Jahren, beibehalten. Und wenn sie in ihrem langen schwarzen Kleid, in dem ihre jungmädchenhafte Taille besonders zur Geltung kam, mit ihrem Fächer vorm Gesicht über die Wege zu schweben schien, wirkte die Kaiserin fast wie eine Fee.
Elisabeth hatte es an diesem sonnendurchfluteten Mittag nicht eilig, das Hotel zu verlassen, und die Gräfin Sztáray hatte ihre liebe Not, die Kaiserin davon zu überzeugen, daß es höchste Zeit sei, sich auf den Weg zu machen, wollte man nicht die Abfahrt des Liniendampfers versäumen.
Und während seine Frau dem Tod in die Arme lief, saß Kaiser Franz Joseph in Wien und schrieb wie so oft einen Brief an Elisabeth. Er begann mit den zärtlichen Worten:
»Edes szeretett lelkem« … [Meine süße, geliebte Seele] und ahnte nichts von den schrecklichen Vorkommnissen, die in der nächsten Stunde nicht nur Genf erschüttern sollten. Er war glücklich gewesen, von seiner Frau ein Schreiben erhalten zu haben, das mit 4. September datiert war. Wie immer sich die Beziehung der beiden so unterschiedlichen Menschen im Laufe eines Lebens gestaltet hatten, so vermißte Franz Joseph seine Frau immer noch, obwohl ihm die Freundin Katharina Schratt durch ihre Anwesenheit die Tage verkürzte. Hatte der Kaiser immer wieder versucht, Elisabeth zum Bleiben zu bewegen – und Unsummen allein für ihre

Villa Hermes aufgewandt, von der er meinte, daß sie eine Heimstätte für seine Frau in Wien werden könnte –, so hatte er nach dem Freitod seines einzigen Sohnes endlich eingesehen, daß Wien nicht die Stadt war, in der seine Frau leben und glücklich sein konnte. Ab dieser Zeit akzeptierte er, wenn auch schweren Herzens, ihre ruhelosen Reisen durch ganz Europa und schrieb ihr, sobald ihm einige Minuten in seinem reichen Arbeitsprogramm Zeit blieben, rührende Briefe, in denen er ihr vor allem auch über den Gesundheitszustand ihrer Tochter Marie Valerie berichtete, der einzigen Person im Leben Elisabeths, die ihr wirklich am Herzen lag.
Auch diesen letzten Brief beendete er – wie alle seine Schreiben – mit den zärtlichen ungarischen Worten: Istén veled szeretett angyalom [Adieu, geliebter Engel]

Dich von ganzem Herzen umarmend
Dein KL[einer]

Elisabeth sollte dieser Brief nicht mehr erreichen, ihr Mörder hatte, als das Schreiben des Kaisers in Genf einlangte, in seinem Haß und seinen anarchistischen Wahnvorstellungen bereits ganze Arbeit geleistet.
Die Kaiserin hatte mit der Gräfin Sztáray um 13.35 Uhr das Hotel verlassen. Die beiden Damen gingen schnellen Schrittes das Seeufer entlang, das von Kastanienbäumen gesäumt war. Erstaunt bemerkte Elisabeth, daß die Kastanien zum zweiten Mal blühten, etwas, was man auch in besonders warmen Jahren in Wien beobachten konnte. Sie war bester Laune und schien sich so richtig auf die Seefahrt zu freuen.
Da kam auf der Höhe des Hotels de la Paix ganz plötzlich ein Mann frontal auf die beiden Frauen zu und schien unmittelbar vor der Kaiserin zu stolpern. Kurz schob er den Schirm Elisabeths zur Seite, dann traf ein Fausthieb die Kaiserin, so daß sie wie vom Blitz getroffen zur Erde sank. Vergeblich versuchte die völlig verblüffte Hofdame Elisabeth aufzufangen, aber überraschend schnell hatte sich die Kaiserin schon wieder in der Gewalt, und mit Hilfe einiger Kutscher, die den Vorfall zufällig beobachtet hatten, war sie schnell wieder auf den Beinen. Etwas verwirrt blickte Elisabeth in die Runde, griff nach ihrem Hut, den sie beim Sturz verloren hatte, ließ sich Schirm und Fächer überreichen und beruhigte die aufgeregte Gräfin Sztáray. Dann mahnte sie zur Eile, denn der lästige Zwischenfall sollte nicht dazu führen, daß sie womöglich das Schiff versäumten. Und so als ob nichts geschehen wäre, ging sie leichten Schrittes weiter, nachdem sie noch die umstehenden Menschen kurz gegrüßt hatte.

Der aufgeregte Portier des Hotels Beau Rivage war den Damen nachgeeilt und hatte beiden versichert, daß man den Missetäter schon gefaßt hätte. Die Kaiserin hatte zeitlebens ein ausgezeichnetes Gehör, und so war es der Gräfin unverständlich, daß sie die Worte des Portiers nicht verstanden hatte und nachfragen mußte. Aber als die Hofdame in das kreidebleiche Gesicht der Kaiserin blickte, erschrak sie zu Tode, und entsetzt erkannte sie, daß es kein harmloser Stoß eines ungeschickten, leicht verrückten Menschen gewesen war, der Elisabeth getroffen hatte. Auf das Schiff war die Kaiserin noch elastischen Schrittes gegangen, aber jetzt, als sie oben an der Reling ankam, bat sie mit beinahe unhörbarer Stimme ihre Begleiterin: »Jetzt Ihren Arm! Schnell bitte!«

Dann ging alles sehr rasch: Elisabeth fiel der Gräfin in die Arme, und beide Damen glitten zu Boden, da die Hofdame nicht in der Lage war, die tödlich verwundete Kaiserin aufzufangen.

Matrosen kamen gelaufen und brachten Wasser. Vorsichtig benetzte die Gräfin das Gesicht und die Schläfen der Kaiserin. Wie die Gräfin Sztáray in ihren Erinnerungen berichtete, kam Elisabeth langsam wieder zu sich. Die Hofdame schreibt:

»Die Kaiserin öffnete langsam die Augen und lag einige Minuten mit umherirrenden Blicken da, als wollte sie sich orientieren, wo sie sei und was mit ihr geschehen war. Dann erhob sie sich langsam und setzte sich auf. Wir halfen ihr dabei und sie hauchte, gegen die fremde Dame [die ihr geholfen hatte, Anm. d. Verf.] gewendet: ›Merci.‹

Obgleich die Kaiserin sich aus eigener Kraft sitzend erhielt, sah sie doch sehr gebrochen aus. Ihre Augen waren verschleiert, und unsicher schwankend strich ihr trauriger Blick umher.

Die Passagiere des Schiffes, die uns bisher umstanden hatten, zogen sich zurück und nur wir vier blieben um die Kaiserin: Madame Dardelle, die Klosterfrau, ich und der treue Lakai, dem ich meine Aufträge ungarisch geben konnte.

Vor der Kaiserin kniend, beobachtete ich mit Spannung ihre Züge und flehte zum Himmel um Barmherzigkeit.

Ihre Blicke suchten den Himmel, dann blieben sie an dem Dent du Midi [einem Bergmassiv südöstlich des Genfer Sees, Anm. d. Verf.] haften und, von da langsam herabgleitend, ruhten sie auf mir, um sich für ewig meiner Seele einzuprägen.

›Was ist denn jetzt mit mir geschehen?‹

Das waren ihre letzten Worte, dann sank sie bewußtlos zurück.«

Die verzweifelte Gräfin Sztáray wußte momentan nicht, was sie als erstes tun sollte. Sie beugte sich über die bewußtlose Kaiserin und öffnete, da sie einen Herzschlag als Folge der Aufregungen vermutet hatte, vorsichtig das Seidenjäckchen. Als sie die Bänder auseinanderriß, entdeckte sie zu ihrem Entsetzen auf dem Batisthemd, das die Kaiserin darunter trug, einen Blutfleck in der Größe eines Silberguldens. Jetzt erst wurde ihr der volle Ernst der Situation bewußt. Die Kaiserin war erstochen worden!

Auf der Stelle schickte die Gräfin nach dem Kapitän des Schiffes und klärte ihn über die Identität der hohen Frau auf, die sterbend auf seinem Schiffe lag. Unverzüglich ließ er das Schiff wenden und ankerte nach kurzer Zeit wieder in Genf.

Wie ein Lauffeuer hatte sich die Kunde von dem Attentat auf die Kaiserin von Österreich in Genf verbreitet. Im Hotel Beau Rivage waren alle Vorkehrungen zur Rettung der hohen Frau getroffen worden, ein Arzt, Dr. Golay, der nebenan wohnte, war sofort herbeigeeilt, um Erste Hilfe leisten zu können. Bald darauf traf noch ein zweiter ein, Professor Mayor.

Aber es gab keine Rettung mehr für die Kaiserin, die man auf einer improvisierten Bahre ins Hotel in ihre Suite gebracht hatte. In aller Eile sandte man nach einem Priester, der Elisabeth, die in Agonie lag, die Generalabsolution erteilte und ihr die Sterbesakramente reichte.

Um 14.40 Uhr, eine Stunde nachdem sie die »Geneve«, das Schiff auf dem Genfer See, betreten hatte, gaben die Ärzte den Tod Ihrer Majestät der Kaiserin von Österreich und Königin von Ungarn bekannt.

Ungläubiges Entsetzen über die sinnlose Tat, von der man immer noch nicht wußte, wie sie geschehen konnte, machte sich überall breit. Wer konnte so etwas getan haben, eine alte Frau umzubringen, die, wenn auch Kaiserin und Königin, politisch völlig bedeutungslos war. Schließlich wußte man in aller Welt, daß diese Frau ihre Chancen in der Politik nicht wahrgenommen hatte – ganz einfach, weil sie sich für die vielfältigen Probleme in der weiten Donaumonarchie nicht im mindesten interessierte. Und da ihr Wesen von einem ungewöhnlichen Egoismus geprägt war, sah sie auch keine Notwendigkeit, sich um Staatsangelegenheiten in irgendeiner Form zu kümmern. Sie hätte – Jahre vorher – als allseits bewunderte Frau es in Händen gehabt, vieles umzuwandeln, ja sie hätte die Zukunft Europas ändern können. Sie hätte ausgleichend zwischen den vielen Nationalitäten wirken können, die überall und von Tag zu Tag lauter ihre Rechte einforderten, sie hätte das riesige Gebiet der Donaumonarchie einzig und allein durch ihre Person zusammenhalten können. Aber sie hatte ihre Rolle, die ihr die Geschichte zugewiesen hatte, entweder nicht sehen wollen oder wirklich nicht gesehen.

Wer in aller Welt hatte ausgerechnet diese Frau ermordet? Es konnte nur

die Tat eines Wahnsinnigen sein, dessen waren sich zunächst alle einig. Niemand dachte an die große Zahl der Anarchisten, die sich am Genfer See aufhielten, denn selbst für einen Vertreter dieser Richtung konnte die alternde Kaiserin kein lohnendes Objekt gewesen sein. Man konnte kein Motiv für den Mord finden.
Erst als man Luigi Lucheni dem Untersuchungsrichter Lechet vorführte und sein befriedigtes Gesicht mit Empörung konstatierte, als er hörte, daß die Kaiserin bei dem Attentat umgekommen war, da merkte man mit Entsetzen, daß es gar nicht politisch bedeutende Leute sein mußten, auf die die Anarchisten Jagd machten; Hauptsache sie konnten auf sich und ihre Ideen aufmerksam machen.
Lucheni hatte ganze Arbeit geleistet. Die Feile, die er zu der Mordtat ausgesucht hatte, war genau von richtiger Länge, und die scharf geschliffenen drei Seiten bewirkten einen gezielten festen Stich.
Dies alles wurde bei der Obduktion der Leiche der Kaiserin von einem Ärztegremium festgestellt, nachdem man in Wien angefragt hatte, ob man die Kaiserin obduzieren dürfe.
Der Kaiser stand wahrscheinlich noch unter Schock, als er antworten ließ, man solle nach den Schweizer Usancen vorgehen.
Es war wahrlich keine beneidenswerte Aufgabe gewesen, Franz Joseph den Tod seiner Frau mitzuteilen. Kurz vor drei Uhr nachmittags hatte die Gräfin Sztáray an den Generaladjutanten des Kaisers, den Grafen Paar, ein Telegramm mit folgenden Worten geschickt:
»Ihre Majestät die Kaiserin wurde schwer verwundet. Bitte dies Seiner Majestät dem Kaiser schonungsvoll zu melden.«
Dieser Hiobsbotschaft folgte kurz darauf eine noch schrecklichere: Gegen 16 Uhr folgte ein zweites Telegramm:
»Ihre Majestät die Kaiserin ist entschlummert.«
Auch die Berner Gesandtschaft hatte sich mit Wien in Verbindung gesetzt und die offizielle Todeserklärung an den österreichisch-ungarischen Außenminister Graf Goluchowski geschickt.
Zu dieser Zeit war der Kaiser bereits intensiv mit den Vorbereitungen für ein Manöver beschäftigt, das in der Slowakei stattfinden sollte und an dem er persönlich teilnehmen wollte. Als sich Paar und Goluchowski vom ersten Schrecken erholt hatten, berieten sie, wie man diese entsetzliche Nachricht dem Kaiser übermitteln sollte. Man beschloß, daß Graf Paar allein nach Schönbrunn fahren sollte. Man kannte zwar die eiserne Disziplin des Kaisers und fürchtete auch nicht einen unkontrollierten Gefühlsausbruch Franz Josephs, aber vielleicht war gerade seine beinahe übermenschliche Selbstbeherrschung das, was alle erschütterte.

Nachdem er die furchtbare Nachricht erfahren hatte, stützte der Kaiser minutenlang seinen Kopf in die Hände, völlig in sich zusammengesunken. Dann plötzlich schien er die Anwesenheit Graf Paars zu bemerken, und er sagte, beinahe nur zu sich selbst: »Mir bleibt doch gar nichts erspart auf dieser Welt.«

Langsam stand er auf und mit unbewegtem Gesicht sagte er zu Paar: »Die Manöver sind nicht abzusagen. Der Beck [Generalstabchef, Anm. d. Verf.] soll sie leiten.«

Wie die »Neue Freie Presse« von Vertrauenspersonen erfahren haben wollte, zog sich der Kaiser daraufhin in seine Privatgemächer zurück. Stundenlang soll er heftig geweint und den Namen der Kaiserin immer wieder gerufen haben.

Wie hatte er diese Frau geliebt, ein Leben lang, vom ersten Augenblick an, als er das entzückende junge Mädchen neben ihrer älteren Schwester in Ischl erblickt hatte! Was hätten sie beide für ein Leben führen können, wenn Elisabeth ihn nur ein wenig verstanden hätte, wenn sie nur etwas von seiner Liebe für sie angenommen hätte! Keine der zahlreichen, manchmal sehr reizvollen Frauen, die ihn in einsamen Stunden kurzweilig trösteten, auch nicht Katharina Schratt, konnte ihm jemals das bedeuten, was ihm Elisabeth gewesen war! Jetzt war sie endgültig von ihm gegangen und hatte ihm die Hoffnung, sie wiederzusehen, die er stets bei jedem Abschied gehabt hatte, ganz genommen! Das letzte Lebewohl vor ihrer Abreise nach Bad Nauheim war ein Abschied für immer gewesen.

Sie war so gestorben, wie sie es sich immer gewünscht hatte, nicht im Kreis der Familie. Der Tod hatte endlich die Sehnsucht Elisabeths erfüllt.

Es würden schwere Tage für den Kaiser werden, die geliebte Frau auf ihrem letzten Weg in die Kapuzinergruft zu begleiten, er würde viel Kraft brauchen, aber Franz Joseph wußte auch, daß nicht nur seine Tochter Valerie ihn stützen würde, im Hintergrund wartete eine geduldige Trösterin auf ihn, die »Freundin« Katharina Schratt.

Was Franz Joseph wirklich für die Schratt empfunden hatte, wird wahrscheinlich niemand mehr ganz ergründen können. Er war ein Mann aus Fleisch und Blut und Katharina eine reizvolle Frau. Außerdem war Elisabeth monatelang abwesend, und in dieser tristen Zeit vertrieb Katharina dem Kaiser die einsamen Stunden, wenn er nicht mit seiner engsten Familie, vor allem mit seiner Tochter Marie Valerie, beschäftigt war, die der »Schauspielerin« nicht einmal einen Funken Sympathie entgegenbrachte, da sie immer noch gehofft hatte, daß die Eltern wenigstens im Alter wieder zueinander finden würden.

Nun war alles anders gekommen, und mehr denn je war der Zuspruch der Freundin für Franz Joseph notwendig geworden, er mußte vor allem seine Fassung wiedergewinnen. Obwohl die Kaiserin in ihrem Testament ausdrücklich verfügt hatte, daß sie auf Korfu beigesetzt werden sollte, war es für den Kaiser, der sonst seiner Frau keine Bitte hatte abschlagen können, unmöglich, Elisabeth den letzten Wunsch zu erfüllen. Die Tradition der Habsburger verlangte nun einmal, daß jedes gekrönte Haupt seine letzte Ruhestätte in der Kapuzinergruft finden sollte.
Noch aber war es nicht soweit, noch mußten erst die vorgeschriebenen Formalitäten in Genf erledigt werden. Das Ärztegremium, das die Obduktion der Kaiserin vorgenommen hatte, veröffentlichte überraschend schnell den Befund, der in aller Ausführlichkeit die Todesursache der Kaiserin rekonstruierte. Die »Schlußfolgerungen« gaben das traurige Ergebnis bekannt:
»Unter Berücksichtigung der oben angeführten Feststellungen ist es erlaubt, mit Sicherheit zu folgern, daß die beschriebenen Verletzungen durch ein längliches, in der Form dreieckiges Instrument, mit mehr oder weniger stumpfen Rändern, bewirkt wurden.
Dieses Instrument ist mit Gewalt durch die Thoraxwand eingedrungen; es hat eine Rippe frakturiert und den linken Herzventrikel durch und durch perforiert. Die allgemeine Richtung des Wundkanals entspricht einer Linie, die ein wenig von oben nach unten und von außen nach innen verläuft.
Der Tod wurde ohne Zweifel durch das fortschreitende und langsame Ausfließen einer Blutmenge verursacht, deren Quantität das Herz komprimierte und seine Funktion unterbrach.
Die Feststellung des umfangreichen Blutgerinnsels, welches das Perikard ausfüllt, ist der absolute Beweis.

Genf, 12. September 1898
[gezeichnet] H. J.Gosse
[gezeichnet] Professor Auguste Reverdin
[gezeichnet] L. Megeraud«

Der Tod war der Kaiserin gnädig gewesen, beinahe unmerklich war sie in die andere Welt hinübergeglitten. Nachdem Lucheni sie genau ins Herz getroffen hatte, waren etwa 20 Minuten vergangen, in denen sie keine Schmerzen empfunden hatte, wobei sie allerdings von Minute zu Minute schwächer wurde, bis sie dann in eine Ohnmacht fiel, aus der sie nicht mehr erwachte.

Und während die tote Elisabeth, nackt und bloß, den prüfenden Blicken der herbeigerufenen medizinischen Kapazitäten, die zusätzlich noch Hungerödeme am Körper der Kaiserin von Österreich und Königin von Ungarn festgestellt hatten, ausgesetzt war, fanden die ersten Verhöre ihres Mörders statt. Der Untersuchungsrichter Lechet machte es sich innerlich wahrscheinlich zur Lebensaufgabe, die Hintergründe des Attentats ganz und gar ans Licht zu bringen. Nicht nur er war felsenfest davon überzeugt, daß Lucheni kein Einzeltäter gewesen sein konnte, man glaubte allgemein, daß er sich als fanatischer Anarchist angeboten hatte, die aufsehenerregende Tat durchzuführen. Auch die Zeitungen brachten Meldungen, die sich auf die gesamte Welle der Attentate bezogen, die Europa in den letzten Monaten erschüttert hatte. So berichtete eine Morgenzeitung in Bern am 12. September:
»Bern – Es ist dies in verhältnismäßig kurzer Zeit der dritte Fall, daß eine hervorragende Persönlichkeit italienischen Anarchisten zum Opfer fiel. Noch ist in aller Gedächtnis, daß der Mörder von Marie François Sadi Carnot, dem vorigen Präsidenten der französischen Republik, Santo Caserio war, der in der Nähe Mailands geboren wurde. Der zweite ähnliche Mord ist von Angiollilo, einem Süditaliener, verübt worden. Kurze Zeit danach folgte in Rom das Attentat auf den König Umberto. Der Italiener Acciarito versuchte, den Monarchen zu erdolchen. Nur durch die Geistesgegenwart Umbertos mißlang der Plan. Der Mörder der Kaiserin Elisabeth, Luigi Lucheni, gehört, wie man inzwischen erfahren konnte, zu jener Gruppe fanatischer italienischer Anarchisten, als deren Oberhaupt ihr Landsmann Enrico Malatesta, ein bekannter internationaler Anarchistenführer, gilt. Mit diesem Malatesta soll Lucheni eng befreundet sein.«
Die Zeitung mußte mehr gewußt haben als der Untersuchungsrichter, denn sosehr sich Lechet auch bemühte, die angeblichen Komplizen Luchenis herauszufinden, auf all seine Fragen bekam er immer wieder die gleiche stereotype Antwort: Lucheni stellte sich stolz als Einzeltäter dar, der auf Komplizen oder Auftraggeber nicht angewiesen war.
Nach und nach wurden alle Personen, die irgendwie mit dem Mörder Kontakt gehabt hatten, vor Gericht zitiert, seine verschiedenen Quartiergeber, aus denen auch keinerlei brauchbare Informationen herauszubekommen waren, die Männer, die in den Massenquartieren vorübergehend mit ihm zusammen gewohnt hatten, manche hatten sogar das Zimmer mit ihm geteilt. Denn in der Nähe von Genf konnte sich Lucheni nirgendwo einen eigenen Raum leisten, so daß er nur da und dort ein Bett mieten konnte. Es waren wie er bettelarme Burschen, die in solchen

Behausungen schliefen, und kaum einer hatte mit Lucheni, den sie als unzugänglichen Menschen beschrieben, engeren Kontakt gehabt. Nur ein gewisser Posio, ein 18jähriger Grafiker, hatte – mehr durch Zufall – Lucheni begleitet, als dieser vorschlug, nach Vevey zu fahren. Als Lucheni dort einen Dolch erstehen wollte, fragte ihn Posio verwundert, wozu er so ein Mordwerkzeug brauche. Ohne mit der Wimper zu zucken, antwortete ihm Lucheni, daß der Dolch zu seinem eigenen Schutz bestimmt sei.
Hier glaubte der Untersuchungsrichter Lechet, eine heiße Spur entdeckt zu haben, und warf Posio vor, daß dieser nicht zur Polizei gegangen wäre, um Lucheni anzuzeigen. Die Argumentation Posios mußte jedoch selbst der logisch geschulte Richter anerkennen, denn Posio meinte: »Was wäre wohl passiert, wenn ich der Polizei gesagt hätte: Hier ist ein Mann, der sich einen Dolch kaufen möchte, aber nicht das Geld dafür hat. Mit dem Dolch, den er nicht besitzt, will er jemanden umbringen, ich weiß nur nicht, wen!«
Posio besaß aber einen Revolver, den er Lucheni allerdings nicht leihen wollte. Irgendwie war er doch mißtrauisch geworden. Daß Lucheni gezielt nach einer Waffe suchte, war ihm inzwischen klargeworden. Schließlich fand der Italiener ein Werkzeug, eine Feile, die er um wenig Geld kaufen konnte und an die ihm ein anderer Bekannter, Martinelli, einen Griff anbrachte. Natürlich geriet dieser Mann dadurch in den dringenden Verdacht, ein Komplize, zumindest aber ein Mitwisser der Tat zu sein. Aber auch er war alles andere als ein Anarchist, ja ihm gingen die umstürzlerischen Reden Luchenis genauso auf die Nerven wie allen anderen, die notgedrungen in der schäbigen Unterkunft Kontakt mit dem finsteren Italiener haben mußten. Im allgemeinen vermied man es, mit Lucheni mehr als das Nötigste zu sprechen, man sah verwundert, wie er täglich die Zeitungen las, ja geradezu durchstudierte, nicht nur die, die in Genf erschienen, auch aus Italien ließ er sich die neuesten Nachrichten kommen. Schon allein dadurch war er allen anderen beinahe verdächtig, denn die einfachen Arbeiter, mit denen er zusammen wohnte, konnten weder lesen noch schreiben. Außerdem war er ihnen insgesamt suspekt. Ein Mann, der sich ständig wusch und jeden zweiten Tag frische Kleider anzog, der konnte nicht ganz normal sein, irgendeinen Tick mußte er haben! Meist saß Lucheni allein mit düsterem Gesicht in einer Ecke, wenn man sich lustig unterhielt und sich gegenseitig großsprecherisch verschiedene Abenteuer mit Frauen erzählte. Diese harmlosen Unterhaltungen schätzte er ganz und gar nicht, obwohl er natürlich auch ab und zu bei Prostituierten Befriedigung suchte. Die billigsten Huren waren ihm

gut genug, meist ältere, verlebte Frauen, die den Vorstellungen und Wünschen des 25jährigen mehr schlecht als recht nachkamen.
Alle vermeintlichen Komplizen, die verhaftet worden waren, sagten etwas anderes aus, und das, was sie zu Protokoll gaben, warf ein bezeichnendes Licht auf den Mörder. Es vervollständigte das Bild von einem wohlvorbereiteten Mord, der mit voller Absicht und in geistiger Klarheit ausgeführt worden war. Eines aber konnten die den Fall untersuchenden Juristen nicht feststellen, sosehr sie sich auch darum bemühten, daß Lucheni einen Auftraggeber oder einen Mittäter gehabt haben mußte.
Auch die Geschichte, die die Gräfin Sztáray zu Protokoll gegeben hatte, wonach die beiden Damen am Vorabend des Mordes von einem verdächtig aussehenden Mann angebettelt worden waren, konnte nicht restlos aufgeklärt werden. Man vermutete zuerst, daß es Lucheni gewesen war, der sich an die vorübergehende Kaiserin um eine Geldspende gewandt hatte. Ganz im Gegensatz zu ihrer sonstigen Gewohnheit hatte Elisabeth den bettelnden Mann in scharfen Worten abgewiesen und war indigniert weitergegangen. Hier hatte man zunächst, bevor man den sorgfältigen Mordplan erfahren hatte, den Grund für die Freveltat gesehen. Aber später konnte weder Lucheni, der leugnete, die Kaiserin belästigt zu haben, überführt werden, noch fand man die Person heraus, die sich tatsächlich an Elisabeth gewandt hatte. Auch die Identität der beiden Männer, die angeblich am Vortag auf einer Bank gegenüber dem Beau Rivage gesessen waren und die Kaiserin und ihre Hofdame beobachtet hatten, konnte nicht enträtselt werden.
Während in Genf die Ermittlungen auf Hochtouren liefen, wurde die tote Kaiserin für ihre letzte Reise vorbereitet. Man hatte ihren Körper einbalsamiert, so wie es der Sitte der Habsburger entsprach, und in einen Sarg gelegt, der zwei Glasfenster und zwei Türen besaß, die durch Schlüssel versperrbar waren. So konnte man den oberen Teil des Sarges über den Fenstern öffnen und in das Innere schauen. Einem der wenigen aus Elisabeths Gefolge, dem ein Blick auf seine tote Herrin gestattet worden war, der Vorleser der Kaiserin, der junge Engländer Frederic Barker, mit dem Elisabeth gerne und oft englische und griechische Konversation gemacht hatte, beschrieb den Anblick der toten Kaiserin mit folgenden Worten:
»Sie sieht aus wie eine Frau von dreißig Jahren. Weiß wie Marmor ist die vom Tode geglättete Haut, leichte Röthe überzieht die Wangen; ein Lächeln umspielt die Lippen, so fein, so anmuthig, wie es im Leben gewesen. Ich mußte bei diesem Anblicke an die Sappho-Statue denken, welche Ihre Majestät in Lainz besaß und die sie so sehr liebte. Sie sieht der Sappho gleich.«

Der Tod selbst war der Kaiserin gnädig gewesen und hatte ihr beinah jugendliche Schönheit zurückgegeben, so als wollte er sich entschuldigen, daß er seine Hand so früh nach ihr ausgestreckt hatte.
Bevor der Sarg mit großem Zeremoniell zum Bahnhof geleitet wurde, segnete der alte Bischof von Fribourg die Tote noch im Hotel ein. Und während die Kaiserin von Österreich und Königin von Ungarn für den letzten Weg vorbereitet wurde, ging das Leben und Treiben im Hotel seinen gewohnten Gang, so als wäre nichts geschehen, so als läge nicht eine prominente Leiche im ersten Stock.
Nur langsam kam der Hofzug in der Schweiz und in Österreich voran, in jeder Station hatte sich eine Menschenmenge versammelt, die Abschied von der legendären hohen Frau nehmen wollte, die man bei Lebzeiten so selten zu Gesicht bekommen hatte. Und jetzt begnügte man sich damit, den schwarz verhangenen Salonwagen zu betrachten und zu wissen, daß darin in ihrem Sarg Elisabeth lag.
Die »Neue Freie Presse« berichtete über den letzten Einzug der toten Monarchin in Wien: »Als es von den Türmen 10 Uhr schlug, geht eine tiefe Bewegung durch die Menge draußen. Der Zug mit der toten Kaiserin fährt in die Bahnhofshalle ein. Bedienstete der Gasgesellschaft eilen die Straßen entlang und drehen die Flammen ganz auf, die hochzüngeln und Tageslicht verbreiten.
Im Bahnhof gibt der Hauptmann der Ehrenkompanie das Kommando zum gedämpften Trommelwirbel.
Kein Auge wendete sich von dem düsteren Leichenzuge ab, aus dessen Fenstern kein Licht schimmerte. Der Burgpfarrer bestieg den Totenwagen, um schon in demselben den Sarg einzusegnen. Den übrigen Wagen entstiegen die das Geleite der toten Kaiserin bildenden Persönlichkeiten, Graf Bellegarde, welcher der Gräfin Sztáray den Arm bot, General von Berzeviczy und die übrigen. Dann wurde der Sarg langsam herausgeschoben, 8 Diener hoben ihn und trugen ihn über die Gleise auf den Perron, wo sich der Leichenzug bildete. Da er auf den Schultern getragen wurde, schwebte der Sarg gleichsam in der Luft und war weithin sichtbar … Mittlerweile war an der Stirnseite des Bahnhofs der Leichenwagen vorgefahren. Dieser Leichenwagen, der nur für Kaiser und Kaiserinnen in Verwendung kommt, ist ganz schwarz und prächtig geschnitzt. Auf dem Dach ruht die Kaiserkrone in der Mitte, während an den Seiten kühn geschwungene, zweiköpfige Adler Schnüre und Quasten in den Schnäbeln halten. Auf dem reichbehängten Bock sitzt der Kutscher in Dreispitz und weißer Perücke … Als man nun den hohen Leichenwagen herannahen sah, der den Sarg der Kaiserin barg, ging eine Bewegung

durch die Menge. Alle Häupter waren entblößt ... Es war etwa 11 Uhr, als die Leiche der Kaiserin in die Hofburg gebracht wurde.«
Den letzten Teil der »Tragödie Elisabeth« konnten die Wiener nur aus der Ferne miterleben, denn der Platz rund um die Kapuzinergruft war abgesperrt. Es waren die offiziellen Vertreter der Staaten Europas, die gekrönten Häupter aus aller Welt, die Angehörigen der befreundeten Familien, die sich zu einem Trauerzug formierten. Vor der Kapuzinerkirche hatte ein Journalist einen Platz gefunden, der dem Volk berichten konnte:
»Unheimliches Schweigen lagert über dem ernsten Raum ... Wenige Minuten nach 4 Uhr tritt Graf Hunyady aus der Tür zur Rechten des Hochaltars. Das ist das Zeichen, daß die Trauergäste in die Kirche einziehen. Gleich darauf wird die schlanke Gestalt des deutschen Kaisers sichtbar. Neben ihm erscheint Kaiser Franz Joseph. Ihm folgen die Souveräne der Länder, die herbeigeeilt waren, dem erlauchten Bundesgenossen in seiner schwersten Stunde ihre Sympathien zu bezeugen. Tief verschleiert erscheinen die Kronprinzessin-Witwe Stephanie und die Töchter der hohen Toten, Prinzessin Gisela und Erzherzogin Valerie. Aufrecht schreitet der Monarch an der Seite Kaiser Wilhelms zu dem Betschemel, der an der linken Seite des Hochaltars unmittelbar vor dem Katafalk für ihn reserviert ist. Dort nimmt der Monarch in strammer Haltung Aufstellung ... Man hört draußen kurze Kommandorufe, dann dumpfe Trommelwirbel. In der weitgeöffneten Kirchentür erscheint der Zeremonialdirektor, hinter ihm 8 Edelknaben mit brennenden Lichtern. Schwer hallt der Tritt der Garden, die den Sarg zum Altar tragen. Der Pontifikant spricht den Trauersegen, die Geistlichen um ihn erwidern die heilige Rede. Die Sänger stimmen das ›Libera‹ an. Der Obersthofmeister naht mit tiefer Verbeugung dem Kaiser. Er kündet ihm an, daß der letzte, schwerste Augenblick gekommen ist. Die Träger heben den Sarg, ihm folgt der Monarch mit den Schwiegersöhnen und den nächsten männlichen Verwandten. Eine lange, bange Pause folgt, während welcher der Sarg in der Gruft beigesetzt wird ...«
In aufrechter Haltung, so wie er es ein Leben lang gewohnt war, verließ Franz Joseph an der Seite des deutschen Kaisers die Gruft der Kirche.
Die Welt war über die Freveltat Luchenis empört. Und wie so oft in solchen Fällen, büßten die Unschuldigen für das Verbrechen eines anderen. Überall in Wien begann man die italienischen Arbeiter zu verfolgen, schlug die Fensterscheiben ihrer ärmlichen Behausungen ein und verprügelte sie, wo man ihrer habhaft werden konnte. In den Augen der empör-

ten Wiener Bevölkerung war jeder Italiener ein Anarchist und somit ein potentieller Mörder. Auch in anderen Gegenden der weiten Donaunmonarchie kam es zu Ausschreitungen. Und die Schweiz war in ganz Europa in Mißkredit geraten, denn diesem Land warf die internationale Presse vehement vor, den Anarchisten aus allen Ländern Asyl und eine Heimstatt zu bieten.

Besonders verurteilte man allenthalben den sinnlosen Mord an einer alten Frau, selbst Menschen, die ansonsten mit den Anarchisten sympathisiert hatten, schrieben Briefe an Lucheni, aus denen die Ablehnung dieser Tat hervorgeht:

»Armer Lucheni,

wenn ich Dich gekannt hätte, hätte ich Dir 500 Francs gegeben, alles, was ich besitze. Aber nicht, um die Königin von Österreich, sondern um mich zu töten. Es ist wahr, ich gehöre nicht zu der Klasse jener Glücklichen, die Du mit so viel Mut verfolgst. Im Gegenteil. Ich bin eine arme Frau, die fast nie das Glück gekannt hat, und ich bin immer ein Opfer der Reichen gewesen.

Armer Lucheni, trage Dein Schicksal tapfer und tröste Dich mit dem Gedanken, daß der Anarchismus wie das Christentum ist. Je mehr man uns verfolgt, desto mehr von uns wird es geben.

Aber man sollte keine Frauen umbringen! Sie sind niemals gefährlich und immer voll Mitleid für die Unglücklichen.

Eine Französin,
die lange an Dich denken wird.«

Wie ein Lauffeuer hatte sich Luchenis Tat in Anarchistenkreisen verbreitet und der Mörder wurde als Held, als Befreier der geknechteten Menschheit, gefeiert. Von überall her kamen Glückwunsch- und Anerkennungsschreiben ins Untersuchungsgefängnis, wo die Briefe von den Richtern sorgfältig unter die Lupe genommen wurden. Immer noch wollte man die etwaigen Komplizen ausfindig machen, vor allem versuchte man herauszubekommen, wer der geheimnisvolle Mann auf der Bank gewesen war. Ein Brief rief besonders die Empörung der Schweizer Beamten hervor, da er noch mit einer Illustration versehen war, die von ungelenker Hand angefertigt war. Sie zeigte einen Sarg , über dem zwei gekreuzigte Gebeine gezeichnet waren, auf denen ein Totenkopf ruhte. Ein geschwungener Dolch wies darauf hin, daß ein Mord vollbracht worden war. Darüber konnte man folgende Zeilen lesen:

»Lieber Bruder!

Das Memeler Anarchisten-Komitee sendet seinem lieben Bruder Glück-

wünsche und spricht ihm seine höchste Hochachtung für seine wohlgelungene Tat aus.
Mit nochmaligem Gruß und Gratulation
verbleiben wir Deine treuen Freunde und Brüder

die Memeler Anarchisten«

Aber auch andere Reaktionen zeichneten sich nach den wüsten Ausschreitungen gegen alle ausländische Arbeiter ab. Da völlig Unschuldige Opfer der Zerstörungen und Plünderungen wurden, kam es bald auch unter der einfachen Bevölkerung zu Kundgebungen des Abscheues gegen die feige Art, mit welcher die Anarchisten versuchten, ihre Ziele durchzusetzen. Der Brief eines einfachen Arbeiters dokumentiert diese Haltung:

»Luigi Lucheni!

… Durch den Mord an der schönen tapferen und edlen Kaiserin Elisabeth von Österreich haben Sie eine Probe beispielloser Feigheit abgelegt … und Ihre anarchistische Bewegung der Mißbilligung und Verachtung der ganzen Welt ausgesetzt. Man hätte noch Verständnis für Ihre Tat aufbringen können, wenn Sie den Sultan umgelegt hätten, weil er diese entsetzlichen Massaker befohlen hat! [1895 Unterdrückung der Armenier, Anm. d. Verf.] Dann hätte Ihr Mut manch ein Gewissen beruhigt. Aber auf eine so brutale Weise eine Dame zu ermorden, die von jedem Schweizer geschätzt wurde, weil sie uns die Ehre machte, unser Land zu lieben! O daß die Hände, die diese verdammte Feile fabriziert und benutzt haben, abgehackt und dem Volk zur Schau gestellt würden! Für Menschen wie Sie sollte die Folter wieder eingeführt werden! Sie haben den schweizerischen Boden beschmutzt!

Ein Arbeiter,
der die Gerechtigkeit liebt, aber nicht der einzige ist, der energisch
gegen die anarchistischen Mordtaten protestiert.«

Weder wurden Lucheni nach seiner Verurteilung die Hände abgehackt, noch wurde er der Folter übergeben, auch sollte sein Kopf nicht auf dem Schafott vom Scharfrichter abgeschlagen werden – die Gesetze des Kantons Genf waren längst schon von Humanität geprägt. Man lieferte ihn auch nicht an Österreich-Ungarn aus, obwohl Wien die größten Anstrengungen unternommen und den Polizeirat Jerzabek geschickt hatte, um den Mörder der Kaiserin in die Gewalt zu bekommen. Man suchte zu beweisen, daß das Gebiet, auf dem sich ein Staatsoberhaupt aufhalte, auch wenn es in einem anderen Land war, durch die Person zum eigenen Territorium geworden sei. Dieser Argumentation konnten sich allerdings die Behörden nicht anschließen und lehnten eine Überführung des Mörders kategorisch ab. Man wollte selbst die Untersuchungen mit größter Gewissenhaftigkeit und Genauigkeit leiten und dann in einem öffentlichen Prozeß nach dem Recht des Kantons Genf das Urteil fällen.

Am 10. November Punkt 9 Uhr betrat der Italiener Luigi Lucheni sauber gewaschen, frisch rasiert mit gestutztem blonden Schnurrbart den Gerichtssaal. Auf der Zuschauertribüne drängten sich die Menschen. Hier zumindest hatte Lucheni das erreicht, was er mit seiner Bluttat beabsichtigt hatte. Er hatte Aufsehen erregt, freilich nicht in dem Ausmaß, wie er sich das vorgestellt hatte, es war ihm nicht vergönnt gewesen, die Menschheit aufzurütteln und die Ärmsten der Armen zur Anarchie zu bekehren. Dazu war die gealterte Kaiserin von Österreich nicht die geeignete Person gewesen, er hatte sich letztlich das falsche Opfer ausgesucht.

Aufrecht stand der schmächtige Mann da, selbstbewußt, als könnte er sich einer Heldentat rühmen. Über sein Gesicht huschte ein Lächeln des Triumphes, als er von dem Generalstaatsanwalt befragt wurde, ob er denn an Gewissensbissen leide, ob er die Tat bereue. Seine lakonische Antwort lautete nur:

»Haben diejenigen Gewissensbisse, die die Arbeiter seit Jahrhunderten ausbeuten und unterdrücken? Ich bereue nichts!« Und ohne sich der Tragweite seiner Ausführungen bewußt zu sein, beteuerte er, er würde diese Tat sofort noch einmal verüben.

Auch im Prozeß tauchte immer wieder die Frage auf, inwieweit Lucheni nur Mittelsmann einer weitreichenden Anarchistenorganisation gewesen sei. Aber niemand konnte die angeblichen Hintermänner nennen, bei allen Vermutungen tappte man nach wie vor im Dunkeln, vor allem, da Lucheni immer wieder aufs neue beteuerte, er sei allein auf die Idee gekommen, die Kaiserin zu ermorden, nachdem ein Attentat auf den Herzog von Orleans nicht möglich gewesen war. Stein für Stein versuchte der Staatsanwalt zu beweisen, daß alles, was Lucheni bis jetzt ausgesagt hatte, reine Lüge gewesen war. Und wenn er auch glaubhaft argumentierte, so fehlte es ihm doch an Beweisen, in welchem größeren politischen Zusammenhang die Bluttat von Genf stehen sollte.

Erst viel später, am 25. April 1899, gab Lucheni dem Untersuchungsrichter Lechet gegenüber zu, daß er Mitglied einer Verschwörung gegen die Herrschenden in Europa war und daß außer ihm mehrere Personen bewaffnet auf die Kaiserin gelauert hätten. Aber die Namen dieser Leute wären ihm inzwischen »entfallen«.

Das Plädoyer seines Verteidigers rührte Lucheni zu Tränen. Denn nach dessen Worten wurde durch widrige Umstände und durch die Schuld der bourgeoisen Gesellschaft beinahe über Nacht aus dem biederen, fleißigen und aufrechten jungen Italiener ein Anarchist, ein Meuchelmörder. Nicht er sollte auf der Anklagebank sitzen, sondern die korrupte, bis ins tiefste Mark verderbte, menschenverachtende Gesellschaft des untergehenden Jahrhunderts. Aber die könnte man nicht mit lebenslangem Gefängnis bestrafen, ihrer konnte und wollte man nicht habhaft werden.

Der Mörder der Kaiserin von Österreich und Königin von Ungarn Luigi Lucheni wurde zu lebenslangem Zuchthaus verurteilt. Lautlos schlossen sich hinter ihm die Gefängnistore, und er war gleichsam lebendig begraben. Nur einmal noch ging eine kurze Notiz durch die Gazetten, die seinen Namen erwähnte: Als er sich am 19. Oktober 1910 in seiner Zelle selbst richtete. Er hatte sich mit seinem Gürtel erhängt.

Der Kreis um Elisabeth hatte sich geschlossen.

Hätte der Mörder nicht nur ihr gealtertes Gesicht gesehen, hätte er mit ihr ein paar Worte gewechselt, so wäre es ihm wahrscheinlich nicht mehr möglich gewesen, die todbringende Handbewegung auszuführen. Aber wie hätte er, ein Mann aus den untersten Schichten der Gesellschaft, sie je kennenlernen und mit ihr ein Gespräch führen sollen, wo selbst diejenigen, die ihr nahe standen, solange sie lebte, ihr geheimnisvolles Wesen nicht hatten ergründen können.

Literatur

Andics Hellmut:	Die Frauen der Habsburger, Wien – München – Zürich 1969
Ausstellungskatalog:	König Ludwig II., Rosenheim 1996
Ausstellungskatalog:	Bayerische Könige, Bad Reichenhall 1997
Baltazzi-Scharschmid H./ Swistun Hermann:	Die Familien Baltazzi-Vetsera im kaiserlichen Wien, Wien – Köln – Graz 1980
Bankl Hans:	Woran sie wirklich starben, Wien – München – Bern 1989
Baumstark Reinhold (Hg):	Wittelsbach. Kurfürsten im Reich – Könige von Bayern, München 1993
Blunt W.:	Ludwig II. König von Bayern, München 1970
Bismarck Otto von:	Gedanken und Erinnerungen, München 1952
Bosl K.:	Bayerische Biographie, Regensburg 1983
Bosl K.:	Bayerische Geschichte, München 1980
Bräutigam Walter/ Christian Paul:	Psychosomatische Medizin
Burkhardt Jacob:	Weltgeschichtliche Betrachtungen, Leipzig o. J.
Christosomanos Constantin:	Tagebuchblätter, Wien 1899
Christosomanos Constantin:	Elisabeth von Österreich, München 1983
Coburg Luise von:	Throne, die ich stürzen sah, Wien 1926
Corti Conte E. C.:	Elisabeth – Die seltsame Frau, Salzburg 1934
Corti Conte E. C.:	Herrscher und Mensch, Graz – Wien – Altötting 1952
Corti Conte E. C.:	Nachlaß, Haus- Hof- und Staatsarchiv, Karton 13–17, Aufzeichnungen der mündlichen Berichte des Herrn Friedrich List Pacher von Theinburg
Crankshaw Edward:	Der Niedergang des Hauses Habsburg, Wien 1967
Dent-Sinsirt M. Th.:	Sisi a Sassetot-le-Mauconduit, o. O. 1996
Dreyer Alois:	Herzog Maximilian in Bayern, München 1909
Drimmel Heinrich:	Franz Joseph, Biographie einer Epoche, Wien – München 1983

Elisabeth von Österreich, Einsamkeit, Macht und Freiheit, Katalog zur Sonderausstellung des Historischen Museums der Stadt Wien, Wien 1986

Flesch-Brunningen Hans:	Die letzten Habsburger in Augenzeugenberichten, Düsseldorf 1967
Freystedt K. v.:	Erinnerungen aus dem Hofleben, hg. von K. Obser, Heidelberg 1902
Gebhard Bruno:	Handbuch der deutschen Geschichte, Stuttgart 1959
Görlitz Walter:	Franz Joseph und Elisabeth – Die Tragik einer Fürstenehe, Stuttgart 1938
Goldner Johann:	Bayerische Herzöge, München o. J.

Größing Sigrid-Maria:	Starke Frauen – Schwache Männer, Wien 1995
Größing Sigrid-Maria:	Amor im Hause Habsburg, Wien 1990
Größing Sigrid-Maria:	Schatten über Habsburg, Wien 1991
Hacker Rupert:	Ludwig II. in Augenzeugenberichten, Düsseldorf 1966
Hamann Brigitte:	Rudolf – Kronprinz und Rebell, Wien – München 1978
Hamann Brigitte:	Elisabeth – Kaiserin wider Willen, Wien – München 1982
Hamann Brigitte:	Kaiserin Elisabeth – Das poetische Tagebuch, Wien 1984
Hamann Brigitte (Hg.):	Kronprinz Rudolf »Majestät ich warne Sie«, Geheime und private Schriften, Wien 1979
Hamann Brigitte (Hg.):	Die Habsburger. Ein biographisches Lexikon, Wien 1988
Hanák Péter (Hg.):	Die Geschichte Ungarns, 1991
Hantsch Hugo:	Die Geschichte Österreichs 1618–1916, Graz 1937–1969
Haslip Joan:	Elisabeth von Österreich, München 1964
Haslip Joan:	Die Freundin des Kaisers, Düsseldorf 1982
Herre Franz:	Kaiser Franz Joseph von Österreich, Köln 1978
Herre Franz:	Ludwig II. – Bayerns Märchenkönig – Wahrheit und Legende, München 1986
Holler Gerd:	Sophie. – Die heimliche Kaiserin, Wien 1993
Holzer Hans:	Der Fluch über dem Hause Habsburg, München 1981
Joll James:	Die Anarchisten, Frankfurt/M. 1960
Judtmann Fritz:	Mayerling ohne Mythos, Wien 1982
Kakay Aranyos II.:	Graf Julius Andrássy, Leipzig – Preßburg 1879
Ketösy Graf M.:	Habsburger Messaliancen und Liebesaffären im 19. Jahrhundert, Leipzig 1900
Kobell Luise v.:	Unter den vier ersten Königen Bayerns, München 1894
Kugler Georg:	Franz Joseph und Elisabeth, Florenz 1994
Kuhn Annette/Rüsen Jörn (Hg.):	Frauen in der Geschichte, Düsseldorf 1982
Loehr Clemens:	Mayerling, Wien 1968
Marie Valerie Erzherzogin:	Tagebücher (maschinschriftliche Abschriften von C. Corti, München, Bayerische Staatsbibliothek)
Mathray Maria/ Krüger Answald:	Das Attentat. Der Tod der Kaiserin Elisabeth in Genf, Frankf./M. – Berlin 1991
McGuigan Dorothy Gies:	Familie Habsburg, Wien 1967
Mitis Oskar Freiherr v.:	Das Leben des Kronprinzen Rudolf, Leipzig 1928, neu herausgegeben von Adam Wandruszka, Wien 1971
Nostitz-Rieneck G.:	Briefe Kaiser Franz Joseph an Kaiserin Elisabeth, Wien 1966
Ploetz Karl:	Hauptdaten der Weltgeschichte, Würzburg 1963
Praschl-Pichler G.:	Elisabeth – Mythos und Wahrheit, Wien 1996

Praschl-Pichler G./ J. Cachee: …von dem müden Haupte nehm die Krone ich herab, München – Berlin 1995
Rall Hans und Marga: Die Wittelsbacher in Lebensbildern, Graz – Wien – Köln 1986
Rall Hans/Petzel M.: Ludwig II. in Augenzeugenberichten, Düsseldorf 1966
Redlich Joseph: Kaiser Franz Joseph von Österreich, Berlin 1928
Reger K-H.: Bayerns verkaufte Prinzessinnen, Pfaffenhofen 1988
Reschauer Heinrich: Das Jahr 1848, Wien 1872
Salvendy John T.: Psychogramm eines Kronprinzen, Wien 1987
Schad Martha: Bayerns Königinnen, Regensburg 1992
Schad Martha: Kaiserin Elisabeth und ihre Töchter, München 1997
Schaeffer E.: Habsburger schreiben Briefe, Leipzig 1935
Schmidt Rainer F.: Graf Andrássy – Vom Revolutionär zum Außenminister, Göttingen 1995
Schreyer Hans (Red.): Aristokraten-Almanach, Wien 1888
Schnürer Franz (Hg): Briefe Kaiser Franz Josephs I. an seine Mutter 1838–1872, München 1930
Sethe Paul: Deutsche Geschichte im letzten Jahrhundert, Frankfurt/M. 1960
Simanyi Tibor: Jusius Graf Andrássy, Wien 1990
Sokop Brigitte: Jene Gräfin Larisch, Wien – Köln – Graz 1985
Spindler M.: Handbuch der bayerischen Geschichte, Bd. 4, München 1975
Stadtlaender Chris: Die geheimen Schönheitsrezepte der Kaiserin und des Hofes, Wien 1995
Stephanie Prinzessin von Belgien, Fürstin von Lonyay: Ich sollte Kaiserin werden, Leipzig 1935
Sztáray Irma: Aus den letzten Jahren der Kaiserin, Wien 1909
Szeps Julius: Kronprinz Rudolf – Politische Schriften und Briefe an einen Freund, Wien – München – Leipzig 1922
Tschudi Clara: Elisabeth – Kaiserin von Österreich und Königin von Ungarn, o. O. 1901
Vacha Brigitte (Hg): Die Habsburger, Graz – Wien – Köln 1992
Vogel Juliane: Elisabeth von Österreich, Momente aus dem Leben einer Kunstfigur, Wien 1992
Wallersee Marie Louise v./ vorm. Gräfin Larisch: Kaiserin Elisabeth und ich, Leipzig 1935
Wallersee Marie Louise v.: Meine Vergangenheit, Berlin 1935
Weissensteiner Friedrich: Frauen um Kronprinz Rudolf, Wien 1991
Weissensteiner Friedrich: Mein lieber Rudolf, Wien 1993
Weissensteiner Friedrich: Reformer, Republikaner und Rebellen, Wien 1987
Welcome John: Die Kaiserin hinter der Meute, Wien – Berlin 1975
Wertheimer Eduard v.: Graf Julius Andrássy, 3 Bde. Stuttgart 1913
Winzer Fritz (Hg): Kulturgeschichte Europas, Köln o. J.

Witzleben H. v./Vignau I. v.:	Die Herzöge in Bayern. Von der Pfalz zum Tegernsee, München 1976
Wölfling Leopold:	Als ich Erzherzog war, Wien 1988
Zöllner Erich:	Geschichte Österreichs, Wien 1961

Mündliche Mitteilungen von:

Erzherzog Franz Salvator von Habsburg-Lothringen/Wallsee
Erzherzog Markus von Habsburg-Lothringen/Bad Ischl
Dipl.-Ing. Peter Doblhoff/Wien
Dr. Thomas Cornides/Wien – München
Dr. Ing. Friedrich List Doblhoff/München-Heining, Bayern

BILDNACHWEIS

Bildarchiv der österreichischen Nationalbibliothek: 7, 9, 35, 61, 83, 141, 207
Haus-, Hof- und Staatsarchiv Wien: 177
Privatarchiv: 113

DANKSAGUNG

Oftmals waren die Recherchen zu diesem Thema mühevoll, aber es gab immer wieder Menschen, die mir bei meiner Arbeit behilflich waren, und denen gilt mein besonderer Dank:

Meiner lieben Studienfreundin Prof. Mag. Linde Liko, die nicht nur großes Interesse an meiner Arbeit gezeigt hat, sondern mir durch ihre guten Kontakte viele unnützen Laufereien erspart hat;

Frau Dr. Elisabeth Springer vom Haus-, Hof- und Staatsarchiv in Wien, durch deren Hilfe ich an wertvolles Quellenmaterial herangekommen bin;

Erzherzog Dr. Otto von Habsburg für die prompte Erledigung meiner Anfragen;

Erzherzog Franz Salvator und Erzherzog Markus von Habsburg Lothringen für so manches interessante Gespräch;

Frau Gusti Meusburger sowie Frau Pflanzl für ihre Hilfe bei französischen Texten;

Frau Anni Stern Braunberg für ihre Informationen, das Bildmaterial betreffend;

Frau Gabriela Nimac aus Schönau für die Übersendung der Lebensdaten Fritz Pachers;

Herrn Dr. Ing. Friedrich List von Doblhoff aus Bayern für die mündlichen Berichte über seinen Großvater;

Herrn Dipl.-Ing. Peter Doblhoff und seiner Frau für die ausführlichen Informationen über Fritz Pacher und das Bildmaterial;

Herrn Dr. Thomas Cornides für seine Informationen;

Herrn Univ.-Prof. Dr. Georg Pfligersdorffer für seine Bemühungen;

Frau Dr. Hertha Kratzer für die gute Zusammenarbeit zwischen mir und dem Verlag;

Frau Dr. Martha Schad für Informationen zum Quellenmaterial für die Geschichte der Wittelsbacher;

last but not least meinem Mann, der mir in zahlreichen Gesprächen und Diskussionen Anregungen gegeben hat und der mir während der Arbeit an diesem Buch vieles abgenommen hat.

Außerdem richtet sich mein Dank noch an die Angestellten der Universitätsbibliothek Salzburg, die mir bei der oft schwierigen Literatursuche mit Rat und Tat zur Seite standen.

Sigrid-M.Größing